나는 격류였다

나는 격류였다

고은 산문집

서울대학교출판문화원

책머리에

하루의 낮 동안은 감탄사가 필요 없다. 하지만 그 하루가 저물 무렵에는 그것이 필요하다.
그래선가, 자주 나는 해가 질 때는 북녘의 국풍國風보다 남녘의 소체騷體가 좋아진다. 초사楚辭의 그 감탄 탓이리라.
'그대'가 '그대여'가 되는 시간이 저녁 아닌가.

돌이켜보거나 내다보거나 태어나는 것 죽는 것에는 나의 뜻이 들어가지 못한다.
나에게는 시도 그럴 수밖에 없다.
저 25세 이후의 세월로 남긴 것들이 어찌 나의 뜻만이겠는가.
결코 사절할 것 없는 산천과 산천 위의 수없는 삶들 이것저것이 던져준 바를 어떻게 부인할 수 있겠는가.
그러므로 내가 쓴 시들은 세상의 질문에의 대답이라 여기지 않는다. 기껏 할 수 있는 일이란 또 다른 질문밖에 나올 것이 무엇이겠는가.

대답 없는 운명이 내 시의 운명 아닌가.
말하자면 여기 모인 것들은 그런 질문 기슭에서 펼쳐나가는 질문의 사절使節인지 모른다.

관악 4년차이다. 강좌 '고은의 지평선'의 강의실은 흥겨웠다.
흥겨움이란 땅에 술을 부어 지신을 불러내는 것을 뜻한다.
이런 행복에 더해서 서울대학교출판문화원장 김성곤 교수와 형난옥 본부장의 권유가 있었다. 감사를 거듭한다.
그렇다는 것은 비록 이것의 알속은 남루하나 이것을 세상에 펴내는 정성은 찬연하다.
앞머리에 한 조각 마음을 감히 놓는 까닭이 있다.

2010년 봄학기를 마치면서

고은

차례

3부_ 지상에서 말하다

4부_ 밖에서 안으로

5부_ 시여 날아라

6부_ 시인의 대화

자서
自序

혁명 그리고 시

14세의 칠레 소년이 체코의 시인 얀 네루다의 성姓을 자신의 성으로 바꾸어버렸다. 그가 파블로 네루다이다.
몇 해 전 나는 네루다를 위한 라틴아메리카 시 낭독회에 참가해 멕시코, 아르헨티나, 칠레의 시인들과 함께 시를 읽은 적이 있다.
어린 시절의 네루다는 그의 상상 속에서 얀 네루다가 걸어 다닌 프라하의 골목들을 자신도 걸어 다녔다. 이 사실은 사실 이상으로 체코의 네루다가 칠레의 네루다와 한 몸이 되는 시적 결합을 의미하는지 모른다.
그런 프라하에 나는 늦게 찾아왔다. 하지만 지난 시절 소련 탱크가 와서 이 도시의 젊은이들을 학살한 참극도 기억해내지 않을 수 없다. 그 기억이야말로 이 도시에 머물렀던 릴케와 이 도시의 정신적 심연인 카프카에 대한 기억을 뒤로 미루게 한다.
혁명은 폭력에 대한 시적 폭력이다.

"나와 함께 태어나자, 형제여."라고 칠레 민중의 혁명을 불러일으킨 네루다를 나는 칠레로부터 전후 냉전시대의 고통을 넘어온 프라하 문학의 한 현장에 동행시키고 있다.

그 눈 먼 세월을, 별의 세기世紀들을 울게 해다오.

나에게 침묵을 다오. 물을 다오. 희망을 다오.

나에게 투쟁을 다오. 화산을 다오.

그대들 몸에 내 몸을 자석처럼 붙여다오.

나의 핏줄과 나의 입으로 와다오.

나의 말과 나의 피로 말 좀 해다오.

장차 이토록 열렬한 민중의 시를 부르짖을 시인이 어린 시절 그의 운명을 체코의 한 시인의 이름으로 시작한 것이다. 혁명과 시를 말하고 듣는 이 자리에 얀 네루다와 파블로 네루다의 혼을 불러들이기를 나는 바란다.

시는 다른 시에 대한 혁명이다. 절대로 모방이 아니다.

파블로 네루다에게 얀 네루다가 있었던 행운이 어린 시절의 나에게는 없다. 식민지 후기의 빈궁을 나는 밥이 없는 하루하루로 시의 태반胎盤으로 삼았다.

가족에게 먹일 바닷가의 풀을 뜯기 위해서 새벽에 집을 나선 어머니는 12킬로미터 저쪽 바닷가에서 돌아왔다. 어린 나는 영양실조의 병약한 고모 등에 업혀 울면서 그런 어머니를 기다렸다.

그때 커다란 별들이 하늘 속에 매달려 있는 것을 보았다. 그 별들을 열매로 알고 "별 따줘, 별 따줘." 하고 고모를 괴롭혔다. 말하자면 별을 밥으로 알았던 것이다. 장차 별을 꿈으로 노래할 시인이 되기 전에 그것은 하나의 모독이 되었던 것이다.

그런 식민지시대 뒤에 해방이 왔다. 해방은 곧 한반도를 남과 북으로 절반씩 갈라놓은 분단이었다. 분단의 갈등은 1950년대 초 3년 동안 전쟁으로 치달았다. 몇백만 명이 죽고 산야는 초토가 되고 도시들은 폐허가 되었다.

폐허는 살아남은 자의 심상에도 자리 잡았다. 그런 폐허의 세대로 나는 시인이 되었다.

허무, 절망, 불안, 소멸 따위가 내 일상이 되었으며 자살 미수가 되풀이되었다.

폐허야말로 내 고향이었다
미국 구호물자 헌 옷은
내 몸이 맞지 않았다
헐렁한 옷 안의 이름표에 새겨진 이름은
죠지 럼스펠드였다

내 고향의 소녀 순이는
미 8군 병사들의 밤거리 엘레나가 되었다
내 사명은
모든 희망이 거짓이라고
중얼거리는 것이었다

폐허에서 벽돌 조각과 벽돌 조각이 뒤틀리고 있었다
그 사이에 쑥이 자라났다

이런 폐허에 바라크가 지어졌고 새로운 도로가 뻗어나갔고 노천 주점에 지붕이 올려졌다.

나에게는 또 한 번의 혁명적 사건이 있었다. 하나는 선禪과 관련된 것이었다. 전후 내 정신적 외상外傷은 심각했다. 후방의 좌우익 보복 학살의 참극을 겪은 나는 당연히 정신이상의 증상에서 헤어나지 못했다. 바로 그런 증상을 선을 통해서 치유할 수 있었다.

어버이도 자식도 베허라
이것도 저것도
또 어떤 것도
어둠 속 칼날로 베허 버려라

다음날 아침
천지는 죽은 것으로 쌓여
내가 할 일은
그것들을 하루 내내 파묻는 일

선은 언어와 문자를 부정한다. 그 부정으로서의 선을 통해서 내 시의 언어는 도전적이며 직관적이며 어느 만큼 혁명적인 외연의 표현에 이르렀다.
하나는 이상과 같이 현실의 모순을 타파하고 새로운 현실을 이끌어낼 변혁 행위를 통해서 시의 질량을 통합하는 적극성을 꿈꾸기 시작했다.
혁명은 정치적 개념 밖에서도 한 시인의 운명에 반드시 들어 있어야 할 생명의 재생 행위이다. 시는 인간의 내부에서 외부로 분출하는 영혼의 혁명이기 때문이다.
1970년대 초겨울 한 노동자가 노동자도 인간이라고 외치며 분신자살했다. 군사정권의 독재는 공포와 탄압으로 지속되었다. 노동자의 죽음을 뒤늦게 알게 된 나는 내 죽음의 의미로부터 떠나 현실, 즉 민족 분단과 민중의 고통이라는 현실의 의미에 옮겨갔다.
그때에야 나는 어린 시절의 별을 밥으로 본 착각의 절실성이야말로 별을 꿈으로 노래하는 시적 절실성과 일치한다는 사실을 후회처럼 깨달았다.
나는 10년 동안의 가혹한 불면증과 폐허 의식을 떨쳐버리고 거의 무조건적으로 저항의 시인이 된 것이다.

1970년대에 들어서면
나의 시는
강물 기슭의 맴도는 물인 듯이

먼 길 앞에서 주저하다가
얼떨결에
강물 한복판으로 나아가 흘러갔습니다
그러는 동안
나의 시에는 마침표가 없어졌습니다
그동안의 구원은 너무 해진 신발처럼 무효였습니다

70년대 자유실천문인협의회를 창설했고 그것을 80년대 민족문학작가회의로 발전시킴으로써 한반도 민족과 민주화를 위한 문학 운동에 앞장서왔다.
나는 내 깊은 이념의 밤으로부터 날마다 세상의 광장으로 환속한다고 한 문학상 수상 연설에서 선언했다.
저항은 정신의 변화와 함께 언어의 변화를 수반한다. 그리고 저항은 좀 더 가열한 혁명적 단계를 요구하는 현실을 회피할 수 없다. 그래서 혁명 의식 없이는 시인일 수 없다. 문학과 역사는 동의어이고 시와 혁명은 한 어머니에게서 태어난 상호 성장적인 영혼의 쌍둥이이다.

그동안 나는 바람 부는 서울에서 광주에서
부산에서
한반도 휴전선 언저리에서
이 몸뚱어리 한 개로

하염없는 즉흥 참여시를 노래하였습니다
때로는
느닷없는 폭풍우의 밤마다 파도자락이 되고저
땅 위의 피어린 우연에 떨어지는 벼락이 되고저 하였습니다
때로는
한 방울의 눈물도 되지 못하면서
벗들과 함께 눈물의 거리에 서 있었습니다

기어이 70년대 말 나는 한 노동 투쟁의 발전으로 육군 소장 출신의 대통령이 암살되는 것과 함께 오랜 '유신 체제'를 끝장내는 데 참여했다.

몇 번 감옥에 갇혀 있었다. 감옥은 나에게 차츰 일상사였다. 그러나 1980년 5월 광주학살과 관련되는 내란음모죄에 적용된 나는 군법회의에 회부되었다.

우리 모두 화살이 되어
온몸으로 가자
허공 뚫고 가자
온몸으로 가자
가서는 돌아오지 말자
박혀서
박힌 아픔과 함께 썩어서 돌아오지 말자

(중략)

허공이 소리친다
허공 뚫고
온몸으로 가자
저 캄캄한 대낮 과녁이 달려온다
이윽고 과녁이 피 뿜으며 쓰러질 때
단 한 번
우리 모두 화살로 피를 흘리자

돌아오지 말자
돌아오지 말자

이 「화살」이라는 시는 70년대 중반에 썼고 그것은 그 후 80년대까지 내내 사람들이 술집에서 안주거리 삼는 시가 되었다.

계엄사령부 지하실이나 육군교도소의 그 극한 상황에서 나는 어떤 신이나 타력의 부처에게 내 생명의 안전을 바라지 않았다. 나는 어떤 것도 불러내지 않는 인간으로서만 끝까지 남아 있고 싶었다. 이것은 하나의 내적 혁명의 자기 응결이었다.

생각건대 혁명, 그것이 지상의 일이라면 그것은 놀랍게도 하늘에도 있을 것이다.
밤하늘은 지상의 육안들에 대해서 현란하다. 자연의 일부를 변화시킴으로써 먹을 것을 재배하는 신석기시대 이래 인간은 차츰 밤하늘의 별들을 삶의 방향에 끌어들이기 시작한 것이다. 인간의 심상 속에서 별은 인간 이전의 고향이었고 죽어서 돌아갈 다음 세상이었으며 그러는 동안 별들이 지상에 내려왔고 인간이 별들에게 올라가기도 했다.
인간은 별에 관련되면서 시를 낳은 동물이 되었는지 모른다. 인간이 별에 이름을 불러주고 이야기를 만들어주었다. 점성술이야말로 시가 인간의 운명과 결코 무관계일 수 없다는 것을 말해준다. 시는 점성술이다! 시는 꽃이다! 시는 그러므로 혁명이다!

유성이 밤하늘의 어둠 속을 삼엄한 광선으로 통과하는 그 순간의 전율 속에 지상의 소녀가 간직한 소원의 순간이 들어 있다. 그래서 그 유성이 사라지기 전의 소원은 반드시 성취되는 것이다.

초신성의 찬란한 소멸 순간은 얼마나 비극적인가. 그것은 소멸로써만 탄생하는 별의 운명이다. 그리고 그 탄생은 탄생이자마자 바로 부재이기도 하다.

이 초신성의 가장 짧은 생애만이 아니라 전 우주는 한 번도 멈출 수 없는 전체 역학의 혁명을 진행시키고 있다. 그래서 우주나 우주의 한 지역인 지구 위의 만물은 끊임없이 이 같은 혁명의 진행으로 뒤집혀지고 있는 것이다. 카오스는 코스모스를 낳고 코스모스는 카오스를 꿈꾼다.
우리가 살고 있는 환경의 삼라만상 역시 그 안의 모든 존재는 실상 존재의 이름일 뿐이다. 그 존재 자체는 덧없다. 만물유전설의 변화야말로 모든 진리가 허구라는 사실을 여지없이 드러내는 진리이다.
그러므로 모든 것은 무상, 변화, 그리고 천부적인 혁명이 진행되는 과정에서 피어나는 행위이다.

지금 혁명을 말할 수 있는가. 지상의 인간 사회 혹은 인류사가 단속하는 혁명의 의미가 정치적인 회의에 부딪쳐버린 오늘날 우리가 혁명이라는 명예로 인식하고 있는 프랑스대혁명의 '영광'은 얼마나 허황한 것인가.
혁명이 가버린 뒤 한동안 혁명이라는 명사는 낡은 것으로 받아들여야 한다. 아니, 바로 거기에 역설적으로 혁명의 허상 또는 오명을 없애줄 시적 과제가 잉태되고 있는지도 모른다.
다음 두 질문이 있다.
— 혁명은 혁명의 풍문에 불과한가.
— 시는 불 꺼진 방에 걸려 있는 정물화인가, 그 반대인 운동인가.
이상의 두 질문을 사절하면 하나의 질문이 대기하고 있게 된다. 암실의 어둠 속에서 사진 인화지에 누구의 죽은 얼굴이 살아서 현상되는 것처럼.
그 질문은 하나이지만 다음과 같이 복잡해질 수 있다.
— 혁명은 시를 너무 충실하게 모방하는가. 시는 혁명의 근친이 아닌가. 그래서 혁명과 시는 자신들의 모방으로 서로 포옹

하고 있거나 근친증오로 서로 등 돌리고 있거나 서로 내팽개쳐지고 있거나 하지 않는가. 아니, 혁명 대신 권력의 타락한 이용물이 있게 되고 시 대신 물화된 현실과 기계 및 사이버로서의 산문 조각들이 시끄럽게 난무하는 시대에도 과연 혁명과 시의 존재 이유는 더 역력해질 수 있는가.

혁명은 만찬이 아니라고 말한 사람은 마오쩌둥이다. 혁명이 화려한 정치적 축제의 반대인 수많은 투쟁과 고행의 날들을 지나며 단련되어야 한다는 권력의지가 그 말에 담겨 있다. 차라리 그는 혁명론보다 혁명에 대한 체험적 인식을 더 강조하고 있다. 왜냐하면 그는 일생 동안 집념으로서의 혁명가였으나 때때로 그의 권력 장악의 의지 밖에서 혁명의 정서적 점화인 시인이기도 했기 때문이다.

현재의 사건이나 소재를 신화 혹은 전설에 직결시키는 고대적 변형 지향은 이미 고대 그리스의 시풍에 있었는데 바로 이 같은 수법이 50년대 후반에 쓴 마오의 시 한 편에서도 보인다. 시 「나비 사랑의 꽃謀戀花」이 그렇다.

이숙일李淑一이라는 여자는 30년대 내전에서 남편을 잃었다. 남편의 성은 버드나무柳를 뜻한다. 시인 자신이며 시 속의 화자인 마오의 첫 번째 아내는 30년대 국내 전투에서 전사하게 된다. 죽은 아내의 성은 버드나무楊를 뜻한다. 그래서 두 버드나무를 결부시키고 있다.

나는 자랑스러운 나의 버들을 잃고 그대는 그대의 버들을 잃었다
버들과 버들은 높은 하늘에 올라갔다
유캉嗚剛은 무엇을 드리리까 물으며
계피주를 바친다

유캉은 고대 한대韓代 신선술의 술객인데 어떤 잘못으로 황제로부터 달에 가서 달 속의 계수나무를 잘라 오라는 벌을 받았다. 그런데 계수나무는 결코 쓰러지는 나무가 아니므로 유캉은 언제까지나 그 나무를 도끼로 찍어야 하는 영벌을 받고 있었다.

그 유캉이 두 버드나무의 혼이 달에 도착한 것을 계기로 고역을 면하게 되어 두 손님을 환대하는 것이다.

유물론으로 철저하게 무장된 혁명가는 신화를 믿지 않으면서도 신화를 그의 시에 활용함으로써 혁명동지인 아내와 아내 친구의 남편인 혁명전사가 남긴 영예를 찬미하고 있다. 잘 알려져 있지 않으나 마오의 많은 시편들이나 베트남 호찌민의 시집은 혁명과 시, 혁명가와 시인이라는 본질적 관계를 돌아보게 한다.

혁명은 시의 정치이기 때문이다. 또한 시는 고도의 인간정신이 언어의 자장에서 이루어지는 꿈의 정치이다.

프랑스 혁명은 근대 혁명의 정전에 해당한다. 그러나 그 혁명은 나폴레옹을 혁명의 계승자로 보느냐 구체제의 다른 얼굴로 보느냐라는 갈림길에 있다.

오늘날 일백 주년이 지났음에도 그 혁명은 계속되고 있는 미완의 혁명이라는 논리가 퍽이나 많은 박수를 받고 있다. 이것은 한국의 60년대 4월혁명에도 적용되고 있다.

그런데 프랑스대혁명이나 한국의 4월혁명은 위대한 시적 혁명, 즉 혁명시 내지 새로운 시대 전개를 구가한 시가 없는 불행을 안고 있다. 그것은 그 혁명의 지도자들의 지리멸렬한 실패와 반동과도 비례하는지 모른다.

이러한 지적과 상관없이, 혁명은 크롬웰, 로베스피에르, 레닌 등이 주도한 것만이 아니다. 분명한 것은 영국의 산업혁명은 어떤 정치혁명보다 더 인류사회의 전환을 실현하고 있다는 사실이다.

혁명은 온갖 운동의 이름이다. 사회의 어떤 현상과 인간의 사고, 그리고 의상과 자동차 항공 산업에도 농업 개발에도 혁명은 전방위적으로 이름 붙여진다. 그러므로 혁명의 정의는 무한한 복수로 파생되어가고 있다.

아니, 트로츠키 영구혁명론은 그 일상 어법으로서의 영구혁명이 바로 인간 사회의 문화적 추동력이라는 사실로 얼마든지 재구성되는 것이다.

시가 시뿐 아니라 소설이나 어떤 비시적인 서술에도 들어감으로써 그 표현과 전달 내용들을 상징적으로 승화시키는 혁명성으로 말해지는 것과 혁명 일반은 같은 속성이다.

혁명 자체가 아닌 일상도 일상의 기복으로서의 혁명적 상태 없이 그 일상성을 유지하기 어렵다. 정치로서의 혁명이 아닌 이런 상태를 진화라고 지칭해도 무방하다. 진화는 단계론을 기본으로 한다. 그러므로 시대의 변화는 무의식적이기까지 하다. 하지만 혁명이란 불가측적이고 돌발적이며 밑으로부터 발생하는 역학에 의해서 수행된 제도를 넘어서는 '불법'이며 우연이며 우연이 아닌 필연이며 '파괴'이다.

이런 혁명이 낡은 세계와 부패한 세계 또는 악의 세계를 두들겨 팸으로써 역사의 청춘을 불러들이는 것이다. 역사 속의 나라 세우기와 사회 바꾸기는 모두 자연승계가 아니라 거의 혁명 행위에 의해서 가능하다.

그럼에도 혁명은 자신의 아들을 먹어버린다는 담론을 벗어나지 않게 되거나 1회적으로 완성되지 못하는 숙명을 내포한다. 그래서 한 번의 혁명은 혁명을 15년쯤 지속시키다가 포기하는 재난에 이르거나 아예 혁명 자체를 배반하기도 한다.

혁명의 절반은 현실보다는 이상에 속해 있기 때문에 현실의 온갖 음험한 반동 능력에 견디어내지 못하고 거기에 흡수되는 경우도 없지 않다. 혁명의 지구력은 믿을 수 없다.

일단 혁명이 새로 권력을 장악하면 그동안의 혁명 세력을 거세하는 사례가 하나둘이 아니다. 근세 중국의 명나라를 세운 주원장은 본디 거지 승려였는데 중국 하층민들의 미륵신앙 세력을 기반으로 혁명을 일으켜 구 왕조를 전복하자마자 가장 먼저 한 일은 그의 지지 세력을 무자비하게 해체시킨 일이었다. 그에게 필요한 것은 충직한 기능 지식인과 어용 지식인이었다. 혁명을 고취하기보다 새 왕조를 찬양하는 어용의 시인만이 제거 대상에서 제외되었다.

이런 현상은 그 이전의 동서양 왕조들의 인습적인 행태였다. 고대 아우구스투스의 로마와 문예부흥기 이탈리아 예술가, 엘리자베스 1세의 영국이나 루이 14세의 프랑스 예술가들이 '왕좌 밑의 가축'이었던 것과 다름없다.

19세기 후반 이래 시인들은 절대 권력의 모순에 순종하지 않고 그것에 맞선 저항과 소외를 시의 대석으로 삼았다. 그래서 시인은 시인론으로서의 혁명가가 될 수 있었고 시는 시론으로서 혁명론을 반영하게 되었다.

시는 상고시대, 수메르시대 이래 시의 작자 이름을 명기함으로써 그 이전의 작자 미상이라는 민중시가와 구별되면서 시의 책임을 부여했다.

시는 이전의 시대를 이후의 시대로 만드는 반언어이다. 반언어란 일상적인 서술 속의 해석과 이해의 도구에 불과한 언어가 도구 이상의 독자적인 생명력을 전개하게 하기에 그것은 도보徒步가 아니라 무도舞蹈이다. 혁명은 결혼이 아니라 연애이다. T. S. 엘리엇의 많은 시가 그 보수적 한계 때문에 연애가 아닌 결혼인 것이다.

일련의 고전시대를 거부한 낭만주의시대 이래 시인은 열정과 모험 그리고 이상에의 도전을 통해서 혁명 낭만주의의 도체였다. 이를테면 좌파로서의 셸리가 거기에 위치한다.

70년대 중국과 소련의 이념투쟁에서 중국은 소련의 사회주의 리얼리즘보다는 혁명 낭만주의 노선을 그들의 문예 활동의 지표로 삼은 일이 있다. 그것은 혁명의 체질과 낭만주의의 체질의 동질성을 간파한 데서 가능한 것이다.
마야콥스키와 예세닌의 파멸은 혁명과 시를 일치시킬 경우 당연한 것처럼 보인다. 왜냐하면 그들의 혁명 감각은 순결한 것이기 때문에 혁명 이후의 권력 현실에 불화할 수밖에 없다. 이것은 고리키조차도 레닌의 독재에 대한 문학적 탄핵을 참을 수 없었던 점에서도 밝혀진다.

혁명가와 시인을 하나의 가계로 파악하는 것과 상관없이 시인은 그가 살고 있는 사회에 대한 반항의 영혼이라고 말할 수 있다. 시인이 그가 살고 있는 시대에 늘 웃고 있다면 그는 이미 시인이 아니다. 시는 눈물의 산물이다.
시인이 혁명가가 될 수 없다면 시대의 모순에 의한 호흡곤란으로 고통 받거나 세속적 야만에 맞서 싸우지 못할망정 깊은 상처를 입을 것이다.
한국의 한 시인은 70년대 80년대를 거쳐오는 동안 역대 군사정권에 저항하는 지식인 중의 하나였다. 시인의 명예는 혁명이 끝난 뒤의 일상에 있는 것이 아니라 혁명이 요구되는 암흑 속에서 밤하늘의 별이 되는 것이지 않으면 안 된다. 그 시인은 90년대 상반기에야 정부로부터 여권이 나와서 나라 밖의 여행이 가능해졌다.
어떤 의미에서 민주화를 달성한 오늘날 시인의 존재 이유는 다른 사람의 심장을 이식했을 때 응당 신체 안의 다른 장기들이 그것을 거부하는 현상과 흡사한 증상에 있는지 모른다.

시인은 옛날의 혁명가이고 혁명가는 옛날의 시인이었다. 혁명에는 그러므로 시와 시의 달걀이 들어 있다.

그러므로 파블로 네루다가 아닌 얀 네루다 역시 시인 중의 시인이다.

열두 개의 마음

해 뜨는 새해 아침

- 1월의 노래

잊혀지지 않는다.
울진의 한 아버지는 잠꾸러기 아이들을 깨우는 것으로 하루를 시작한다. 눈 비비는 아이들을 데리고 아직 컴컴한 바닷가로 간다. 얼마동안 서 있는다. 먼동이 튼다.
이윽고 동해 수평선 위로 물방울이 뚝뚝 떨어지며 솟아오르는 아침 햇덩어리를 오롯이 맞이한다. 세상의 닫힌 문이 일시에 열린다. 연년생의 아이들이 와 하고 소리 지른다.
아버지는 자라나는 아이들과 이런 아침 해를 바라보고 돌아가며 말한다. 얘들아 나이 쉰 살 먹기 전에는 해 지는 것을 보지 말고 해 뜨는 것만 보아라라고.
새해이다. 새해 아침이라면 울진의 아이들과 함께 머리 들어 떠오른 아침 해 그 부신 햇살에 실컷 순금빛의 얼굴로 물들여야 할 것이다.
지난해 못 다한 일은 어느 누구에게도 남아 있다. 그것에 못지않게 새로 닥쳐올 일도 앞두고 있다. 이런 벅찬 1년의 새로운 단초에 불 질러 자신의 내부에서도 뜨거운 해가 솟아올라야 할 것이다.

옛 시인 이백이 생각난다. 고개 들어 산마루 달을 바라보다가 고개 숙여 고향을 그리워한다는 것. 고체古體의 맛이다. 여기서 '고개 들어'와 '고개 숙여'가 시 한 줄로 멋지게 상응한다.

고개 들어 맞는 새해 아침의 해돋이 다음 고개 숙여 지금의 나 자신이 누구인가, 어디에 내가 와 있는가를 세상의 근원을 향해 물어본다.

새해란 앞으로 가는 시간이지만 그 앞은 뒤의 시간 없이는 불가능하다. 이러구러 시간은 또 흘러가는 것만이 아니라 흘러오는 것이기도 하다. 왜 있지 않은가, 과거는 내일의 기억이라는 말.

지구본을 한 바퀴 돌려본다. 여러 곳의 시차 도표도 눈여겨본다. 동반구의 아시아 대륙 동북쪽 가장자리에 한반도가 있다. 이 한반도를 다산은 마치 우리에 갇힌 것 같다고 슬퍼했고 누구는 자루에 담겨진 것 같다고 자조한 적이 있다.

서구 사람이 한반도와 일본열도 그리고 중국 동북부 일대를 극동이라고 한다. 블라디보스토크에는 극동대학이 있다. 우리도 우리가 사는 지역을 극동이라고 부르는 데 익숙하다. 동아시아, 동북아시아도 서구의 표준을 드러낸다.

이에 앞서 옛 중국 사람이 바다 건너 동쪽 나라라 해온 바 있다. 조선 성리학 지도자들은 바다 건너 동쪽의 작은 중국이라고 자처함으로써 중국의 연장선상에서 오랑캐를 구차하게 면하고 있다.

세상의 방위를 넷으로 나누어 동서남북이 생겨났다. 대단한 사건이다. 아마도 이 같은 방위의 발견이 인간정신의 첫 행위였을지 모른다. 인간이 직립인간으로 서서 사방을 둘러볼 때의 그 감격 직후 깨달은 것이 사방의 복판에 서 있는 자신이었을 것이다.

동양의 척도로는 그 사방으로 모자랐던 것인가. 동북, 동남, 서북, 서남, 그리고 상하의 10방위를 아울러 시방十方이라 했다. 방方이란 방편方便이다. 어느 쪽도 어느 쪽에 상대적이다. 한국에서의 서해는 중국의 동해이다.

홍대용이 지구가 둥글다고 과감하게 선언한 것은 한국이 중국 천하체제의 동쪽 변방이라는 것과 오직 중국이 세계의 중심이라는 오랜 지배 논리를 거부하는 데서도 의미심장하다. 지구가 둥글다면 중국은 기껏해야 한국의 서쪽일 뿐이다.

그럼에도 어느 사대주의자는 한국의 서해안은 중국 성현의 땅과 이웃하고 있어 존귀하고 동해안은 중국과 멀리 등져 천한 곳이라고 말하는 어거지의 시대에, 세계가 둥글다는 자각은 실로 놀라운 지구평등설을 반영하고 있다.

한국 사람은 이런 곡절과는 다르게 오랜 동방사상을 뿌리내려 왔다. 비단 태양신앙, 태양이 떠오르는 산악에의 신앙에 굳센 한민족이 아니라도 고대 수메르이건 이집트이건 어디 사람이건 해가 뜨는 쪽에의 경배는 인류의 오랜 유전적 의무였던 것이다.

고대 그리스 사람이 아시리아어로 '아수'라 부른 이래 아시아는 해가 뜨는 동쪽이었다. 그리스 신화 속의 강의 요정 중에는 아시아가 있고 에우로페도 있다. 인류사의 여러 지대에 '태양의 자손'과 '태양의 후예'들이 산재한다. 지구 자전에 의한 해돋이야말로 빛은 동방으로부터라는 오랜 인문의 표어를 만들어냈다.

우리 조상들의 동방, 동국, 진단, 해동, 조선 등이 다 동쪽 방위의 신성한 관념을 다투고 있는 것은 오늘의 동북아시아 의식에도 유력한 요소가 되지 않을 까닭이 없다.

저 중앙아시아에서부터 동으로 동으로의 이동 경로는 삶의 핍진성과 관련된 것을 간과할 수 없다. 사냥과 채취의 척박한 생존 그리고 다른 집단과의 피어린 갈등을 되풀이하면서 불안한 취락을 지속해오는 동안 해 뜨는 지평선이나 산악은 그들에게 단념할 줄 모르는 삶의 지표였다.

한 떨거지가 끝 모를 초원을 지나고 험한 흥안령을 넘은 뒤 북부여 평야 위로 떠오르는 아침 해를 맞이할 때의 환희에는 어느 종교도 우월할 수 없다.

한반도 이전의 북방권과 그 뒤의 한반도 역내에 정착한 조상들은 오랜 떠돌이 기억 속에 잠겨 있는 선사先史를 바탕 삼아 이제 막 솟아오르는 해의 땅을 완성한 것이다.

'조선'이란 빛과 새로움을 뜻하는 차자借字이다. 고구려 시조 동명東明도 이름 그대로 동쪽의 햇빛이 아닌가. 신라의 원효 역시 새벽의 시작 아닌가.

이런 아침 해의 족속인 우리는 먼저 옛 조상의 목적지였던 우리 국토에의 한없는 은혜를 아로새겨야 할 것이다.

나는 단재의 대륙지향사관을 덩달아 지지하지 않는다. 그가 일제강점기 압록강을 건너가서 고구려 고토故土의 황사 속을 거닐면서 한민족의 대륙적 경륜에 대한 뼈저린 향수를 불러일으킨 충정에는 공감하지만 세계 근대 지도 위에서 두 강과 하나의 산으로 만들어진 천연의 국경선으로 귀결된 한반도는 더도 덜도 말고 한 국가의 공간으로는 최선이다.
아, 우리나라가 큰 나라가 아니고 그렇다고 아주 작은 나라가 아닌 사실이 얼마나 축복받은 것인가.
지구 상의 큰 나라들은 그 방대한 영토 경영과 힘의 팽창을 위해서 다른 나라의 정당한 이익을 침해하기 마련이다. 큰 나라란 본질적으로 침략의 역사이다.
이런 강대국의 반대편에서 수많은 약소민족 국가들이 마음 편한 날 없는 불안에 떨고 있다. 그래서 제3세계는 영원한 제3세계라는 패배주의를 극복하는 일은 쉬운 노릇이 아니다.
이와 같은 비정한 세계에서 한민족은 몇천 년의 신고辛苦 가운데서도 우리 자신을 몇 번이나 재생시켜온 것이다. 크지도 작지도 않은 나라, 세계 10위권의 모국어 사용자가 어우러져 살고 있는 나라, 장차 하나의 조국으로 통일될 나라, 우리가 우리 조상의 후손인 것처럼 우리 자손이 우리를 뒤이어 살아갈 내일의 나라…….
이것이면 무엇을 더 바라겠는가. 지난날 누군가가 노래했다. '꽃 같은 강산'이라고. 또 금수강산이라고.
이 강산 낙화유수를 섬기고 가꾸고 온갖 모독으로부터 지켜내는 일은 바야흐로 세계화 연대기의 사명 제1조가 아닐 수 없다. 새해 아침 해가 떠올랐다. 그러나 해가 지는 저녁도 우리를 깊은 진실로 데려갈 것이다.

모국어를 위하여

- 2월의 노래

별을 본다. 발밑의 현실로부터 자못 우주에의 감회가 일어난다. 우주는 백수십억 년 전에 탄생한 이래 아직껏 팽창 중이라 한다. 우주 속의 지극히 작은 별의 하나인 태양은 몇십억 년 전에 태어나 장차 백억 년 뒤에는 그 일생을 마치리라 한다.
태양계의 혹성 지구는 어쩌자고 생명의 별이다. 약 삼십오억 년 전부터 이 별에 생명체가 태어나 지금도 생명의 진화가 계속되고 있다.
이 하염없는 우주 운행의 긴 과정에서 이미 사라져버린 생명종은 현존하는 것의 몇백 배가 될 것이다. 이런 우주의 한 시점에서 인간의 언어도 인간과 함께 태어난 것을 언어자연설은 말한다. 태초에 말이 있었다!
누가 언어를 인류의 기억이라 했던가. 지금 지구 상에는 언어 4000여 종이 있고 지방어까지 6570여 종이 된다. 100년 전만 해도 세계 각처에서 사라질 줄 모르고 들리던 언어는 이보다 훨씬 더 많았을 것이다.
오스트레일리아 원주민의 언어는 250종이나 되는데 지금은 거의 다 없어졌다. 오스트레일리아 아래 섬의 태즈메이니아어는 백인의 상륙으로 완전히 사라졌다.

인도 대륙에는 인도어가 없는 대신 힌디어 등 15개 공용어를 비롯해 1650여 종의 언어가 아직도 살아 있다. 파푸아뉴기니는 원주민 4000명이 869종의 언어를 사용한다. 험한 산세로 인한 고산지대 8킬로미터를 지나면 언어가 달라지므로 통역이 있어야 한다. 여기에 비하면 한국의 팔도 사투리나 제주도 방언은 귀를 가다듬을 정도밖에 안 된다.

한국어는 남과 북 그리고 오백칠십만 해외 동포 사회까지 아울러 칠천오백만 이상의 인구가 사용하고 있다. 이는 세계의 화자 인구 상위권 15개어 중 12위에 자리 잡는다. 북경어, 영어, 스페인어, 힌디어, 포르투갈어, 러시아어, 일본어 등 억대 단위 다음으로 독일어, 오어嗚語, 한국어, 프랑스어, 베트남어 순으로 이어진다. 한국어는 언어 사용 인구로 보아도 세계적이다.

그런데 언어학자의 공통된 지적이 있다. 앞으로 100년 이내에 세계 언어의 절반 내지 90퍼센트가 사라진다는 것이다. 아니 지금도 15일마다 세계의 언어 하나씩 영어의 지배와 그 밖의 이유로 없어지고 있다.

그렇다면 세계 4대 호수의 하나인 아랄 해가 10년 뒤 영구히 자취가 없어진다는 예측은 우즈베크어의 위기와 아무런 상관도 없는 것일까. 지금까지 없어진 적도 일대의 언어들이 그곳의 생태계 생명종의 멸종과 정비례하고 있는 사실은 무섭다.

어떤 작가는 머지않아 중국어, 영어, 스페인어, 그리고 이슬람의 아랍어 이외의 언어는 사어死語가 될 것을 슬퍼하고 있다.

이런 비관들은 지금껏 갖은 수난을 이겨낸 현대 한국어의 내일에도 얼비치는 바 있다.
아프리카 부시맨의 언어는 극소 언어이다. 명사도 헤아릴 정도이다. 남태평양 부건빌의 로토카스어도 겨우 5개의 모음과 6개의 자음밖에 없는 최소 규모의 음 체계 언어이다.
이런 언어에 비해 한국어는 고대 신라어, 중세어, 근세 국어를 거치는 동안 풍부하게 변화하고 발전해왔다. 특히 조선 초기 한글 창제와 함께 한자 언어 체계와는 다른 음소를 창조함으로써 오랜 민중 생활어를 통한 언문일치 문자의 완벽성이 끼친 영향은 크다.
정인지가 말한 대로 '바른 소리正音'로서의 문자언어로 하여금 바람 소리와 닭 울음소리나 개 짖는 소리까지도 모두 나타내는 언어가 된 것이고 H. G. 웰스가 격찬한 문자언어가 된 것이다.
언어는 인간정신의 핵심이다. 인간은 언어를 통해서 자신의 존재 의미와 문화를 만들어낸다. 그러므로 언어는 혼의 기호이다. 만약 어느 민족에게 그들의 언어가 없다면 그들이 쌓아온 모든 가치의 상실을 막을 수 없을 것이다.
오랫동안 중국 문자언어의 압도적인 환경에도 불구하고 자신의 언어를 존속시키며 자신의 문자언어인 '나라말썀'을 만들어낸 이래 한국어는 근대국가로 계승되었다.
나라가 있어 조국이라 하고 말이 있어 모국어라 한다. 태어난 아기가 어머니의 젖을 먹는 품 안에서 어머니의 말을 배우기 시작함으로써 모국어는 피와 사랑의 언어가 된다. 아니 한국에서는 아직 태어나지 않은 태아가 한 인간으로 정의됨으로써 어머니의 몸 안에서부터 어머니의 언어 파장과 심상의 일체에 익숙해진다. 일방적인 태교만이 아니라 어머니와 태아 사이의 태화胎話가 곧 그렇다.

이런 혈친 언어의 발생이 곧 모국어의 시작이다. 빅토르 위고가 이 세상에서 가장 위대한 시는 인간이 어머니 자궁에서 나와 최초로 터뜨리는 울음이라고 말한 것을 떠올리면 그 첫 울음소리야말로 어머니 몸 안의 언어가 세상 밖으로 나온 언어를 뜻할 것이다.

한국어는 이른바 배달겨레만의 순수한 언어는 아닐 것이다. 오랜 언어생활에는 한자의 막강한 음훈音訓이 끼어들었다. 하지만 한국어 자체의 품사 또한 풍부하다. 근대 국어의 형용사, 동사형의 어형변화도 다채롭다.

나는 식민지 후기 국민학교 1학년 수업부터 조선어 시간이 폐지된 첫해의 아동이었다. 일본어를 국어라는 이름으로 배웠고 교과과정 전체의 '국어상용國語常用'을 강요당했다. 이것은 나라의 주권을 빼앗고 민족의 주체성을 제거하는 통치에도 불구하고 언어라는 서술 주체 행위가 남아 있는 한 조선민족이 궁극적으로 없어지지 않는다는 사실을 알게 된 일제의 최후 수단이었다. 그래서 한반도에서 한국어를 없애고 한국인의 성명을 없앤 것이다. 이때 일본 이름을 솔선해서 자작한 이광수는 기뻐하며 조선인의 이마를 바늘로 찔러 일본인의 피가 나와야 한다고 말하기에 이른다.

문학이란 무엇인가. 모국어의 공간에서 모국어의 시간을 찾아내는 언어 행위가 아닌가. 단테가 라틴어를 거부하고 토스카나어로 『신곡』을 씀으로써 근대 이탈리아어를 세계 수준으로 만들었고, 셰익스피어가 영어를, 괴테가 독일어를, 푸시킨이 러시아어를 한층 승화시켰으며, 현대 중국의 백화 운동白話運動과 한국 신문학의 언문일치 운동이 놀라운 업적을 이뤘음을 확인할 때 그 모국어의 힘이야말로 민족 혹은 인간의 자아 완성을 가능케 한 사실을 알게 된다.

비록 한자이기는 하지만 자신의 언어를 통해서 당송의 시로부터 해방된 허균이나, 나는 조선인이므로 조선시를 쓰겠노라던 정약용, 한글시를 남긴 정철과 윤선도는 고대 시가의 위대성을 상속한 모국어의 영광이다.

이 같은 언어의 자주적 신념이 아니더라도 언어는 '존재의 집'이다. 해가 진 뒤의 어둠 속에서 어머니가 아이를 부르는 소리는 어둠 속에서 존재의 빛을 이끌어내는 일이다. 언어 없이 인간존재는 성립되지 않고 모국어 없이 민족의 본연은 불가능하다. 어느 시인이 노래하기를 나의 언어는 나의 땅이라 했다.

이와 함께 원효가 말에 의한 진리依言眞如와 말을 떠난 진리離言眞如를 합치한 것은 실로 고대 이래 한국인이 갖추어야 할 언어철학의 크기이다.

최근의 언어학자들 가운데 오늘의 국제어인 영어를 '학살하는 언어'라고 하는 사람도 있다. 이에 맞서 모국어 수호에 대한 통찰이 긴요하다. 세계화의 진정한 의미는 하나의 언어 시장이 아니라 모든 언어의 세계내존재로만 정당화된다.

최근 나는 모국어사전 남북공통편찬사업을 추진하고 있다. 북한과도 합의 단계에 접어들었다. 사전의 정서법, 두운법칙이나 어휘 등의 문제도 난관일 것이다.

나는 지난날 옥방에서 국어사전의 낱말을 다 외운 적이 있다. 그때 나는 모국어의 낱말 하나하나가 나의 운명을 이루고 있음을 깨달았다.

미완의 역사를 살면서

– 3월의 노래

친구 여사黎史 姜万吉에게 질문을 던졌다. 역사는 가고 있는가, 처박혀 있는가.

역사학에 역사 정체의 모든 책임이 있지 않다는 사실을 모르는 바 아니건만 1980년대 어느 술자리에서는 이런 느닷없는 일이 있기 십상이었다. 시대는 앞이 통 보이지 않았다. 그렇다고 물러설 뒤도 없는 그런 막다른 상황, 일러 한계 상황이던가. 하나의 암울한 때가 궁정동 총소리로 끝났으나 또 하나의 때가 고스란히 재생산되고 있었다.

역사는 왜 변화할 줄 모르는가. 정작 끼리끼리 모이면 혁명, 변혁 또는 개량주의에 이르기까지 갖가지 노여운 개념들이 분분했으나 한밤중 허기를 느끼고 흩어지는 빈손은 적막했다. 아, 이렇게도 가혹한 시대에 태어난 자는 언제까지 저주받은 자인가. 어느 국제 역사학 대회에서 한국의 한 참가자가 늙은 토인비에게 한국 방문을 청했을 때 즉각 무안을 당한 일이 있다. 그 도전과 응전의 역사가의 대답은 단호했다. 천 년이나 한 왕조가 존속한 그런 꽉 막힌 역사의 나라에 갈 생각이 없다는 것. 이 사실에 화를 낼 사람도 있고 고개를 끄덕일 사람도 있을 것이다.

고대 천 년의 사회는 오늘따라 실감의 영역이 아니더라도 조선시대쯤이면 내가 사는 한국 사회와 연속되는 동시대적 동기부여가 가능하다. 말하자면 그것은 설화가 아닌 현실이다. 거기에 일제 36년 따위가 틈입하지 않았다면 조선시대 후기 사회와 현대 한국 사회의 골 깊은 단절은 없었을 것이다. 그만큼 시대가 일관될 경우 가령 실학을 개신유학改新儒學으로 파악하느냐 근대학으로 인식하느냐의 기로도 있을 까닭이 없다.

조선 오백 년의 공간도 임진왜란을 전후한 역사의 창조적 접변이 있어야 할 때가 이씨가 끝나고 정씨가 등극한다는 비결이 퍼지던 때이기도 하다.

한국사는 이 같은 조선왕조의 정체와 함께 이어지다가 자아를 상실한다. 여기 처절한 화제 하나가 있다. 유교권의 한 지사가 임신한 손자며느리와 외손녀를 데리고 만주로 망명한다. 나라 잃은 땅에서 아이를 낳으면 일본 왕의 신하밖에 될 수 없다는 이유이다. 눈보라 때리는 만주 땅 움막에서 두 여인이 아이를 낳을 때 탯줄을 이빨로 끊어준 것도 두 아이의 증조할아버지이다. 과연 독립운동가 30여 명을 배출한 애국자 가문의 중심인물 김대락 옹이다.

이런 일제시대를 맞아 민족정기는 언제나 수난의 삶을 점철한다. 그 끝에서 해방은 분단이고 만다.

지금 한국은 너무나 일투성이다. 격동의 시간으로 모든 일상을 사태화事態化한다. 또한 1970년대 이래 국토의 어디를 가도 산이 잘려나가고 물이 막힌다. 건물들이 죽자 살자 하고 앞다투어 일어선다. 10층 단위의 고층 아파트가 어느새 30층, 50층 고층 아파트로 나아가고 있다. 길을 나서보아라. 엊그제까지 없던 도로가 새로 나 있다. 모든 농촌은 도시로 교체된다. 갓 태어난 지자체의 이익 추구는 인간의 품위 따위와 상관없이 용을 쓰고 있다. 일러 영원한 개발도상국가의 나날이다.

하지만 정작 변해야 할 것이 변할 줄 모르고 있는 것은 아닌가. 분단 말이다. 이제 분단 극복에의 의지는 그 보편타당성을 담보한다. 통일을 함부로 말할 수 없던 냉전 이데올로기의 악몽에서 깨어났다. 그런데도 분단시대에 익숙한 삶은 이른바 반세기 이상의 세월과 함께 거기에 적응하는 분단의 유전인자를 만들어낸 것인지도 모른다.

이런 20세기 후반의 한반도 연대기가 새로운 세기를 맞아 그 역사의 수레바퀴가 돌기 시작했다. 남북은 더 이상의 적대 관계가 서로 백해무익하다는 사실을 깨달았다. 더 이상 평화공존을 방치한다면 민족사회와 국제사회와의 고도의 조화를 이루지 못한다는 사실, 결국 두 분단 체제는 열강의 노리개에 불과하다는 사실을 이제 알게 된 것이다.

거의 숙명적인 적대 관계이던 독일과 프랑스가 제2차 세계대전 후 더 이상의 전쟁은 필요 없다는 각성에 이르러 손을 잡았다. 그것이 유럽 공동체의 시대를 여는 틀이 되면서 동구권까지 아우르는 유럽연합을 구현한 것이다. 화폐는 생활의 기본 도구일 뿐만 아니라 상징이기도 하다. 이 상징을 각국이 폐기하고 하나의 화폐 유로화를 공유하게 된 용기는 일찍이 지구상에 없었던 일이다. 이제 의회가 생겼고 헌법은 통과를 앞두고 있다. 연방 헌법 원안은 그 전문에서 기독교의 신神을 배제하고 있다. 놀랍다.

서반구에서도 동남아에서도 아프리카에서도 국가들의 연대

가 점차 강화되어간다. 모든 이질들이 동질화한다. 그럴수록 모든 지역의 크기는 다양한 개별성을 옹호하는 윤리를 전제한다. 이런 공존연합의 논리와 함께 전후 냉전체제의 잔재인 한반도 분단에 질적인 변화가 가해진 사실도 세계사적인 의의를 가지고 있다.

세계 187개국의 지지와 UN의 공식 지지를 받은 남북공동선언은 이것만큼 지구 상의 뜨거운 기립박수를 받은 일 없는 한반도의 명예였다. 이제부터 한국은 가슴 벅찬 나라이다.

그토록 많은 치욕을 벗어나지 못한 역사를 살아온 한반도는 이제 현대 한국사의 일차적인 완성이 될 통일을 앞두고 있는 것이다. 중국은 1940년대 후반 신중국을 건설한 이래 삶의 밑바닥에서 그 질을 높여가고 있다. 일본은 15세기 이래 한 번도 분할되어본 적이 없는 천연적인 안보 체제로 그들의 자율적인 분권 사회를 뿌리내리고 있다. 동남아 베트남의 비극도 오래전에 끝났다.

역사 진행의 역학으로 말하면 이런 나라들은 할 일이 없는 셈인지 모른다. 소련 붕괴 뒤 역사의 종언을 말한 것은 역사 이데올로기의 끝장을 뜻하는 것이 아닌가. 하지만 한반도에서의 역사는 정작 이제부터 시작이다. 역사란 그것의 미완성으로부터 완성으로 가는 치열한 대열이다. 그러므로 한반도뿐만 아니라 각 민족의 역사적 미완성 앞에서 역사는 영원하다.

나에게는 하나의 희망이 있다. 아무리 한반도에서 현재 남북관계의 발전이 순조롭지 않더라도 휴전선의 철도 연결 및 육로 왕래, 그리고 특구 운영과 같은 민족 사업은 결국 한반도 외부의 난조에도 불구하고 당사자 사이의 신념이 좌우한다는 사실이다.

앞으로 100년 이내로 통일이 이루어진다면 이미 한민족은 거기에 이르는 통일시대를 살고 있는 것이다. 100년 이내의 분단은 분단을 소멸시키는 역사의 진화인 것이다. 그렇다면 어떤 통일이 가능한가.

남의 연합제나 북의 연방제는 이제 충돌하지 않는 날이 올 것이다. 일체의 무력 통일이란 6.25사변을 통해 교훈적으로 실패했다. 그래서 베트남 통일은 한반도에 적용되지 못한다. 또한 독일 통일의 흡수 체제도 동북아시아 지역에서는 가능하지 않다. 예멘의 협상 통일과도 달리 국제적 합의와 동시에 추진되는 민족 내부의 점진적인 선택이 있어야 할 것이다.

나는 오래전부터 다연방제 통일을 주장하고 있다. 이는 분권시대와 국가연합시대를 앞둔 민족사회의 다양성을 통일을 통해 정착시킬 수 있기 때문이다. 한반도의 여러 지방정부에 국가 개념을 도입함으로써 한반도 복합국가를 만들어내는 것이다. 각 정부의 수상이 모이는 연방 회의에서 연방 원수를 윤번 추대한다.

작은 나라 스위스와 큰 나라 말레이시아 다연방이나 심지어는 미합중국의 사례를 한반도 다연방제에 비추어본다. 그러나 통일이 재통일이나 과거를 복구하는 통일이 아니라 새로운 통일이 될 때의 그 미지의 역사로 하여금 비로소 역사를 완성할 것이다. 역사가 무덤이 아니라 멈추지 않는 생명체라면 말이다.

내가 서 있는 지층
- 4월의 노래

봄날 한 시인의 유골이 안치된 절두산천주교회에 갔다. 한강은 위대하다. 세계 어느 도시에도 한강에 견주어질 강은 없다. 1950년대 말 한강에는 다리가 하나였다. 아직 제2한강교도 놓이지 않았던 시절 그 황막한 절두산 기슭에 가서 강 건너 영등포 당산동 쪽의 잠든 풍경을 저승처럼 바라보던 회색의 날들이 있었다. 저쪽 여의도 한 자락은 숫제 아지랑이 속에서 떨고 있는 풀밭이었고 그 이쪽 저녁 무렵의 밤섬에서는 밥 짓는 연기가 애처로웠다.

살아야 하느냐 아니냐의 고비를 몇 번 넘기면서 강 건너라는 것, 피안이라는 것이 마지막 명제가 되어 있었다. 언뜻언뜻 차르 압제를 등지고 망명하는 '저 건너'의 게르첸이 스며들고, 장자의 나비, 그리고 키르케고르의 단독자가 끼어들기도 했다. 허무를 갈망했다.

그러는 동안 강 건너 또는 저 건너가 없으면 살 수 없었다. 4월 혁명 직후의 내 첫 시집 『피안감성』의 이름도 그런 연유에 닿아 있다. 정토란 예토의 저 건너가 아닌가.

이런 사연의 절두산 언저리를 45년 뒤에야 발디뎌본 것이다. 어엿한 성당 건물이 섰고 효수된 김대건 신부의 자취도 성역화되어 있다. 그 박해를 전후해서 한국 천주교 순교자가 만 명이나 되는데 문헌상으로는 30명이 그나마 알려졌다.

그곳은 조선시대 내내 '역적'들의 효수 장소였다. 성삼문의 시신도 김옥균의 시신도 그곳 비탈의 공중에서 머리통 하나로 매달려 있어야 했던 것이다. 밤에는 귀신의 곡성도 들렸던 흉흉한 곳이었다.

그 성당 납골당에 시와 비평으로 사람들의 심금을 잔잔하게 울렸으며 내 시 영어판 역자의 한 사람이었던 김영무가 잠들어 있는 것이다. 가족과 동료 교수와 함께 나도 그의 추모에 동참했다.

한 시간쯤 앞서 그곳에 갔던 까닭은 지난날의 나로 돌아가기 위해서였다. 과거는 현재의 부재이건만 또한 현재의 일부이기도 하다.

그런데 지난날 내가 눈여겨보지 않았던 것이 눈에 확 들어왔다. 성당 마당 한쪽에 묵은 비석 하나가 있었다. 뜻밖에도 불교 승려의 것이었다. 해운당대사의징지비海雲堂大師義澄之碑. 숭정기원후무인오월입崇禎紀元後戊寅伍月立으로 제막 시기도 분명하다. 상좌 수견천심守堅天心이 자신의 은사를 저세상에 보낸 뒤 세운 추모비였다. 숭정은 명나라 말기 의종 연간의 연호인데 무인년이라면 숭정 11년이다. 서기 1737년으로 조선 인조 16년에 해당한다.

아직 임진왜란 참극을 제대로 수습하지도 못한 처지에서 인조가 남한산성 항전을 접고 송파나루 삼전도에 나가 투항한 다음 해였다. 나라의 체모는 땅에 떨어졌고 두 왕자는 인질로 잡혀갔다. 뭇 백성은 금에서 청으로 이어지는 만주족의 침노로

도륙당했으며 살아남은 자는 굶어 죽어갔다. 어디 하나 희망의 가닥이 보일 리 없었다.

그런 시절인데 칠천七賤의 하나로 소외된 불교 승려가 은사 추모의 정을 돌 하나에 새겨 기린 일은 감동적이었다.

해운당 의징은 조선고승 반열에 오른 사람도 아닌 듯하다. 해운이라는 이름은 화엄경 입법계품에 나오는 선재동자가 두 번째로 찾아간 스승인데 그는 인도양을 하루 내내 관觀하는 재야의 도인이었다. 그 해운 비구의 이름으로 법호를 삼은 것이다.

비를 세운 제자 수견천심도 알려진 바 없기는 마찬가지이다.

이런 무명승 일가의 사연이 그 재난의 시기에도 불구하고 추모의 정으로 남겨진 것이다.

정녕 그 일대는 위쪽에 마포나루를 두고 아래쪽으로 행주나루를 둔 곳이므로 활발한 수운水運의 안태를 비는 암자 하나쯤은 있었던 것이 틀림없다면 바로 이곳이 관음신앙이나 그 밖의 기복을 담당했던 절터였을 것이다.

그뿐 아니라 이곳은 조선 중기 이래 중죄인의 효수 장소였으므로 그 원혼들을 달래던 미타신앙도 자연스레 생겨났을 것이다. 이런 곳에 피를 뿌린 천주교가 오늘의 절두산에 이른 것에 감회가 없지 않았다.

나는 그 근세 불교의 한 추모비를 뽑아내지 않고 그대로 둔 한국 가톨릭의 미덕을 찬양한다. 아마도 다른 근본주의 교단이었다면 그따위 이단의 흔적을 그대로 두는 일은 어림없었을 것이다. 이런 것을 행여 다른 눈으로 보는 쪽에서는 천진암의 성역화가 그렇듯이 옛 불교의 연고를 천주교가 흡수했다고 말하기도 하리라.

오랜 세월이나 역사의 층에서 갖가지 얼굴이 겹겹을 이루고 있는 현상은 하나둘이 아니다. 상당한 기간 한반도에서의 삶은 비교적 단일한 민족사회로 구성되어 있다. 가령 여섯 내지 일곱 민족이 기원전부터 번갈아가며 살아온 스페인의 복잡한 문명의 중층과는 달리 한국 문화는 다채롭기보다는 단조로운 특색을 가지고 있다.

하지만 한국어 속의 많은 외래어나 한국 예술 속의 이질적인 흔적과 함께 한국 종교 속의 복합성들은 간과할 수 없다.

한반도 사회 구성의 단초를 북방기마민족설로 마감할 수 없는 징후가 크다. 그만큼 예맥 중심의 민족기원설에는 논란의 여지가 있다. 다만 시베리아 샤머니즘과 원시 태양 숭배나 고대 산악신앙의 바탕은 한국인의 오랜 기질을 이루어주었다.

여기에 남방종족의 농경 문화를 받아들여 한국인의 원형이 갖춰진 것이라면 한국인의 존재는 이미 근원으로서의 혼혈성을 과시한다. 결코 한 핏줄만이 아닌 것이다.

상고시대의 신앙 풍토가 고대 세계종교인 불교를 받아들임으로써 한국인의 세계관은 본격적으로 발전한다. 그 타자로서의 불교를 자아의 가치로 육화시킴으로써 아시아의 넓은 지역에 걸친 보편성에 참여하게 되는 것이다.

정치적으로는 신라가 당제唐制를 따르면서 그때까지 다져온 고대 한국의 여러 토착 문화가 한자 문화권의 저변에 묻히고, 고대 시가는 중국의 성당시盛唐詩에 소외되어 자칭 향가라는 이름으로 주변화되는 한편, 당나라 화엄사상과 선 수행이 그대로 한반도에 유입됨으로써 한국 고대 문화의 주류를 형성한다. 이같이 불교가 고대와 중세를 담당한 것이라면 근세는 유교와 주자학이 국가의 이념으로 군림하며 사회의 구석구석을 현세적인 예교의 기풍으로 채웠다.
바로 이 주자학의 국가가 기울어지는 시기에 기독교라는 새로운 타자가 들어옴으로써 한국의 정신사는 한층 더 새로운 가능성을 드러낸다. 조선인이 불교를 받아들이면 조선의 불교가 되지 않고 불교의 조선이 되고, 조선의 유교가 아니라 유교의 조선이 되며, 조선의 기독교가 아니라 기독교의 조선이 된다고 신채호는 개탄한 바 있다. 단적으로 황사영의 백서 사건이 그런 대상이기도 하다.
하지만 밖으로부터 들어오는 그것들은 끝내 한국의 자아를 실현한다. 고대의 불상은 이미 인도나 중국의 불상이 아니며 조선 성리학은 송학宋學을 뛰어넘는다. 근대 기독교는 한국인의 심성에 의해서 일정한 주술성을 확보하는 것이다.
이 세계는 어디에도 하나는 없다. 둘 이상이다. 이 세계의 어느 시대도 하나의 사상만으로 이루어지지 않는다. 둘 이상이다.
오직 나 하나만의 진리라는 도그마로부터 해방되는 진리가 가장 진리답다. 일즉다 다즉일一卽多多卽一의 고착되지 않은 문화의 지층이 우리가 상속한 유산인 것이다.

어떤 지중해
- 5월의 노래

왜 큰 시야로 아시아 전체에 눈을 돌리지 않고 기껏 동북아시아만 말하느냐고 대기자 김영희가 나무란 적이 있다.
한국의 지식인 일군은 동구권 및 소련 현실사회주의 체제가 무너진 뒤 새로운 지역 담론으로 동북아시아 연대의 지적 탐구를 서둘렀다. 이는 한중 수교와 함께 오랫동안 대륙과 단절되었던 휴전선 이남의 고독을 단숨에 보상받으려는 오랜 잠재의식도 반영한다.
이제 그 동북아시아 또는 동아시아 담론은 좋게는 심화, 확대되는 중이고 나쁘게는 상투화되고 있는 중이다.
한반도는 가장 긴 역사 공간을 중국과의 절대 관계로 존속시켜온 것이 사실이다. 때로는 이런 일이 한국을 중국보다 더 중국적이게 한 경우가 한두 번이 아니다. 한말 위정척사 노선이라는 것도 장구한 사대주의의 위기가 낳은 산물이다.
현대 한국 사회는 식민지 잔재 그대로의 토양에 해양 세력으로서의 미·일과의 관계를 나날이 긴밀하게 만들어왔다. 남한의 이런 현실은 미·일과의 긴장 관계를 지속시켜온 북한을 역설적으로 포함하고 있다.
그러므로 동북아시아 담론은 제2차 세계대전 이래 정착된 해양 세력에의 편향과 한반도 자체의 폐쇄적인 자의식을 동시에 극복할 수 있는 가능성을 담보한다. 하지만 이 담론이 실현되는 일은 결코 쉬운 노릇이 아니다.

먼저 동북아 3개국 실체의 하나인 일본이 이행해야 할 기본 과제가 있다. 탈아론脫亞論이 아니더라도 일본은 지금까지 너무나 서방적이다. 이와 함께 한반도와 중국 대륙, 그 밖의 동남아시아에 고통을 준 침략의 역사를 청산하는 진실 없이는 안 될 것이다.

지난날 일제 야욕인 대동아공영권의 망령이 동아시아 담론의 중천에 아직 떠돌고 있지 않은가. 역사 청산의 모범은 독일이 충분히 보여주고 있다. 그들은 홀로코스트는 물론 그 밖의 다른 과오까지도 스스로 발굴해내어 뉘우치고 있는 것이다. 그런 세계사적 미덕이 독일을 현대 세계사의 명예로운 주축으로 만들어낸 바탕이 되었다. 최근 서울에 온 작가 귄터 그라스가 일본은 한국에 대해 직무 유기를 하고 있다고 꾸짖은 것도 그래서 한층 더 울림이 있다.

지금 일본은 일본 사람 각자의 바른 예절과는 달리 단 한 번도 국가 차원의 예절인 사죄와 배상을 한 적이 없다. 그럴 뿐만 아니라 과거를 정당화하는 국민 정서를 조종하기까지 한다. 일본의 극우는 미국의 극우뿐 아니라 분단국 한국의 극우와도 체질적인 유대를 일삼고 있는지 모른다. 그런 일이 태평양 해양 세력의 아시아 전략에 힘의 배경이 될 것이다.

그렇다면 한국이나 중국의 진보적인 개항 의식으로서의 동아시아 담론은 일정한 허구성에 부딪힌다. 하지만 최근 『동아시아의 비판적 지성』에서 제기된 바 아시아를 하나의 사유 공간으로 인식하는 시도는 무척 역동적이기까지 했다. 아시아에 대한 아시아인의 시점이 여기까지 온 것이다.

물론 아시아의 의미는 아직 애매한 측면이 있다. 헤겔과 베버, 그리고 뮈르달의 '아시안 드라마'와 또 다른 쪽에서 레닌은 러시아를 아시아 국가로 강조하지 않았던가. 그리고 정작 동북아시아가 언제 중앙아시아와 서남아시아 의식을 펼칠 수 있었던가.

하지만 이런 크기 문제를 앞으로의 과제로 남겨둔다면 정체성의 문제는 언제나 미래를 구성하면서 과거를 해석한다는 점으로 미루어 동아시아의 미래는 반드시 이 지역의 자발적이며 포괄적인 탈식민의 주체가 될 때 해결될 것이다.

아마도 이 일은 국가에 앞서 문화 영역에서 선행될 수 있다. 그리고 그 문화 행위가 반드시 정치 행위와 별개의 것이 아닐 것이다. 지금 세계는 세계화의 대응 이외에도 지역 공동체의 상생이라는 복합 공존의 논리를 만들어가고 있다. 가령 상당한 인내심을 바친 유럽연합의 출현은 현대 세계사 최대의 사건이다. 인류의 한 자랑이 되지 않을 수 없는 것이다. 그것은 두 가지의 극단인 국가해체론의 모험을 잠재운 국가연합의 새로운 대체제이자 일국주의를 극복한 복합국가의 실현인 것이다.

앞으로 북미자유무역협정이나 아세안, 그리고 꿈속의 아프리카단결기구와 라틴아메리카권역 결속의 의의들은 결코 퇴색하는 일이 없을 것이다.

그리하여 하버마스가 말한 바 각 지역의 정치적 공공 영역을 수립하는 공민사회公民社會가 지구 상의 여러 곳에서 만들어진다면 얼마나 좋겠는가.

그렇게 된다면 미국의 신자유주의 일방 노선이 유엔을 비롯한 각종 국제적 협의를 무시하는 오만을 조절하게 되며 일본 역시 일정한 질적 변화를 통해서 동아시아 연대의 일원을 지향할 것이다.

나는 고대 아시아의 보편성을 떠올린다. 6세기 이래 불교를 통한 아시아의 내재적 통일성을 이룩했고 유교는 동아시아 전체를 하나의 가치 체계로 소통시켰으며 이런 사실은 동아시아의 오늘에도 유효한 문화 체계를 이룬다.

우리 조상들은 이처럼 대아시아적 영감 속에서 살았던 것을 생각한다면 지금의 동아시아 의식은 마치 동양 3국의 바둑 경기처럼 국한적인 개념으로 퇴화된 느낌도 든다. 아직 허황하기는 하지만 장차는 절실한 것이 되어 마땅한 아시아 전체에 대한 새로운 인식의 틀은 필요하다. 우선 동북아시아 담론만으로는 동남아시아 네트워크나 인도의 경이적인 첨단 문명에의 실감은 너무 멀다.

백제의 겸익은 바다의 실크로드를 통한 천축 구도의 길을 다녀왔고, 신라의 10대 청소년 혜초는 '해동 변방'의 삶을 내치고 대륙으로 건너가는 그 당시의 모험에 참가해 중국으로 만족하지 않고 인도 데칸 고원을 편력했다. 이런 사실에 한반도의 확대라는 오늘의 의미를 부여하는 것이다.

올해 상반기에 나는 세 번 유럽 지중해안을 다녀왔다. 지중해 서쪽 지브롤터 일대는 고대 그리스인들이 헤라클레스의 기둥이라고 하던 곳이다. 아니 거기서 더 나아가 이베리아반도의 리스본도 그리스인들이 세웠다는 전설이 있다. 플라톤이 말한 행복의 섬은 아예 대서양이 아니던가.

지중해는 온갖 문명의 집합체이고 모든 종족들의 흥망성쇠로 된 복합 세계이다. 이런 지중해를 두고 F. 브로델의 지중해사관은 일국주의의 이기적 한계를 초월한다. 역사 인식에 대한 비전문적인 견해이기는 하지만 나는 동북아시아 바다 위에 역사의 중심을 두고 황해 또는 동중국해 일대에 대해 지중해사관을 말해오고 있다. 아마도 이것은 더 넓게는 환태평양 연대의 해양적 역사 창출에까지 닿을지 모른다.

일본의 탁월한 역사학자 아미노網野는 동북아시아 지도를 거꾸로 배치하고 황해, 동해, 서태평양 일대를 역사 당위의 무대로 보고 있다. 이는 일본 제국주의사관에 대한 용기 있는 저항 행위이다. 그는 그동안의 일본사를 해체한다.

공교롭게도 한국무역협회 김재철도 그의 바다 생활을 기초로 거꾸로 본 한반도의 발상 전환을 보여준 바 있다. 그것은 바다를 역사 진행의 중심으로 삼는 것이다.

어쩌면 대아시아주의가 동아시아주의에서의 장애 요인까지도 소멸시킬 대승적인 상상력을 발휘할지 모른다.

나는 한반도 통일국가가 완성된 뒤 신중화주의나 일본국수주의가 지양된 동북아 3국 연합과 나아가 아시아 전역의 다양성이라는 커다란 광장이 만들어질 것을 꿈꾼다. 그리하여 오래된 문화만이 아니라 새로운 문화도 창조하는 아시아 해양의 시대를 기대한다. 그러나 지금 우리를 둘러싼 바다는 생태적으로 죽음의 바다가 되어가고 있다. 아아!

이 강산 낙화유수

- 6월의 노래

달포 전 금산에 잠깐 다녀온 적이 있다. 바야흐로 그곳은 금수강산이었다. 초록 산빛 속의 산벚꽃, 조팝꽃 덤불이 사태 져 있었다. 내 눈에 복을 가득 채운 그 꽃 잔치는 오래전 잃은 순정과 신기神氣까지 불러내는 듯했다.

늦은 진달래와 이른 철쭉 또한 이 골짝 저 골짝에서 나 좀 보고 가라고 우르르 소리 지르고 있었다.

본디 전북 금산. 5.16 이후 최고회의 간부인 길재호가 그곳 길씨 마을을 근거로 국회의원 후보가 되는 과정에서 충남 금산으로 바뀐 것이다. 해방 정국의 우익 임영신, 유진산과 좌익 이현상이 그 고을에서 태를 묻었다. 지금은 시인 안용산이 좌도문학동인을 꾸려가고 있다.

금산은 산 고을이다. 3000여 봉우리의 크고 작은 산이 있다. 지형은 큰 분지에 새끼 분지 700여 개가 들어찬 형세이다. 그런 산비탈 도처에 조상의 넋이 깃든 자연부락 480개가 삶의 터전이 되어준다.

여기에 놀라운 일이 벌어졌다. 산간지대 전체를 하나의 공원으로 만들어가는 환경 미학이 실천되고 있는 것이다. 금산군 자연공원 운동이 그렇다.

먼저 산의 잡목이나 거친 푸나무 서리를 제거하고 나무와 나무 사이도 숨통을 터주는 노역이 7년째 멈추지 않고 있다. 특히 5년 전부터 10개년 계획으로 1000개의 자연공원을 만들고 있다 한다.

자연공원이란 최소한의 인간 개입을 통해서 자연의 품위를 높이는 것이다. 진작 독일의 산림지대도 이런 자연공원의 한 사례가 되겠다.

마치 민주화 과정의 최우선 해법이 되는 것처럼 지자제가 실시되었다. 그런데 각 지자체들이 너나없이 당장의 개발 논리에 눈멀어 국토 내지 향토의 자연환경을 황폐시키고 있는 것이 현실이다. 이전의 중앙정부의 개발독재보다 더하면 더했지 그보다 덜한 것이 아니다.

이런 저질의 개발들이 국토의 존엄성을 회복 불능 상태로 만들어가고 있는 것과는 달리 금산의 1000개 자연공원 운동은 다른 고을들이 두루 본받아 마땅한 시범이다. 공공근로사업비 배정액을 고스란히 이 사업에만 쓴 결과 신안리 산벚꽃동산, 화원골 조팝공원, 칠백의총 진달래공원 들이 만들어졌고 심지어 예비군 훈련장까지 야생화공원이 된 것이다. 금산 군수는 이 자연공원 운동을 비보적裨補的 자연관의 실천이라 한다.

국토는 국토 이상이다. 나라는 망해도 국토가 있으면 언젠가 망한 나라를 다시 세울 수 있다. 두보는 나라는 망해도 산하는 남아 있다고 노래한 바 있다. 그 산하에 봄이 오면 꽃이 핀다. 세상의 흥망성쇠가 오로지 산하 안에서 명멸하는 것이 유구한 역사 아닌가.

한국 근대화의 저돌적인 개발과 성장이 몰고 온 심성 파괴와 함께 지자제 시대의 막개발이 보여주는 산하에 대한 모독은 이제 참을 수 없는 데까지 왔다.
지금 국토는 하루하루 망해간다. 다시 두보가 살아난다면 이런 한국과 이런 중국을 보고 나라는 일어났으나 산하는 망했도다라고 노래할 것이다.
다른 나라를 돌아다닐 때마다 내가 태어나고 내가 살아가는 국토의 한 귀퉁이가 얼마나 신성한 곳인가, 얼마나 소중한 곳인가를 새삼 깨닫게 될 때가 한두 번이 아니다.
지구본을 돌려본다. 지구본의 한군데에 한반도가 있다. 비록 분단시대의 조국이긴 하지만 장차 하나의 조국이 되면 얼마나 더 자랑스럽겠는가.
중동 쪽으로 눈이 간다. 그곳은 아랍인과 유대인이 사활을 걸고 싸우고 있다. 팔레스타인 시인 다르위시는 '나라 잃은 자는 온 천하에 제 무덤도 못 가진다'라고 부르짖었다. 마음 아프지 않을 수 없다.
어린아이 코흘리개가 이스라엘 탱크 앞으로 내달려가 자폭하는 광경이 오늘의 팔레스타인 문제를 표상한다.
4000년 전에 정착한 야곱의 자손 셈족은 그 뒤 이산, 귀환, 번영, 분열, 망국, 해방과 길고 긴 속방屬邦에 이르러 다시 국외로 쫓겨났다. 이 디아스포라로 천몇백 년 동안 떠돌다가 고토로 돌아온 것이 시온주의이다. 하지만 그들의 까마득한 고토란 텅 비워둔 곳이 아니라 엄연히 아랍인의 오랜 삶의 현실이었다. 20세기 초 이래 두 민족은 지칠 줄 모르는 전쟁을 이어오고 있다. 이 과정에서 이스라엘은 미국의 지원으로 팔레스타인의 땅을 삼켜온 것이다.

이런 영토 전쟁은 새삼스레 내 나라 내 겨레라는 역사공동체의 공간에 대한 절실성을 떠올려준다.
어디 거기뿐인가. 유고연방이 해체되자마자 그곳은 사분오열의 종족, 종교, 영토 문제로 끔찍한 지옥이 되어버렸다.
지금 중국은 5000년사 최대의 영토를 가진 나라이다. 미국의 세계전략 가상적假想敵이 중국이라는 사실은 잘 알려져 있다. 이런 중국이 동북공정東北工程이라는 국책 사업을 강행하고 있다. 상고시대 부여와 고구려사를 한국사의 범주로 삼는 것을 앞으로 묵인할 수 없다는 것이다. 그래서 광개토대왕비와 그 밖의 유적지를 봉쇄하고 김일성과 저우언라이가 합의한 발해 유적 공동 발굴 사업도 멈춰버렸다.
그런가 하면 남사군도는 중국과 베트남 필리핀이 삼각관계의 불화를 자주 드러내고 있다.
일본은 어떤가. 중국 연안의 섬 하나가 자기네 것이라 해서 중국과의 긴장을 마다하지 않는다. 일본은 또한 동해 해상의 한국 영토인 독도를 자기네 섬이라고 우겨대고 있다. 게다가 동해를 일본해로 표기하는 일을 세계 각국의 지도 제작에 집요하게 반영시키고 있다.
영국은 머나먼 아르헨티나 연안의 섬 하나를 자기네 것이라고 해서 왕세자까지 참전시켜 선제공격을 하지 않았던가. 세계화 이후 오히려 이 같은 민족 문제, 영토 문제가 더욱 심각해지고 있는 것이다.
나는 내가 살고 있는 국토가 빼앗긴 땅이라는 기억을 가지고 있다. 나라 없는 민족이 얼마나 많은 피눈물을 흘려야 하는가를 너무 일찍 알았다. 그것으로도 모자라 나라가 둘로 갈라선

민족이 얼마나 수치스러운 것인가를 모를 리 없는 시대를 살고 있다.

이런 시대임에도 이른바 근대 국민국가의 종말이나 국가해체론의 섣부른 논리들을 들여다가 하나의 패러다임으로 꾸미는 경우가 종종 있다. 따라서 민족주의 국가관은 낡은 것이고 하루속히 무효화시켜야 한다는 담론들은 하나는 철부지이고 하나는 철 이른 수작인지 모른다.

민족을 영구불변의 진리라고는 생각하지 않는다. 역사 속의 정체성 역시 필요한 만큼 만들어지는 관념일 경우도 없지 않다. 19세기 말 르낭이 벌써 유럽연합을 예언한 것처럼 탈민족론도 다가오는 미래의 어디쯤에서는 제때를 맞을지 모른다.

그러나 지금 우리는 한 번 더 국민국가 안에서의 시민적 각성을 지향해야 한다. 그러자면 그런 문화를 담을 국토에 대한 커다란 사랑을 전제해야 한다. 우리가 꿈꾸는 인간정신의 승화도 국토와 자연의 정화로만 가능한 것이다.

마침 시대는 새로운 출발점에 서 있다. 정치도 경제도 질적 전환 없이는 안 된다. 지금 한국인은 산 하나 그대로 두지 못하고 제 집을 나가면 쓰레기 하나 치울 줄 모르고 간판 하나 멋지게 달 줄 모른다. 국토에 대한 공공 의식의 중요성에서도 너무 멀리 떨어져 있다.

조국은 섬기는 일과 가꾸는 일 없이는 새로 태어나지 못한다.

중심을 넘어서
- 7월의 노래

백한 살에도 여행 준비를 서두르다가 생애를 끝마친 사람이 있다. 일렉산드라 다비드넬. 나는 족탈불급이다.

몇 년 전이다. 40일 만에 가까스로 돌아오니 체중 10여 킬로그램이 빠진 내 해골 형상을 아내가 낯설어했다. 친구들은 구조대를 보내려 했다고 말했다. 아무런 준비도 없이 덜렁 나선 그 무모한 여행은 고도 6500미터에 발 디딘 것 하나가 산소 결핍의 숨찬 밤들이 남긴 자랑이었다.

이에 앞서 1990년대 초 네팔 쪽의 히말라야 연봉의 원경에 사로잡힌 적이 있다. 그 극한의 흰빛 영감의 발신發信으로 가슴이 뜨거웠다. 불교 경전 속의 설산은 주로 다울라기리 봉 일대를 가리킨다.

1990년대 후반, 이번에는 티베트 쪽 히말라야를 따라 에베레스트 북쪽 지경에서 멀리 서쪽 아리 지역까지 떠도는 험로에서 내 지상의 체력은 바닥났으며 두 다리는 의족이 된 듯 부자유스러웠다.

대륙이동설에 따르면 약 일천만 년 전 저 남쪽 바다 곤드와나 대륙 한 덩어리가 떨어져 나와 북쪽 앙가라 대륙에 부딪치면서 오늘의 히말라야 준령이 솟아올랐다.

그러므로 히말라야 일대는 원래 바닷가였다. 지금도 그곳 고산화석 중에 조개껍질이 나온다. 또한 티베트 창탕 고원이나 만년설의 하부능선에는 히말라야 갈매기가 날고 있다. 바다와는 전혀 상관없는 이곳에 갈매기가 있는 것이다. 물론 이 새의 조상은 옛날 이 일대가 바다였을 때의 갈매기였다. 인도 대륙과 아시아 대륙의 접속으로 바다가 없어져버린 그 새로운 환경에서 적응하기 시작했던 것이다.

이런 기구한 사연을 이어온 텃새 갈매기와 함께 철새도 살고 있다. 저 혼자 고고한 품위를 지닌 히말라야 학鶴이 그것이다.

한국의 학보다 작은 이 새는 티베트 고원지대에 혹독한 추위가 몰아치기 전에 떠나야 한다. 떠난다는 것이 어느 날 훌쩍 나래 쳐 가면 되는 게 아니라, 떠날 때가 가까워오면 며칠씩 굶어 몸을 가볍게 만들어야 한다. 숨도 조식調息을 익힌다. 이런 수행을 마친 뒤에야 히말라야 첨봉들이 황금빛으로 물드는 아침 마치 혼백처럼 날아올라 아득히 상공의 제트기류에 몸을 맡기게 되는 것이다.

세계의 지붕을 그렇게 넘어 거기 북인도 비하르 주 초원이나 강가 강 늪지대에 내려앉는다.

나는 이 새를 설산학雪山鶴이라고 이름 붙였다. '히마거처'와 '알라야눈'를 합한 범어 복합어이다. 이 산에 살고 있는 새는 무척 신중하다. 먹이에도 그다지 급급해하지 않는 신선이다.

이런 설산학의 철새 여행을 통해서 어떤 사람은 전생과 내생 골짝인 이 세상의 무상신속無常迅速을 문득 깨달을 수도 있다.

히말라야 산맥의 길이 2400킬로미터의 중간에 카일라스 산이 있다. 대산맥으로부터 물러난 독립 산악이다. 동쪽 아심과 부탄, 시킴에서 서쪽 파키스탄에 이르는 산맥 전체에 대한 사열대 같은 형세이다.
해발 8000미터 이하의 봉우리들에게는 변변한 이름 하나 없는 이 고산준령의 대총림에 대해서 7000미터 미만의 카일라스가 키 작은 상관 노릇을 하고 있다.
아리아족의 바라문과 원주민의 토착신앙이 습합된 힌두교 이전부터 이 산은 오랫동안 인도의 성산聖山이었다. 여기서 인도의 인더스 강과 강가 강, 그리고 네팔의 창포 강이 발원한다.
현지에서는 이 산 이름이 수메르이다. 브라만교나 불교, 자이나교의 우주관을 말할 때의 수미산須彌山이다. 고대 우주관의 추상 세계로서의 산과 현실로서의 산의 의미가 극적으로 교차되고 있다.
이 산을 인도에서나 티베트에서나 다 같이 세계의 배꼽 또는 우주의 중심이라고 오랫동안 믿어온다.
이런 수미산 중심 설화가 이웃 중국에서는 곤륜산崑崙山으로 바뀐다. 쿤룬 산맥도 히말라야 산맥과 나란히 파밀 고원에서 티베트의 신장을 거쳐 황하, 양자 두 강의 발원지가 되는 아시아 거대 산맥이다.
중국의 중中, 중화中華는 중국이 세계의 중심이라는 천하사상을 표방하고 있다. 이 정치적 문화적 유아독존의 중화주의는 둘레에 네 오랑캐를 설정하고 있다. 그중의 하나가 동이족이다. 기껏 대접을 받을 경우 '작은 중화小中華'가 허용된 나머지 동방예의지국이라는 것도 중국에 대한 한결같은 사대의 산물일지 모른다. 북적이나 서융, 그리고 남만은 거의 중국의 천하 체제에 순종하지 않았다. 따라서 중국은 그들과의 황량한 긴장

관계로 일관했다.
당의 수도 장안을 두고 옛 동아시아인들은 모든 길은 장안으로 통한다고 말했다. 이것은 모든 길은 로마로 이어진다는 말과 똑같이 고대 동서양 2대 제국의 보편주의는 실은 중화주의의 확대임을 의심할 수 있게 한다.
고대 그리스인들이 원주민을 짓밟고 자리 잡은 땅에서 그 주변의 종족들을 야만으로 배척한 것도 세계의 중심에 살고 있다는 자신들의 우월감 때문이었다. 지금도 델피 신전에는 '세계의 배꼽'이 봉안되어 있다.
그리스 로마 문명과 기독교라는 두 축으로 다져진 서구중심사관은 아직껏 진행되고 있는 가장 심각한 세계 모순이다. 오늘의 유럽연합이 행여 팍스 아메리카나에 대응하기 위한 것만이라면 그 세계사적 의의의 절반은 삭감되어 마땅하다.
아마도 인류는 중심이라는 본능적인 굴레를 벗어던질 수 없는지 모른다. 옛날 잉카족도 그들의 밀림을 세계의 중심이라고 과시했다. 오늘의 사하라 사막 베르베르족도 사하라가 세계의 중심이라고 믿어 의심치 않는다. 말하자면 사하라야말로 동양과 대서양 사이에 자리 잡은 세계의 중심이라는 것이다.
어디 여기뿐이겠는가. 이웃 일본의 '본本'도 해가 뜨는 본고장이고 해가 있는 중심을 뜻한다. 저 재앙의 십자군도 성지 회복이라는 중심 찾기의 명분을 내세웠고 모든 무슬림은 메카 쪽을 향해서 몸을 던져 경배하는 중심에의 일상적 귀의를 지속한다.
이런 중심주의는 반드시 다른 중심 세력에 대한 부정을 낳는다. 그래서 중심이란 그 중심의 영역을 확대하는 행위 자체이기도 하다.

하지만 중심은 인간존재의 불가결한 가치척도이기도 하다. 그것 없이는 인간은 존재할 수 없다. 줄 타는 광대가 줄 위에서 신체의 중심을 잡을 때 관중은 손에 땀을 쥐는 것이다. 중심에의 감동이다.
한 개체만이 아니라 집단에서도 중심 개념은 반드시 필요할 것이다. 지난날 한국의 시련기를 견디게 한 사상들이 거의 다 장차 세계사 운행의 중심에 한국이 있다는 주장을 앞세웠다. 국수주의이든 신비주의이든 그것이 상당한 격려가 되어온 것도 사실이다.
아마도 이 같은 중심의 연장선상에서 오늘의 한국의 중심 과잉이 드러나는지 모른다. 아니 그것은 오랫동안 외세에 포위된 채 살아온 지정학적 객체에 대한 반동이기도 할 것이다. 한국이 세계 문명의 새로운 구심점이라거나, 21세기 동북아시아의 허브이며 세계 중심 국가라는 비릿비릿한 주장들이 우리만의 허장성세인가 아닌가를 살펴보아야 한다.
인류 역사는 중심의 사상이 신성할 때와 그것이 추악할 때를 구별하는 지혜를 요구한다. 한국이 세계의 중심이기보다 세계의 모든 중심들과 함께 있는 중심체이기를 바란다. 그렇게 될 때 타자와 자아의 유연한 관계가 가능하리라.

이 생명 다하도록

– 8월의 노래

생명은 선택이 아니다. 그럼에도 한국인은 어머니의 몸 안에서부터 인격이 부여된다.

태아의 나이로 한국인의 나이는 시작한다. 다른 나라에서는 대체로 인간이 어머니 몸 밖으로 나와서 1년을 지나서야 한 살을 먹지만 한국에서는 태어나자마자 어엿한 한 살배기이다. 그래서 세계만방에 대고 태아의 인간 선언을 과시하는 의미가 한국의 재래 나이 산법에는 들어 있는지 모른다.

태몽은 자주 인간 운명의 시작에 하나의 결정론이 되어왔다. 태교도 인간 교육의 동기를 부여하는 숙연한 시간을 불러들인다. 그것은 장차 지루하고 힘든 제도 교육에도 계시를 준다.

어머니와 태아는 인간 생명으로서의 내재적 대화를 통해서 이 세상에서 가장 오묘한 언어 초월의 인간관계를 만들어낸다. 아마도 태아의 10개월은 인간이 태어난 뒤의 10년 이상에 해당할 것이다.

이렇듯이 한 인간이 어머니의 몸으로부터 세상 밖으로 나오는 탄생은 그 무엇에도 견줄 수 없다. 그것은 성스러운 불안을 일으키기까지 한다. 하나의 완성과 또 하나의 미완성을 아우르는 일이기 때문이다.

나는 티베트 오지 5000미터의 고원지대 유목민의 천막 안에서 만삭의 아낙이 밀가루 반죽을 하다가 천막 기둥을 붙잡고 서 있는 자세 그대로 아기를 쑥 낳는 광경을 얼핏 본 적이 있다. 그 황막한 비탈의 바람 속에서 한 생명의 존엄성은 처음부터 철저한 무명성無名性이기도 했다. 짐승이 새끼를 별 진통을 보이지 않고 낳는 것과 조금도 다르지 않았다.

빅토르 위고는 세계에서 가장 많은 시를 쓴 시인 중의 하나이다. 그가 말했다, 이 세상에서 가장 위대한 시는 인간이 이 세상에 나와서 최초로 우는 울음이라고. 우리가 말하는 '고고의 성呱呱之聲'이 그것이다.

그럴진대 응애응애 울음을 터뜨림으로써 모든 인간은 위대한 시 한 편을 쓴 인간이 되는 셈이다. 이렇게 한 인간이 태어나서 그 태를 묻을 곳을 고향이라고 한다. 그러므로 인간은 삶의 초기 단계에서 자신을 고향화한다.

한 집안에 아기가 있는 것처럼 찬란한 것은 없다. 가족은 이제까지의 관계가 마치 임시 관계였던 것처럼 아기를 중심으로 할머니가 되고 아빠가 되고 외할아버지와 이모가 되는 것이다. 일찍이 수줍은 한 처녀였던 사람, 한 남자의 고즈넉한 아내였던 사람이 하루아침에 무한한 사랑의 원천인 아기 엄마가 됨으로써 '대지大地의 주체'가 되는 것이다.

불교의 '자비'에서 '자慈'는 아기가 젖을 먹고 흡족해하는 옹알이를 듣는 어머니의 기쁨과 사랑을 뜻한다. '비悲'는 아기가 병들었을 때 그 병을 함께 앓는 사랑의 아픔이다.

한국의 전통 사회는 출생률과 사망률이 함께 높았다. 아기가 태어나 백일이나 돌 이전에 죽는 일이 출산의 절반 이상을 차지할 때도 있었다. 이런 사실은 약 이만 년 전 인류 평균 수명이 20세 이상 되었을 때 비로소 인간이 다른 동물을 능가하는 선사시대 문명의 단초를 열었던 인류사에 닿아 있다.

아기의 존재는 어머니라는 절대적인 경제 기반에 좌우된다. 어머니의 젖이 모자라거나 어머니가 영양실조를 겪으면 아기의 생명을 위협하기 때문이다. 그래서 어머니의 사랑은 영혼의 고상한 행위이기도 하지만 동시에 냉엄한 물질 조건이기도 하다.

한국인에게 백일잔치는 처절한 것이었다. 젖먹이가 백일을 버티지 못하고 죽는 경우가 많았다. 1960년대만 해도 어느 할머니가 장성한 손자에게 옛일을 말하다가, 네 위로 셋 죽고 네 아래로 둘 죽었으니 그것들이 살았더라면 네가 이렇게 외롭지는 않았을 것이라고 탄식하는 정경이 있었다.

아무리 곤궁할지라도 백일잔치는 빚잔치를 각오하는 동네 전체의 경사였다. 백일 떡을 돌려야 아기의 수명도 길어진다 했다. 오막살이 아낙이 머리를 잘라 팔아다가 아기의 백일 상을 차려낸 적도 있었다.

백일을 무사히 넘긴 아기라 해도 한국인의 평균 수명이 20세기 초 남 22세, 여 24세 정도였을 때는 결코 생명이 온전히 보장되는 것이 아니었다. 20세기 말 평균 수명 70세 정도에 이르렀다. 사망률이 크게 낮아진 이유는 물론 세상살이가 현저하게 나아진 데 있다.

그동안 향상된 생활수준과 각종 복지 증진, 그리고 산아제한과 다산기피현상으로 인한 출생률 저하 등이 수명을 연장시킨 배경이다.

한국인의 생명 의식은 상당한 기간 효 사상과도 깊이 관련되어 왔다. 그것은 중국 유교의 기초적 생활윤리에 비해 너무 가혹할 만큼 엄중한 삶의 타율이 된 한국 유교의 산물이기도 하다. 부모로부터 받은 몸 자체가 부모의 일부이므로 한말 단발령에 대한 저항이 그토록 거세었던 것이다.

내 머리카락 하나도 부모의 것이었다. 이런 경건한 몸이므로 일본 사무라이의 배 가르기 따위는 상상할 수도 없는 불효막급이다.

나 하나의 몸은 유구한 조상 역대에 대한 추원보본追遠報本의 가계를 잇는 신분이며 당대 부모의 분신이기 때문에 결코 나 자신의 어떤 임의도 거기에 개입시킬 수 없는 것이다. 요컨대 나라는 것은 없다. 나는 누구의 십이 세 손자이며 누구의 아들이다. 그래서 누구의 아들로서의 존재는 행여 부모에 앞서 죽는 일이 큰 불효가 된다. 이토록 조상과 부모가 종교였다.

그래서 젖이 없으면 동냥젖과 암죽으로 자라나 조상의 음덕을 청하고 부모의 산소에 여막살이 3년을 마치며 '부모를 죽게 한 죄'를 뉘우쳐야 한다. 병든 아버지를 위해 허벅지 살을 베어 바친 소년 시절의 김구는 그의 조국애와 나란히 효도의 표상이기도 했다.

일제에 대한 의병 총공세를 앞둔 상황에서 친상을 당한 의병 총대장이 칼을 버리고 고향으로 돌아간 것은 부모가 국가보다 더 중요하다는 사실을 말하고 있는지 모른다.

10세기 경 고려의 인구는 이백만이었다. 그 당시 영토가 오늘날 남북 국토 면적에 미달한다는 점을 감안하더라도 그 정도의 인구가 20세기 벽두 이천만으로 팽창한 것은 한국인의 생명력이 얼마나 강인한가를 알려준다. 민영환의 자결 유서 '이천만 동포에게 고함'으로부터 한국인 인구는 이제 칠천만 이상에 이르렀다. 만약 근대화 과정의 인구정책이 없었다면 한국인 일억의 시대는 훨씬 앞당겨졌을 것이다.

이는 세계인구 육십이억 사천만이 게리 스나이더가 주장하는 지구 상의 생태 적정인구 오억을 10배 이상 초과한 것과 함께 더 이상의 인구 팽창을 경계하는 수치이기도 하다. 평균 출생률 6명을 1명으로 낮추어 온 산아제한으로도 인구 문제는 지금 모든 사회모순에 작용한다.

전쟁 뒤의 그 절대 빈곤에도 불구하고 많은 한국인은 3남 2녀를 표본으로 삼았다. 그 뒤 세 자녀 낳기가 장려되고 1970년대에 아들 딸 구별 없이 둘 낳기, 80년대에 한 자녀 낳기로 이어져 오늘날에는 무자녀 부부도 증가하고 있다.

이제 갓난아기는 잘 자란다. 이와 함께 세상은 100세 수명의 시대를 자주 들먹인다. 어느 시인은 100세가 아니라 200세를 살겠다 해서 광고 화면에 나온 러시아 그루지야 산악지대로 가려 한 적도 있다.

동양에서는 인간의 장수를 오복 중의 첫째로 삼는다. 베갯모나 여러 장식에는 '수壽'의 문양이 아로새겨져 왔다. 다른 한편 이렇게 수명에 집착하는 일을 넘어서는 장엄한 적멸의 사상도 있다.

지금 생명 담론은 점차 하나의 권위가 되어간다. 이반 일리치는 생명을 살하는 것을 깊이 저주한다. 인간과 자연의 분리를 노엽게 단죄한다. 이 과정에서 행여 생명이 생명교리주의에 갇혀서는 안 될 것이다. 생명의 의미에 집착할수록 그것이 생명과 문명의 자연발생적 총화를 가로막는 관념이 될까 두렵다.

노래하는 동이족

- 9월의 노래

『시경詩經』은 그 주석자들에 의해 도학道學의 텍스트로 변질된 적이 있다. 아니, 공자 편찬설에 의하면 장차의 도학에 거슬릴 작품들은 아예 내쳐버렸다. 그래서 '시 삼백詩三百'은 『시경』의 일부인지 모른다.

『시경』의 세계는 본시 자유분방하다. 그 다채로운 희로애락의 표현들은 상고시대 중국 민중의 거짓 없는 심상을 담고 있다. 마르셀 그라네가 『시경』을 젊은 남녀들이 모여 발 굴러 춤추며 부르는 합창 시가로 본 것은 그것을 본래에 되돌려놓은 멋진 해석이다. 남녀가 두 패로 갈라서서 한쪽이 앞소리의 흥을 돋우면 거기에 화답하는 이 집단 가무는 하루 일을 마친 저녁나절이나 달밤의 황홀한 광경을 만들어냈을 것이다.

이런 신명의 잔치 노래를 윤리의 눈으로 골라내고 도학의 준거로 풀이한 오랜 불운에도 불구하고 『시경』은 세계 문학사에 유례없는 시의 긴 흐름의 출발점이기도 하다. 그래서 『시경』은 오늘의 시로 전승되며 생동한다.

『시경』보다 훨씬 앞선 고대 인도와 이집트 구 왕조의 시가들은 물론이고 『시경』과 동시대인 그리스 서사시의 장관도 그 뒤의 맥락은 일단 끊어진다.

중국 시가의 특징은 이처럼 그 형식과 내용의 큰 변동 없이도 고대와 근대의 시적 연면성이 보장되는 데 있다.

고대 시가의 본질은 그 순수함에 있다. 순수하다는 것은 어떤 통제도 개입하지 않는다는 의미이기도 하다. 이런 세계를 백성의 성정을 순화시키는 도구로 인식하는 유교의 한 측면은 시를 사무사思無邪의 경지로 정의한 공자의 시론에도 맞지 않는다.

그래서 한대漢代 이래의 사서에도 그런 도학적 판단이 스며들었을 것이다. 문학과 역사, 그리고 세계를 설명하는 철학들이 이런 지배 계층의 논리를 배태하고 있는 것이다.

『삼국지』 위지 동이전은 상고시대 조선족의 축제를 은연 중 그런 각도에서 소개하는 것 같다.

부여 사람들은 정월에 온 나라 백성들이 크게 모여 며칠을 두고 마시고 먹으며 춤추고 노래 부르니 그것을 곧 영고迎鼓라 일컫는다. 또한 밤낮을 가리지 않고 길목에는 사람이 가득 차 있으며 늙은이 어린이 할 것 없이 모두가 노래 불러 그 소리가 날마다 그치지 않았다.

고구려 백성들은 노래 부르기와 춤추기를 좋아하여 나라 안의 모든 읍과 촌락에서 밤마다 많은 남녀가 모여 서로 노래하며 즐겨 논다.

예濊에서도 낮밤을 마시며 노래 부르고 춤추니 이를 무천舞天이라 했다.

이상과 같은 북부 지역의 풍속과 함께 남부 지역도 빼놓지 않는다.

마한에서는 5월에 모종을 마치고 나서 떼 지어 노래 부르고 춤추며 술을 마시고 그 춤추는 모양은 몇십 명씩 손발을 움직여 높게 낮게 응하는데 10월에도 놀이를 한다.

변한, 진한에서도 노래와 춤과 술 마시기를 좋아했다.

이런 동이전 서술을 볼 때 상고시대 조선족이 노래와 춤, 그리고 술을 무척 즐기는 축제 민족임을 알 수 있다. 사실인즉 중국 『시경』의 세계와 하나도 다를 바 없다.

옛 책 『고금주古今注』가 소개한 한사군시대 「공후인—공후의 노래」는 중국에까지 널리 퍼져 있었다. 그 반주 악기인 공후는 중국, 한국, 일본에서 사용하던 고대 현악기이다. 멀리는 그리스의 하프도 거의 같은 종류이다.

그런데 이 같은 고대 시가가 자연환경에서 소재를 구할 때 그 중심이 대상에 있지 않고 인간에게 있다는 사실이 놀랍다. 어디까지나 인간의 심상을 그 소재에 반영하기 위해서 시가가 성립된 것이다.

자연으로부터 은유를 얻기보다 그 반대로 인간의 주관 속에 이미 깃들어 있는 은유가 현실의 대상으로 전이되는 것이다.

시가의 이 원초적 발생은 인간의 상상력이 오래전부터 널리 작용한 것을 알려준다. 다시 말하면 인간의 욕망이나 정서 활동이 때로는 귀신도 만들어내고 용이나 봉황 같은 상상 동물도 만들어낸다. 인간이 신의 피조물이 아니라 신이 인간의 피조물이라는 당돌한 주장도 이런 상상의 주체론에서 나왔을 것이다.

바슐라르는 선사시대 원시인들의 직관이 불을 사랑의 산물로 본 바를 지적한다. 불은 여자의 성기 속에 들어 있으므로 불의 의미는 곧 사랑과 성의 의미로 되는 것이다.

상고시대 조선족들의 가슴 벅찬 잔치에서 횃불을 밝혀놓고 그 불의 의미를 내뿜으며 남녀가 마음껏 노래하며 춤추는 상열相悅은 인간의 온갖 시름을 날려 보내는 사랑의 행위이기도 한 것이다.

한판의 가무는 일백만 년 동안의 사냥과 이만 오천 년의 농사짓기의 긴 세월이 만들어낸 인간의 기본 성향을 승화시키는 생명력의 율동이기도 하다. 그런 잔치 뒤의 만족과 허탈이야말로 젊은 남녀에게 벅찬 일상의 삶을 견디게 했을 것이다.

이 고대 가무의 체질을 오늘의 한국인 대부분이 이어오는 유전이야말로 바로 한국사가 어떤 종류의 단절론도 거부하는 역사 의지와 하나일 것이다.

한국에는 명사의 이성보다 형용사와 부사의 감성이 더 풍부하다. 그래서 한평생의 갖가지 애환에 예민하며 즉흥적인 기질의 남용을 밤낮을 가리지 않는 축제로 채우는 것이다.

축제란 일상으로부터의 탈출에 그 목적이 있다. 일상이 중요할수록 그 중요한 생활 공간은 삭막하고 지겨운 반복으로 채워지므로 그런 공간에서 새로운 시간을 찾는 것이 축제이다.

그대 그리스 참주가 축제를 민심의 진정을 위해 자주 베풀었던 것은 잘 알려진 사실이다. 어쩌면 상고시대 원시 공동체 사회의 자발적인 축제가 통치자의 의도로 바뀔 때 그 성격도 크게 달라졌을 것이다.

인간의 삶은 축제의 의미 없이 이루어지지 않는다. 그것은 하루나 며칠을 두고 놀아나는 것만을 뜻하지 않는다. 일과 놀이는 어느 쪽도 인간의 비인간화를 막는 균형의 가치이다. 하위징아의 '호모 루덴스'는 '호모 사피엔스', '호모 파베르'와 함께 인간의 본성에 속한 창조력을 의미할 것이다.
따라서 축제는 인간의 집단무의식을 통해 인간 각자의 소외와 불안을 이겨내는 힘을 얻는다.
이와 반대로 축제가 내포하는 일탈이나 근면에 대한 자기부정 그리고 정서의 과잉들이 일상을 손상시키기도 한다. 혁명 러시아의 마야콥스키와 예세닌이 혁명이 끝난 뒤 자살로 삶을 마친 비극은 축제 뒤의 일상에서 그들의 꿈이 깨진 것을 말하고 있다.
최근 한국은 금요일이 주말이 되었다. 1990년대 초 시인 김남주가 늦둥이를 낳아서 그 아이 이름을 토일이라 지었다. 노동자에게 토요일과 일요일의 휴식을 염원하는 정치의식이 그 이름에는 실려 있다.
앞으로 한국인 전체가 이 새로운 생활시간을 살아가야 한다. 이제 개미의 비유는 베짱이의 비유에 뒤쳐졌다. 한국 근대화의 속도전도 더 이상 가치 있는 일이 아니다.
게다가 한국인의 기본 감정인 한과 흥은 축제를 얼마든지 확대재생산할 것이다. 지금 옛 동이족 이상으로 사회 전체가 연예화되어가고 있다. 전국에 노래방이 몇십만 군데가 넘으며 심지어 가정에도 노래방 시설이 현란하다. 어떤 노래잔치에서는 초등학교 2학년짜리가 온몸을 흔들어대며 어른들의 농익은 노래를 불러댄다. 이에 질세라 칠십 노인도 야한 몸짓을 서슴지 않는다.
바야흐로 한국은 가무 해일의 나라가 되어가고 있다.

나의 가을 이야기

- 10월의 노래

국토의 가을은 찬란하다. 지난여름의 모진 고온다습이 만들어 낸 것인가. 벌써 산마루 잎새는 아기의 피처럼 새롭고 붉다. 땅 위의 온갖 과일들이 달다. 뭇 열매 저마다 알알이 익어 미련 없이 떨어지고 있다.

이런 가을이 인간에게는 수확의 계절이고 자연에게는 파종의 계절이다.

고개 들면 하늘의 가슴 한없이 넓다. 산토끼도 귀를 쫑긋 세우고 사람의 마음 한구석에도 숭숭 바람이 드나들지 않을 수 없다. 과연 심금心琴의 절기이므로 오래 못 본 벗을 생각한다. 벗에게 몇 마디 멋쩍은 안부 편지를 쓰고 싶다. 숨차게 살아오는 동안 편지 써본 지도 한참 되었다. 누구의 방대한 서간 전집을 뒤적일 때 내 행색이 얼마나 초라할 것인가.

옛 사람과 오늘의 사람이 다른 것은 우정의 도타운 바에서도 차이가 나는지 모른다.

가령 고려 이규보에게는 오래 사귄 연상의 벗이 많다. 그가 늙었을 때는 그 벗들 대부분이 죽은 뒤였다. 그가 남긴 편지 몇 통을 새삼 간절하게 읽어보았다.

삼십여 세나 많은 아버지 같은 벗, 십여 년 연상이라 아저씨 같은 벗들이 수두룩하다.
조숙이 탈이었다. 열한 살에 술 노래를 지었고 열다섯 살에는 벌써 싹수없는 말술을 먹었다.
그가 아직 살아 있는 벗에게 술을 마시러 오라고 보낸 편지 하나는 삶의 무상을 먼저 말하며 술 익었으니 어서 와 함께 마시자고 독촉하고 머리를 조아린다고 끝맺는다.
각박하고 성마르고 조급하기만 한 지금과는 무던히 다른 해묵은 도량이 거기 있다.
또한 그는 북망에 묻힌 벗을 찾아가 그 무덤 앞에 술을 부어놓고 제문을 손 떨며 읽기도 한다. "아 슬프도다. 여기 진수성찬의 안주는 없으되 오직 향내 나는 술 있으니 드소서."라고 아뢰고 지난날 술 취해서 미치광이가 되었던 일도 사과하고 있다. 실로 저승까지 오고 가는 다할 줄 모르는 우정이다.
편지가 산 사람 사이에 오고 가는 대화라면 무덤 앞의 제문은 산 사람과 죽은 사람 사이를 잇는 대화일 것이다.
그때나 오늘이 다 같이 그 땅 위의 일이 아닌가.
가을 대기는 극사실적으로 투명하다. 이 세상만이 아니라 다른 세상까지도 다 보이는 듯 그 대기의 공간은 확대되고 있다. 그래서 아직 살아 있는 이규보가 저 세상의 벗을 허물없이 찾아갔는지 모른다.
국토의 가을은 지상의 잔치만으로 국한되지 않는다. 널어놓은 태양초 고추 멍석과 황금 들판, 그리고 남으로 남으로 번져 내려가는 단풍의 절경도 끝내는 하늘의 푸름에 귀결된다.
한국의 가을 하늘은 절대이다. 그것은 유구한 세월 내내 한국의 절대적인 명예였다.

돌아다닌 기억으로는 그리스 에게 해의 하늘이나 사할린의 하늘과 캐나다 앨버타의 하늘도 잊을 수 없다.
하지만 풍경의 핵심에는 반드시 삶의 정감이 스며들어야 한다. 한국의 하늘에는 우리네 조상 대대의 핏줄이 어우러져 살아온 한恨과 신명이 녹아 있다. 그래서 한국의 푸른 하늘은 한국의 혼의 장소이다.
지난 6.25사변 뒤 한국에는 무엇 하나 제대로 온전한 것이 없었다. 그때의 한 보고서는 다음과 같이 말한다. "3년 이상에 걸친 한국 국민의 비통한 수난은 인간의 인내 한계의 극한에 달한 것이었고 그 한도를 넘는 경우가 비일비재했다."
숱한 희생과 상실이 있었다. 산야의 어느 곳도 무사하지 않았고 도시는 거의 다 잿더미로 돌아갔다.
모든 것이 끝났고 모든 것을 다시 시작해야 하는 것이 그 폐허의 현재였다.
그런 시대에도 가을이 찾아왔다. 그런 곳에도 가을 하늘은 어김없이 살아남은 자들의 머리 위에서 시리도록 높고 푸르렀다. 아, 제트기가 날지 않는 날은 얼마나 평화로운 하늘이던가.
나는 1950년대의 그 하늘 아래서 청춘을 시작했다. 거지같이 외지고 떠돌이로 지친 날들이었다. 궁핍의 시대였다. 최근 어느 방송 기획은 그때의 명동시대를 그려냈다.
거기에 임시수도 부산에서 돌아온 이봉구도 나오고 박인환, 김수영도 나오고 담배 연기 속의 공초도 나온다. 나는 그들을 배우기 시작한 것이다.
시 공관과 성당 말고는 어느 건물도 성한 것이 없게 폭격당한 명동은 여름 풀섶이 되어 한낮에도 벌레 소리가 났다. 산 자들

하나 둘 돌아오기 시작했고 노천 주점이 생겨났다. 실존주의는 인간의 정신적 외상外傷에도 폐허가 자리 잡은 사실을 반영했다. 앙뉘와 고독, 그리고 부조리 따위의 낱말이 입을 열자마자 나왔다.

어떤 과거의 가치나 전통도 의미가 없었다. 아니 고향도 없었다. 이 전후 감각이 바로 한국 근대 문학의 전통단절론으로 표면화된 것인지 모른다.

그래서 진정한 과거란 유산이 아니라 폐허라고 말해도 누구하나 맞서지 않았다.

약 1000번의 침략을 받은 수고 많은 역사를 들여다보면 고려의 몽골 침략, 조선의 임진왜란과 병자호란, 그리고 일제의 강점을 지나 6.25사변이 있다.

또한 나라가 패망한 도읍이 철저하게 폐허가 된 것이 고대의 부여이고 전란으로 불탄 것이 경주이다. 몇 해 전 다녀온 개성 만월대 역시 숫제 염소 몇 마리가 있는 풀밭이었다. 그곳이 시인들로 하여금 '가을 풀'을 읊조리게 했고 황성 옛터를 노래하게 한 것이다.

폐허만큼 사람에게 처절한 것이 어디 있는가. 아니 폐허만큼 자신의 근원을 만나게 하는 곳이 어디 있는가.

그래서 세계 문화의 원형을 찾아 나설 때 으레 거기서 만나는 것이 폐허가 아닌가.

고대 나일 강 기슭의 웅장한 폐허나 그리스 로마의 화려한 폐허야말로 현대인들의 가장 강렬한 향수를 자아낸다. 바로 그 폐허가 인간정신의 고향이라는 역설을 낳는다.

어쩌면 문학의 궁극도 폐허 없이는 도달할 수 없으리라.

이런 생각과 함께 국토의 여기저기를 다녔다.
분명한 것은 지금 국토는 철저히 모독당하고 있다는 사실이다. 어디에도 경건한 구석이 고즈넉이 남아 있지 않다. 농토는 몇 가지 작물을 걷어낸 뒤 다시는 돌보지 않을 것처럼 내버려져 있다. 고장 난 농기구가 그대로 논바닥에 박혀 있고 비닐 조각도 여기저기 널려 있다.
웬만한 산은 뭉개져 거기에 숨 막히는 고층 아파트가 들어섰다. 땅은 투기의 대상 이외에 아무 것도 아니다. 그래서 천년 고도 서라벌도 결국 이름뿐이다.
한동안 나는 다산茶山의 신도시 구상이나 섬개발론을 떠올렸다. 3.1운동 직후 안창호의 강산개발론도 1920년대 한글학자 최현배의 자상한 주택개조론도 떠올렸다.
그런 선구적인 국토개조사상들은 오늘의 폭력적 개발 현실 앞에서는 단단히 주눅들 수밖에 없을 것이다.
그동안 한국 사회는 유례없는 역동의 시대를 이루어왔다. 하룻밤 자고 나면 신도시들이 세워지고 한국인 각자의 지칠 줄 모르는 에너지는 이미 세계를 놀라게 하고 있다. 이런 생명력의 작용이 지나쳐 행여 국토의 가해자로 남게 된다면 안 될 것이다.
나는 국토의 가을 하늘을 숨 쉬며 옛 친구를 그리워하고 나의 과거와 현재를 있게 하는 폐허의 의미를 새겨본다.
그 폐허에서 나 자신을 다시 시작할 것이다. 가을이다.

살아 있는 지도
- 11월의 노래

아직도 단풍이다. 조선의 온 산야를 샅샅이 돌아보며 지도를 만들어간 고산자의 숭고한 생애가 있다.
그의 한 걸음 한 걸음을 누가 시늉하랴. 가시덤불도 빙판 진 마루턱 바위너설도 벼랑 끝도 피하지 않았다. 비바람에도 가는 길 그만두지 않았다.
저 단군 신화의 곰과 범이 나타나는 으슥한 두메도 왈짜들이 눈 부릅뜬 동구 밖도 푸대접밖에 대접할 것이 없는 저잣거리 인심도 무릅쓰고 가고 또 갔다.
하나의 벅찬 사명은 이리도 비장했다. 백두산 천지까지 혼자서 여러 번 올라갔다. 올라가 16봉 둘레를 다시 재고 높이도 새로 가늠했다. 이렇게 한 군데를 몇 번씩 찾은 적이 어찌 한두 번이던가.
금강산에서는 방랑 시인 김삿갓을 만났다. 외금강 구룡연 물속에 버드나무 껍질을 드리웠다. 그 일을 김삿갓이 서툴게 거들었다. 그 구룡연 깊이 9척이던가.
그가 돌아다니며 그려낸 것을 정성껏 목판에 새긴다. 그것을 단색으로 찍어내면 지도 조각이 된다. 그 조각을 맞추면 한반도 전도가 되는 것이다. 제주도와 울릉도도 따로 어엿하다.

대동여지도 판각본은 그러므로 각 지도 조각 22점을 맞춰 펼친 십육만분의 일 지도이다.

그는 이 필생의 노작을 완성하기에 앞서 진작 청구도를 제작한 바 있다. 그것을 만들기 위한 답사 기간과 판각 기간도 어지간히 길었다. 하지만 거기서 멈추지 않았다.

다시 27년이란 세월을 새로 답사 실측하는 데 바쳐야 했다. 대동여지도의 완성은 실로 이러한 산야 순례의 일편단심 없이는 불가능했다.

목숨을 잃을 뻔한 일 한두 번이 아니었다. 병이 나서 바위굴 속에서 몸 떨며 신음했고 모진 배고픔에도 이골이 났다. 잠자리 없는 나무 밑 맨바닥에 풀 깔고 보내는 밤이 길었다. 두고 온 처자에 대한 가책과 그리움 또한 절절했다.

이런 삶의 정처 없음도 그의 국토 인문 지리에의 꿈을 단념시키지 못했다.

무엇보다 대동여지도의 장점은 그 정확성이 근대 지도와 거의 차이가 나지 않는 데 있다. 근대 지도의 제작과는 달리 혼자서 산전수전의 세월로 강토의 방방곡곡을 찾아다니는 고행이 만들어낸 지도야말로 살아 있는 지도인 것이다.

그의 일은 답사와 실측으로 끝나지 않는다. 차라리 거기서부터 일은 다시 시작된다고 하겠다. 다닌 곳들을 일일이 정리하고 그려내는 작업이 있어야 한다. 또 그것을 판각 인쇄하는 작업이 뒤따라야 한다. 누가 공공연히 지원해주지도 않았다. 미쳤다는 말, 홱 돌아버렸다는 말을 듣는 것이 그의 집념에 대한 주변의 관심이었다.

드디어 한 벌의 지도가 펼쳐졌을 때 그의 감회는 만 갈래의 그것이었으리라.
그 지도는 행정, 군사, 경제, 사회, 그리고 문화의 기본이며 무엇보다 자연과 인간의 삶을 영위하는 무대의 총체적 재현이었다. 그 지도를 그는 국태공 대원군에게 바쳤다.
처음에는 경이의 대상이었다. 탄복했다. 그러나 조정의 막힌 눈에는 그것이 나라의 천기를 누설하는 역적의 대상이었다. 그는 하루아침에 국가 보안을 해치는 죄수로 감옥에 갇히는 신세가 되었다. 아니 그곳에서 끝내 죽어가는 신세가 되었다.
이 비극은 사실이 아니라는 주장이 나와 있다. 일제 식민지사관을 조작하는 과정에서 일본인 사학자가 조선 말기의 정부를 폄하하기 위한 사례로 대동여지도 수난을 내세웠다 한다. 일본인 사학자라면 총독부 조선사편수 총책 이마니시今西가 아니었을까.
아무튼 고산자는 대동여지도를 남긴 직후 세상을 떠난 것이 사실이다.
사실인즉 대동여지도는 근대 지도에 대한 전근대 지도라고 규정할 수 없게 근대적인 지도 의식이 높다. 한국의 근대 지도가 식민지시대의 산물이라면 그것에 앞서 만들어진 대동여지도야말로 한국의 자생적 근대성을 당당하게 반영하고 있는지 모른다.
고산자의 발자취로 하여금 산하는 그 자연의 미개 상태로부터 하나의 명예로운 인문 지리로 전환한다. 이는 동아시아 고대 근원사상인 천·지·인 3재三才의 하나에 공헌하는 행위이기도 하다.
지도를 만드는 일은 인간으로 하여금 자연을 정복하고 환경을 도구화하기 위한 것이 아니라 천문과 지리, 그리고 인간의 가치가 함께 어우러지는 궁극의 목적에 닿아 있는 것이다.

나는 한반도 상황이 흉흉할 때나 그렇지 않을 때나 대동여지도 축쇄판 영인본을 꺼내어 본다. 거기서 고산자의 숨소리를 듣고 그의 뒷모습을 떠올린다. 그의 짚신감발의 발바닥은 차라리 산짐승의 발바닥이 다 되었을 것이다.

고려는 몽골의 침략을 이겨내기 위해서 병기를 만드는 대신 대장경 판각 한 자 한 자를 새기는 신앙을 지향했다. 근대인의 사고로는 이해되지 않는 주술의 세계이기도 하다. 그것이 당대의 난국을 어떻게 헤쳐 나가는 힘이 되어 나라를 가호한 일 말고 후손에게는 세계가 함께 자랑하는 문화유산을 남겨주고 있는 것이다.

대동여지도도 그것이 만들어지기까지의 고난으로 하여금 오늘날 겨레의 넋과 문화를 압축한 생생한 지형이 되고 있다. 그래서 이 지도를 들여다보면 오늘이 오늘의 한계에 그치지 않고 오늘보다 더 나은 내일의 시작임을 깨닫는다.

지난 시절 격리된 옥방에서 달마 면벽으로 지내던 어느 날 고산자의 지도가 벽에 붙어 있다면 얼마나 좋을까 하고 생각했더니 그날 밤 고산자가 삼천리강산 어느 고개를 허위허위 넘어가는 꿈을 꾼 적이 있다. 그 꿈을 한 번 더 꾸고 싶었다.

산과 하천, 뭍에서 떨어져 나간 섬들과 당시의 역참, 창고, 봉수대, 산성, 그리고 인체의 핏줄 같은 도로망의 표시나 거리 수치 등의 그 지도를 보고 있노라면 마치 나 자신이 그 지점들을 다니고 있는 듯한 실감을 불러일으킨다. 그래서 대동여지도가 표의문자라면 근대 지도는 표음문자에 해당하겠다.

내가 처음으로 만난 지도는 조선반도가 일본열도와 사할린 남반부 대만과 함께 짙은 빨강으로 칠해진 것이었다. 소위 대일본제국 지도였다.
조선반도 위에는 만주국이 있었다. 장차 거기까지도 빨강으로 칠하기 위해서 주황색이었다. 중국 대륙 역시 빨강을 덧칠하기 좋게 노랑이었다. 이것을 대동아공영권이라 했다.
해방 뒤의 한반도 지도는 일제의 빨강은 없어졌으나 곧 38선이 그어져 그 이남의 지도에 익숙해졌다.
그러므로 대동여지도는 식민지시대의 지도와 분단시대의 지도가 드러내고 있는 한반도의 불행을 씻어내는 한민족 본래의 삶을 뜻하는 것이다.
지구 상의 온갖 세력 분포를 담아온 지도는 늘 변해야 했다. 대체로 50년 단위 100년 단위로 세계는 침략과 합병의 탐욕으로 각각의 영토가 만들어지기 때문이다. 한반도 역시 저 상고 이래 파란만장의 지도 바꾸기를 통해 오늘에 이르렀다.
그 변화는 근대 이후라고 멈추지 않을 것이다. 대동여지도가 확보하고 있는 생존 공간이 우리에게 새삼 소중한 것은 그것이 바로 통일시대의 지도이기도 하기 때문이다.

서해 낙조

- 12월의 노래

또 한 해를 보내는 시간이다. 서해 선유도에 간다.

1951년 1월 군산 째보선창에서 두 폭 돛을 올린 일중선을 타고 부산으로 떠나는 피난길에 올랐다. 아우성을 뒤로한 네 가족이 그 배에 탔다. 판사 두 가족과 대법원 행정처 간부의 가족, 그리고 아버지와 중학생인 나였다. 찹쌀가루 한 자루를 비상식량으로 휴대했고 비상금도 옷 속에 넣어 봉했다.

겨울 서북풍은 힘껏 바다 표면을 뒤집어놓고 있었다. 배는 파도 위에 쿵쾅 내던져졌다가 파도 밑 깊숙이 파묻히다가 했다. 심한 멀미를 앓았다. 토하고 토했다. 늘어졌다.

비응도에 닻을 내렸다. 그곳에서 사흘을 머문 뒤 다시 고군산 군도로 향했다. 돛폭 하나가 파도 덩어리에 맞아 찢어졌다.

가까스로 선유도 선착장에 내렸다. 그곳에서 난청의 라디오에 귀 기울였다. 중공군은 오산 부근에서 더 이상 내려오지 않고 있었다. 아버지와 나는 부산행을 단념하고, 떠나는 일행에게 손을 흔들었다. 유엔군이 서울을 재수복한 뒤에야 섬의 피난 생활을 마치고 집으로 돌아왔다.

그 뒤의 세월 43년 만에 나는 현재로서의 회한과 과거로서의 추억을 가지고 선유도에 가는 것이다.

지난날에는 며칠 걸려 가던 험한 피난길이었으나 이제 2시간으로 충분한 통통배를 탔으니 뱃전에 나와 가슴 가득히 바다의 기운을 들일 수 있었다. 바다는 생명의 본적지이다. 나는 그 생명 근원의 기억할 수 없는 고향을 어렴풋이 헤아렸다.
마침 바다는 드물게 '신사파도紳士波濤'였다. 파도가 있으나 있는 듯 없는 듯했다. 그런 바다를 건너가자 아무런 위엄도 갖추지 않은 조혼早婚의 어린 아낙 같은 모습으로 선유도가 거기 있었다.
순한 쌍봉낙타인 듯 두 봉우리로 된 선유도 망주봉 한쪽에 성큼 올라가본다. 저 아래 진말 서쪽 명사십리는 지난여름의 피서 인파가 벌인 법석을 접고 고즈넉하다.
고군산군도의 크고 작은 섬들은 저희들끼리 한 고장을 이루고 있다. 선유도와 장자도는 다리로 이어져 아예 한 마을이 되었다. 그러고 보니 일대의 바다 위에는 68개의 섬이 있다. 그 가운데 49개가 무인도이다. 서로 다닥다닥 붙은 상태여서 건너 섬에서 밝힌 등불로 이쪽 섬에서 제사를 지낼 만하다.
저 한반도 백두대간 오대산쯤에서 가지를 쳐 달리는 것이 치악산을 이루고 그것이 차령산맥으로 벋어나가다가 서해 바다 밑으로 들어간 줄기로 이어지다가 다시 솟아난다. 그것이 고군산군도이다.
선유도는 여러 섬의 중심을 이루고 있다. 황금 어장인 칠산 바다의 어업 때문만이 아니다. 옛 수군절제사가 주재하는 국가 해상 방위의 군산진이 바로 이 섬에 있기 때문이었다. 이 군산진이 뒤에 육지로 옮겨지므로 이곳은 고군산이 된 것이다.
오랫동안 중국과 일본의 수적들이 자주 출몰한 곳이므로 고대 이래로 고충 어린 안보의 전초기지였던 이 섬은 한대漢代에는 중국 망명 세력이 머물던 곳이기도 했다. 당대唐代에는 백제를 치는 당군이 덕적도와 이곳 선유도 일대에서 상륙 병력을 정비했다.

선유도는 선유8경을 말한다. 그 여덟 경치 중에 '선유 낙조'가 꼽힌다. 과연 이 섬의 망주봉에서 해 지기 전의 낙조는 인간을 옴짝달싹하지 못하게 하는 심미의 극치를 보여준다.

하루의 끝은 이렇게 장엄한 아름다움으로 완성되는 것이다.

해 지는 곳이 어찌 이곳뿐이겠는가. 어찌 서해뿐이겠는가.

한반도 동해 난바다에서도 백두대간 등뼈 너머로 지는 해의 낙조는 장관이다. 그 산줄기에서 동해 쪽으로 물이 흐르므로 옛 사람들은 그것을 서출동류수西出東流水라 했다. 그 물은 투명하고 이끼가 끼지 않는다. 외금강 외설악의 물이 맑은 것은 그 때문이다.

그러나 한반도 주요 하천은 거의 동에서 서로 흘러가 서해에 접어들기 마련이다. 그러므로 서해는 남해와 함께 한반도의 모든 물과 삶의 흔적들을 다 받아들이는 하나의 거대한 종합이다.

그래서 동해는 예술의 전당이라면 서해는 삶의 마당인지 모른다. 이런 서해 일대의 일몰은 그만큼 인간의 삶이 함께한다. 그래서 서해 낙조에는 인간 서사의 여러 요소가 잠겨 있는 것이다. 어디 하나 막아설 것도 없는 창망한 바다 수평선 그 위와 아래 전체를 낙조로 채워 거기에 하루를 마친 사람의 흉금에 무늬진 애조가 더할 때 그 낙조의 순간순간은 한층 더 현란해진다. 감히 어떤 예술이 이 낙조를 흉내 낼 수 있는가. 그 예술이 흉

내 낼 수 없기에 낙조의 저편에서 자신의 예술을 독립시키는 것이 아닌가.
지난날 나라의 명운이 위태로운 시절의 한 소년이었던 내가 보았던 낙조의 기억은 더듬어지지 않았다. 이제 새삼스럽게 만나는 이곳 낙조의 절경은 늦게 찾아온 나에게 종교적이기까지 하다.
풍경의 진정한 의미는 그 풍경에 감정을 더할 때에만 가능한 것인지 모른다. 그래서 지는 해가 내일 다시 떠오를 것을 모르는 바 아니건만 낙조는 이 세상 최후의 정서를 불러일으킨다.
군산 일대와 고군산군도에는 고대 최치원의 탄생설이 있다. 실지로 그의 시호 문창文昌 그대로 문창리가 있고 문창초등학교가 있다. 고군산군도 여러 섬에도 그가 한 시기를 머물렀던 흔적이 있다. 이 섬에서 그가 글을 읽는 소리로 바다 건너 중국의 학도들이 글을 배웠다 한다.
한일 합방 직후에는 유학자 전우田愚도 이 섬으로 건너와 계를 설립하고 섬의 아이들을 가르쳤다.
그들도 이 바다의 낙조에 얼얼하게 감동했을 것이다. 아마도 그들이 가르친 것보다 그들 자신이 이 바다로부터 배운 바가 훨씬 더 많았을 것이다.
실로 오랜만에 나도 낙조의 시간을 누리게 되었다. 그러기 위해서 말도 의식도 다 두고 온 자의 넋이 필요했다. 낙조에는 수많은 넋의 찰나들이 들어 있다.
이 낙조 전체가 밤의 시간에 묻혀버린 다음 날 나는 내 삶의 현장인 육지로 가야 한다. 그 육지가 끔찍하다.
내가 돌아갈 사회는 무엇인가. 내가 돌아가서 살아야 할 국가는 지금 어떤 것인가. 해가 뜨는 아침의 희망도 해가 지는 저녁의 회한도 다 오염된 인간의 발악이 지속되고 있는 것은 아닌가. 오직 나만이 있고 나의 이익만이 정당하고 다른 신념은 모두 나의 신념의 적이 되는 그 증오가 세상의 힘으로 행사되고 있는 것은 아닌가.

한국 현대사의 격동은 그 현대사를 사는 사람들에게 사회적 역동성을 부여하고 있는 반면 사회는 점점 더 천박해지고 있다. 인간이 자신의 희로애락을 통해서 쌓아온 삶의 신성성이 자주 모독당하는 것이 낯익은 일상이 되었다. 그뿐 아니라 사회는 경쟁과 연예의 척도로 말해지는 시대가 되었다.

이런 시대에 나는 누구의 진지한 이웃이 되어본 적이 있는가, 누구의 진실에 다가선 적이 있는가.

한 해를 보낸다. 보내고 난 빈터에 새해는 무엇으로 오는가.

시의 행로

부서진 벼루 먹기

1

시조始祖새가 있다. 까마귀만 한 크기에 대가리는 작고 대가리에 달린 눈은 어쩌자고 크다.

새의 가장 오래된 조상인 이 시조새란 녀석—조상쯤의 생물을 이 녀석 저 녀석이라고 낮추는 것 실례이지만—은 텃새로나 철새로 펄펄 날아다니는 것이 아니라 화석으로 박혀 있다. 나는 그 화석 사진을 본 적이 있을 따름인데 그때 새의 조상인 시조새 화석이 있다면 시의 조상인 시조시始祖詩의 화석은 어디에 있을까라는 의문이 떠올랐다. 유치한 노릇이다.

시란 이런 유치한 천지창조론 근처와는 아무 상관없으리라는 사실을 짐작하면서도 나의 소년적인 고고학 충동은 시의 어떤 생성 기점을 만들고 싶었던가?

상고시대 수메르의 점토판에 남겨진 카노슈 카드로라는 시인이 쓴 시 한편이 굳이 시조시 노릇을 할지 모른다. 아니면 오천

오백 년 전의 그것보다 더 앞선 어떤 아득한 선사시대 그림글씨로 한 편의 시가가 어느 암벽에 새겨져 있는지도 모른다.

이런저런 공상 끝에 한국 시문학사의 처음은 한반도 동남의 한 암각화에 있지 않고 훨씬 뒤의 고구려 유리왕의 「꾀꼬리 노래」라든가 고대 중국으로 건너가서 그곳 한자로도 남겨진 「공후의 노래」라든가에 미치면 차라리 우리의 시조시는 숫제 아침 이슬이거니 공중에서 노니는 티끌이거니 하는 아쉬움도 없지 않다.

허나 시의 시작이 호젓이 나오는 노래이기도 하고 여럿이 더불어 누리는 노래이기도 한 것이 고대 시가의 삶이라면 굳이 화석으로, 점토판이나 돌에 새기는 낙서로 남아 있지 않고 그 노래가 노래 뒤의 허공에 스러지는 것이 더 시다운 일이기도 하겠다. 김시습이 시를 쓰는 대로 개울물에 흘려보낸 것을 떠올려보는 까닭이기도 하다. 그래서 시조시는 오천 년 전이나 일만 년 전에 있는 것이 아니라 차라리 지금 누군가가 쓰는 그 시의 지금이 바로 시의 조상이라는 근본시학의 비약에 이르는지 모른다.

모든 시는 지금의 시이므로!

2

어제 나는 우연찮게 김기림 전집을 읽었다. 전집이라고 하지만 그이의 품격 그대로 시와 수필, 시론을 망라한 한 권의 전집이다. 그것도 1988년 3월 그 당시 문공부장관이던 시인 정한모가 해금 조치한 이후 10년쯤 지나서야 나온 것이었다.

6녀 1남의 막내 외동아들인 김기림의 막내 누나 김선덕이 미국 이민 생활의 노경에 조카에게 보내는 편지로 서문을 삼았다. 김기림의 아들 세환의 고모 역시 지난날 동생 기림과 함께 일본 유학을 한 여성이라 그동안 접어둔 글 솜씨가 퍽이나 높은 수준이다.

> 38년이란 긴 세월 동안 억울한 사형수가 재심에 지쳐서 무죄 판결을 받고 출옥했을 때의 그 기쁨보다는 비정했던 세대를 응시하면서 첫발을 디뎠을 적에 하늘도 땅도 울어주지 않겠는가?

이런 애끓는 한을 품고 동생의 문학 사면에 대한 처절한 감회를 담고 있다.

나는 「기상도」, 「태양의 풍속」, 「바다와 나비」 등의 시편들을 소년의 마음으로 읽었다. 그런 다음 「시와 문화에 부치는 노래」라는 시도 읽었다. 이것은 신석정이 해방 연간 전국 문학자대회에서 지은 즉흥시와도 얼핏 맞닿아 있는 느낌이 들었다. 다음과 같다.

손을 벌리면 산 넘어서 바다 건너서
사방에서 붙잡히는 뜨거운 체온
초면이면서두 만나자마자 가슴이 열려
하는 얘기가 진리와 미의 근방만 싸고돎이 자랑일세

그대 모자 구멍이 뚫려 남루가 더욱 좋구려
거즛과 의롭지 못한 것 우에 서리는 눈초리
노염 속에 감추인 인정의 불도가니
나라나라마다 우리들 소리 외롭지 않어 미뻐이

나기 전부터도 시의 맥으로 이낀 어리석은 종족
피 아닌 계보가 보석처럼 빛나서 더욱 영롱타
도연명과 한용운과 노신과 타골
단테와 뽀들레르와 고리키와 오닐

포대와 국경을 비웃으며 마음마음의 고집은 뚜껑을 녹이며
강처럼 계절처럼 퍼져오는 거부할 수 없는 물리
메마른 사막을 축이는 샘 어둠 속에 차오는 빛
세계와 고금에 넘쳐흐르는 것 아— 시여 문화여

이런 시의 마음 순종純種이 한국 시의 오늘을 낳았다는 생생한 감회 앞에서 시 일백 년 그다음의 시대를 여는 오늘이 벌써 열렸다.

3

김기림의 절창 「바다와 나비」의 그 어눌한 진정을 읽다가 건너뛰니 어쩌면 그의 본령이기도 한 해박한 시론에 사로잡혀야 했다. 심지어 「시론」이라는 시까지 쓴 그이가 아니던가.

이 시가 1930년대에 쓰인 것과 함께 「1933년 시단의 회고」라는 시 총평은 이를테면 김안서 등을 비판한 나머지 정지용 등을 상찬함으로써 그의 풍부한 시학적 진폭을 내보이고 있다. 요컨대 센티멘털리즘과 과거에 대한 노예적 맹종을 단호하게 거부하는 시의 지점에 그이가 서 있는 것이다.

이런 시각은 더 나아가 현대 한국 시사에서 가장 중요한 그 30년대를 마감하는 시론에서도 한층 더 강렬해지고 있다. 그런데 그는 동양 시의 오랜 관습대로 조선시대 양반시단, 여항시단閭巷詩壇의 풍속이었던 시회詩會에 대해서도 언급한다. 당대의 주도적 모더니스트 김기림이 보기에 이런 시인 행태는 시적 발전 과정에서 하나의 시대정신을 만나는 일 따위와는 상관없이 오랜 정체 속의 되풀이로 단죄할 수밖에 없을 것이다. 그래서 그런 행태로서의 시가 보여주는 장식성밖에 다른 여지가 없고 골동으로서의 언어유희밖에 아무것도 아니라고 지탄하기에 이른다.

여기에서 그가 강조하는 바가 곧 시정신이다. 그것은 안이한 시인적 기질의 동의어가 아니라 '한 시대가 품고 있는 문화 의

욕을 자신 속에 나누어 가지고 그것을 시에 구현해가는 창조적 정신'이라는 것. 사실 전통시대의 시회는 고대 중국의 남북조 시대와 당·송시대를 이어오는 시단의 풍류 아류이다. 고려시대 해좌파海左波나 죽림竹林, 강변江邊 군상들이나 조선 후기 여러 시회, 시사詩社에 이르기까지 그 관행은 자못 뿌리가 깊다.

이규보의 시화詩話『백운소설』에는 4, 5인이 각각 말을 타고 느적느적 가며 이른바 마상시회馬上詩會를 베푸는 광경이 나온다. 누가 맨 먼저 운을 달고 나오면 그 운에 따라 즉흥 작품을 읊어가는 것이다. 그런 시의 한두 편이 송나라에까지 건너가 그곳 시단에 탄상歎賞되는 경우도 있었다니 그 역량이 상당한 경지였을 것이다. 이런 행운의 다른 편에 이규보 등과 한 시기 동인이던 임춘의 불운이 있다. 그가 쓴 시처럼 '갈아먹을 밭떼기 없어 부서진 벼루를 갈아 먹어야' 했던 것이다. 아무튼 이런 풍류가 기운생동의 작품을 자아내는 드문 경우 말고는 그 상투성에 떨어지고 마는 사례가 허다했다. 그런데 이 고질적이기까지 한 시 놀이가 끝난 것은 근대 시 일백 년 단초일 것이다.

4

그간 식민지 시기의 근대 시 분야의 인구는 서로 간담을 비출 만큼 형제적이고 동인적이었다. 그런 시기는 전근대의 시회, 시사의 분위기와는 같지 않더라도 시인 사회의 여러 관계들을 거의 혈연에 가깝게 만들었다. 그런 우정이 한국 시의 행로에 얼마나 기여하는 생산성이었는지는 모르지만 거기서 움트는 연민과 선린의 미덕은 오랜 농경 사회의 인정과 결코 동떨어진 것이 아닌 향토성을 바탕으로 한 것이다. 사실 시는 일종의 농업이었다. 척박한 현실이나 곤궁한 일상을 견디어내는 그들의 시적 무능이 곧 시의 가능이기도 하였다.

한국전쟁 이후의 시인 증가율은 급수 증가를 거듭하는 도시적 다중화로 치달았다. 시인 오천 명 내지 만 오천 명 이상이라는 오늘의 시단 상황은 거의 대책 불능의 비농촌적인 한계 상황이다. 가위 시단의 아파트 대단지이다. 날마다 시집과 시지, 시 동인지들이 간행 배포되고 있다. 이를테면 한 해의 마감 날짜인 12월 31일에도 새해의 시작인 1월 3일쯤에도 가장 먼저 오는 것은 연하장 못지않은 시집의 우편배달이다.

외국 시인들이 한국은 시집이 이백만 부나 팔리는 나라라 부러워하고 이웃 나라에서는 시가 죽었는데 한국에서는 시가 살아 넘친다는 기적론을 서슴지 않는다. 이런 덕담의 안쪽인 한국 시에서의 완강한 시적 절망이 자리 잡고 있는 내상內傷은 그런 상황에서 정작 숨겨져 있는 것이다.

이 같은 시의 남획 남발과 시의 초과생산의 한쪽에서는 현세적 이기주의와 배타주의, 출세주의로 얼룩져 있는 현실이 탐욕적으로 표상되는 것과 동행한다. 그러므로 이로부터의 한국 시는 시적 탐구의 고향만이 아니라 시인 자신의 질적 품성을 배양하는 일과 자본 사회에서의 궁핍한 심신의 존엄성을 지켜내는 일이 어찌 나 자신의 몫이 아니겠는가. 여기에 이전의 시회 놀이와는 또 다른 전우감戰友感의 시인 사회를 개척해야 하지 않겠는가.

내가 태어난 해인 1933년 새해에 김기림은 이런 말을 하고 있다. "너는 황금과 지위와 그리고 민중의 아첨의 달콤한 유혹을 돌보지 말고 나를 따를 수는 없느냐?" 이 말은 「파랑새」라는 시의 이상을 의인화해 그 '파랑새'가 화자인 나-김기림에게 하는 경종이다.

그로부터 76년 뒤의 나에게 오는 경종이다.

시와 제국

나는 오래전의 말을 떠올린다. 제국들은 무너지고 민족들은 사라지지만 시는 없어지지 않는다는 말이다. '시'는 '제국' 앞에 놓여야 한다. 그렇지 않다면 시가 제국에 예속되는 인상을 피할 수 없을 것이다. 시는 제국의 우위에 있다는 확신에 나는 여러분과 함께 사로잡힌다. 누군가가 시를 신의 위에 올려놓은 사실과 함께.

한국 문자는 표음문자다. 중국 문자는 표의문자다. 중국 문자의 '나라國'는 사방을 우리나 성벽으로 에워싸고 그 안에 무기와 인간을 담아놓는 의미로 구성된 문자의 하나이다. 그 안의 인간은 인간이 아닌 동물의 수를 헤아리는 단위로 표시하고 있다. 말하자면 국가 안의 국민이란 가축이나 목축 또는 사냥한 야수 따위와 다를 바 없는 숫자의 하나하나에 불과하다.
또한 인민을 뜻하는 '민民'은 사람의 눈을 화살로 뚫어서 소경을 만든 것을 뜻한다. 이는 상고시대 노예를 소경으로 만들어 제한된 중노동에 사용한 사실에서 연유한다. 고대 중국의 진시황의 만리장성은 인민을 가혹한 노동의 도구로 총동원한 제국의 산물이다. 그 당시 수많은 인민들이 희생되거나 가족과 이별했던 것을 노래한 뒷날의 시인들이 있었다. 제국을 건설하는 자의 눈에는 인간은 도구일 뿐이라고 다른 사람도 아닌 나폴레옹이 말했다.

나라를 본질적으로 폭력 구조라고 보고 나라 안의 인민은 지배자에 의한 철저한 억압 구조의 구성 요소라는 것을 뜻할 때 제국이라는 개념에 앞서 '나라'라는 오랜 사회 구성체에 이미 '제국'의 의미는 내면화되고 있는 성부르다. 그것이 외부로의 팽창으로 나아간 것이 바로 제국 행위이고 그 제국 안의 본국 국민의 하위층 및 식민지 인민 대다수는 외형적 차이에도 불구하고 본질적으로 객체의 삶을 함께 살게 되는 것이다.
그런데 이 같은 제국에 대한 정치적 판단에 앞서 오늘날의 제국 또는 제국주의가 경제의 상부구조로 기울어질 때, 어떤 민주주의 사회에서도 그 경제 현실이야말로 인간의 사회적 소외를 초래하는 제국적 현상이 될 것이다. 제국의 의미가 정치적, 군사적으로만 단순화될 수 없는 이유가 여기에 있다.

어떤 선택할 수 없는 시대의 한 생물학적 존재로 태어난 사실이 나의 식민지 체험의 시작이었다. 나는 일본 식민지의 아이로서 태생 이전부터 강요된 일본 군주의 신민이 되어 있었던 것이다. 요컨대 국민으로서도 내 조국이 아닌 타국의 그것이고 국민 이상으로 타국의 땅에 충성을 아침마다 맹세해야 하는 최하위의 신하의 하나로 살기 시작했다.
그것은 거의 종교적이기까지 했다. 이를테면 기독교에서 신의 종임을 자처함으로써 절대적 귀의를 실천하는 것처럼 제국의 핵심 표상에 대한 신앙은 필수적이었다.
나는 제국을 하나의 기호로 안 것이 아니라 세상에 태어난 사실 자체로 신분이 확정된 노예 상태로서 삶을 시작한 것이다. 제국은 나에게는 하나의 '자연'이었다.

식민지 제1단계를 지나자 마침 서구의 나치 독일 및 파쇼 이탈리아와의 추축 동맹을 통한 동서 제국의 일원이던 일본은 독일 제국주의 철학자를 일본에 초청한다. 그가 일본의 식민지인 한반도의 도시를 시찰한 뒤 일본에 충고를 한다. 당신들은 식민지를 경영한다면서 현지의 언어를 그대로 용인하고 있다, 그렇게 해서는 한국의 일본화를 달성한 수 없을 것이다라고.
일본은 그 뒤 식민지 통치 기간 내내 용인되던 한국어를 부랴부랴 금지시키고 일본어를 국어로 교육하기 시작한다. 그래서 나는 초등학교 1학년부터 이름은 일본식 이름을 가지게 되었고 학교에서는 일본어로만 공부하게 되었다.
그런 모국어 상실 시대에 나는 아무도 모르게 한국 문자를 익혔다. 그리고 일본의 패전에 의해 해방을 맞이했을 때 한국 문자를 자유롭게 쓰는 유일한 학생이 되었다.
하지만 그 해방은 민족의 염원과는 달리 한반도가 두 동강으로 분단되는 강대국의 흥정으로 언어도 분단되어 온전해지지 못한다. 60년이 넘게 남과 북으로 갈라진 언어의 이질화를 극복하기 위해서 나는 최근 몇 해 동안 남북 공동으로 통합국어사전을 편찬하는 일을 주도하며 남과 북의 언어학자, 사전학자, 그리고 작가들을 정기적으로 만나게 하고 있다. 앞으로 3, 4년 내에 남북이 함께 만든 민족어대사전이 출현할 것이다.

제국에 대한 나의 체험은 거의 전쟁의 환경에서만 가능했다. 1930년대 한국 침략에 대한 식민지화, 1930년대 일본의 만주 침략과 중일전쟁, 그리고 1940년대 제2차 세계대전의 미일전쟁 속에서 내가 부르는 노래는 일본제국의 군가였다.
이런 시기들의 기억 위에서 모국어에 나 자신의 운명을 내건 시의 길을 걸어오고 있을 때 '시와 제국'이라는 처절한 복합명제는 내 자화상의 역사화이기도 하다. 시는 제국에 앞선 인간 정신으로부터 온다. 그것은 우주와 자아의 원초적 교감인 것이다.
그럼에도 불구하고 제국의 출현은 시에 자주 개입되었으며 역대 시에 드리워진, 제왕에 헌정된 수많은 제전祭典의 시나 제국 융성을 위한 영웅 서사들을 통한 전쟁 문학은 어느덧 시의 수요와 공감을 도맡아왔다. 고대 인도의 『마하바라다』와 그리스의 『일리아스』 그리고 러시아의 『이고리 원정기』에 이르기까지 전쟁 영웅 또는 왕에 대한 신성화에 이바지한 시들을 오늘날 어떻게 재평가할 것인가에 고민을 기울일 만하다.

제국이라는 단어는 군사 용어이기도 하다. 제국은 반드시 전쟁을 첫째 조건으로 삼는 본능을 발휘한다. 제국의 일차적 목적은 타자에의 군사적 군림에 있다. 그것은 전쟁으로 건설한 나라는 전쟁으로 유지한다는 몽테스키외의 잠언을 상기시킨다.
제국의 우두머리인 황제란 고대 인도의 전륜성왕轉輪聖王이 아니고 플라톤의 철인왕哲人王도 아닌, 전쟁에서 승리한 총사령관을 뜻한다. 그런 제국의 본질적 군사주의가 고대 대제국과 근대 대제국에 걸친 일관된 지배 논리를 점유하고 있다. 이런 제국에 대해서 시는 어떤 당위로 있게 되는가.
오늘날 제국이 주기적으로 지구 상의 각 지역에서 전쟁을 수출하는 일이 제국을 지탱하는 노골적인 국가 행위가 되는 것도 침략 및 정복 전쟁 자체가 1차적 국가 산업이기 때문이다. 그래서 20세기 및 21세기 미국의 신제국주의적 전쟁 이데올로기는 미국 최고의 기업이기도 하다. 그 기업은 바그다드 표적의 현실을 크리스마스이브의 풍경으로 이미지화한다. 그래서 침략 전쟁의 참극이 연예화되고 있는 것이다.

몇 해 전 부시 내외가 백악관에 미국 각지에서 활동하는 수많은 시인들을 초청한 적이 있다. 그것은 이라크 전쟁을 신의 계시를 따르는 일이라고 공언하는 텍사스 카우보이에게도 시적인 교양이 있다는 것을 국민과 세계에 과시하는 행사로 의도된 것이다. 그 맨 앞장에 부시 부인이 나섰다. 그러나 대부분의 시인들은 워싱턴의 초청을 거절했고 참석하겠다는 시인들조차 부시의 이라크 침략을 반대하는 메시지를 밝히겠다고 공언했다. 그래서 백악관은 그 대규모 축제와 만찬계획을 자진 취소할 수밖에 없었다.
굳이 이런 사건을 두고 내가 '시와 제국'이라는 명제에 걸부시키려는 것은 아니지만 시와 제국 내지 시인과 제국의 관계라는 명제야말로 시인의 길이 무엇인가를 깨닫게 하는 것은 틀림없다.
이제 시인은 영웅들의 침략 행위로서의 전쟁시를 쓰지 않고 그 침략에 맞서는 인간 서사와 평화의 명제를 추구하는 반전, 반제反帝정신에의 임무가 절실하다. 그것은 강자의 야만에 대한 약자의 옹호와 연민이 시인의 체질과 부합하기 때문이다. 시인은 평화와 생태라는 삶의 최고 가치로부터 어떤 이유에서든 결코 도피할 수 없다.
언젠가 약한 나라들의 시대는 이미 가버린 지 오래고 제국의 시대가 왔다고 호언장담한 주장이 있었지만, 나는 중국의 마오보다 베트남의 호찌민이 훨씬 시에 가깝다고 믿는다. 사실 마오나 호찌민 둘 다 시인이기도 하다. 그들은 정치가나 군사 지도자의 서투른 솜씨가 아니라 상당한 수준의 작품을 남기고 있으므로 그 기상과 고뇌가 그려진 시적 품위는 자랑스럽기까지 하다. 하지만 굳이 분류하자면 마오의 시가 영웅적이라면 호의 시는 좀 더 양심적이다.

한 시인이 거대한 대상으로서의 제국 앞에 서는 것은 인상적으로 돈키호테일지 모른다. 그러나 시인은 세계에서 가장 약한 자의 꿈을 지니는 존재이다. 시의 세계가 아무리 우주와 세계에 투사하는 고도의 정신과 인류적 보편성으로 충당하고 있다 하더라도 세계의 미세한 부위로서의 약한 행위에의 친화 없이 시는 시가 아니게 된다.
시인은 제국에 살면서 제국의 소멸을 꿈꾸고 그 소멸을 증언한다. 그래서 제국은 시인의 역설적인 행동을 불러일으킨다. 사라진 당唐, 사라진 로마는 이제 시이다. 수많은 과거의 제국들이 그러했듯이 오늘의 강대국이라는 제국도, 자신을 드러내놓고 제국이라고 말하고 있는 제국도, 언젠가 침몰함으로써 한 편의 시가 될 것이다. 한 아메리카 원주민 부족의 추장 시애틀이 압박해오는 미국 정부에 더 이상 버티지 못하고 땅을 내

주면서 우리는 지금 기울어가는 민족이지만 지금 떠오르는 당신의 나라도 언젠가는 우리처럼 쇠망할 것이라고 담담하게, 그러나 확신에 차서 말했을 때 그 말은 이미 시인 것이다. 아니, 침몰 이전에 이미 시인은 시를 노래한다.

큰 것, 강한 것이 만들어내는 제국적인 것은 모두 궁극적으로 악이다. 그 모든 악 앞에서 시는 태어나고 그 악 뒤에도 시는 남는다. 이와 함께 시인의 언어 구사가 행여 언어의 배후에 있는 국가권력의 조건이기도 하다는 사실과 국가권력의 내적 제국성에 의존한 것은 아닌가 하는 점에 대해 우리는 늘 성찰하지 않으면 안 된다. 그래서 시의 언어가 현실에 맞서 대항적인 생명을 내포하기를 나는 늘 꿈꾼다.

파리의 나그네 시간

고대 시가의 한 편을 소개하고자 한다. 그 사연은 이렇다. 바닷가의 먼 길을 가는 미인을 바다 속의 용이 나와 용궁으로 납치해 갔다. 이 사실을 알게 된 바닷가의 어부와 어부의 아낙과 아이들이 모여 용에게 외쳐댔다. 납치해 간 여인을 내놓으라고 말이다. 그들이 모여 이렇게 소리치면 무쇠도 녹여버릴 수 있다는 내용의 노래였다.
이를테면 이 노래의 내용에서 우리는 오래전부터 시적 참여의 가능성을 알 수 있다.

고대 인도의 『리그베다 찬가』에서 인류는 세계가 가지고 있는 언어의 4분의 1밖에 사용하지 못하고 있다고 했다. 그 나머지 언어란 무엇인가. 아마도 그 언어는 시인이 찾아야 할 것 같다. 그 언어야말로 이제까지의 시와 함께 새로운 시의 시대를 열어주는 새로운 창조적 기호인지 모른다.
이와 함께 우리는 오래전부터 인간의 소리만이 아니라 동물이나 다른 생명체의 소리에도 어떤 언어의 비밀이 들어 있음을 경험해왔다. 그것은 침묵이 언어의 무덤이 아니라 언어의 궁극일지 모른다는 뜻도 떠올려준다.

한국에서는 '새가 노래한다'라고 말하지 않고 '새가 운다'라고 말한다. 한국에서는 노래와 울음은 근본적으로 구별할 수 없다. 봄에 벼를 심는 물 가득한 논에서 개구리가 운다. 그것은 집단적으로 울기 때문에 하나의 교향악이 된다. 마치 밤 전체를 새로운 시간 속으로 떠나보내는 것처럼 무더운 여름 대낮의 매미 소리 역시 거의 집단적인 의지로 폭염의 허공과 대결하고 있다. 그런가 하면 뻐꾸기는 여기저기 산골짜기의 빈 공간을 그 울음소리로 가득 채운다. 가을밤 귀뚜라미도 여기저기서 어둠의 현을 탄주하다가 끝내 신새벽에는 하나의 소리로 남는다. 겨울밤 기러기 울음소리는 캄캄한 혹한의 상공에서 지상으로 떨어진다.

이를테면 이런 새들의 울음소리는 때로는 엄청난 총체성을 실현하다가 때로는 깊은 자아의 내면을 추구하는 개별성을 드러내는데 나는 이 두 가지를 함께 지향하고 있다.

여기에서 시적 참여와 함께 시가 역사에의 불가결성임을 이끌어낼 수 있다. 동시에 시의 독자적인 심미에의 매혹도 요청되는 것이다.

아무튼 인간이나 다른 생물들이 내는 그 소리의 오지에는 반드시 소리의 운율과 미학이 개입되고 있다. 자연은 그러므로 혼돈을 밖으로 하고 율동과 법칙성을 안으로 삼고 있는지 모른다. 아니, 이 안팎은 이미 둘이 아니다.

동양에서는 부모가 죽으면 그저 울지 않고 "아이고! 아이고!"를 외운다. 그것은 슬픔에 방종하지 않고 슬픔을 내적으로 조절하는 행위이다.

독일에서 활동한 한국의 음악가 윤이상도 어린 시절의 새소리를 그의 작곡에서 중요한 소재로 삼았다.
결국 나는 시를 위한 한 선언으로서 "우주는 운다!"라고 부르짖을 수 있다.

하지만 반드시 시가 언어에만 의존하는 정신으로부터 해방되어야 한다. '태초에 말이 있었다'는 말 이전의 상태를 상정한다면 그때의 원시인들은 몇 마디 의성어 따위 이외에는 말이 없는 상태여서 뇌파로 서로 대화했을 것이다. 또한 오늘날에도 갓 태어난 아기들은 말에 앞서 우는 일밖에 모른다.
이런 점에서 동양의 선에서 말이 끊어진 경지, 문자를 철퇴시키는 경지를 추구하는 그 침묵 속의 자유를 위한 단련도 시와 일치된다는 것을 알 수 있다.

중국이나 한국, 일본에서의 이름名은 저녁夕과 입口이 합쳐진 것이다. 그것은 본래 그릇에 고기를 놓은 형상이지만 나는 그 형상을 무시한다. 태양이 있는 낮에는 굳이 사람과 사람이 입으로 소리 낼 필요 없이 눈으로 만날 수 있고 눈짓으로 의사를 소통할 수 있다. 그러나 태양이 진 저녁의 어둠 속에서 사람은 상대방이나 대상을 입으로 소리 내어 불러야 한다. 그러므로 이름이란 어둠 속의 존재를 드러내고 이끌어내는 일이다. 바로 시인은 이처럼 사물이나 상황에 대한 명명命名과 호명呼名의 사명을 가진 것이다.
한국은 오랫동안 시의 나라였다. 과거를 통한 시 짓기로 관리를 등용했으며, 시를 잘 쓴 사람이 수상이 되는 경우도 허다했다. 하지만 민중 역시 누구보다 시적이었다. 지금 남아 있는 민요와 여러 시들은 그들의 노동과 시련 속에서 만들어졌다는 사실을 잘 말해주고 있다. 실지로 직업적인 시인보다 늙은 농부가 훨씬 더 풍부한 시의 언어, 비유, 직관, 체험의 정서로 충만해 있기도 하다. 그래서 작자 미상의 것이 작자의 것보다 훨씬 더 어떤 우월성을 내포하고 있는 경우도 있다. 그것은 상고시대 수메르의 한 시인이 처음으로 그의 시에 이름을 밝힌 것 이상으로 놀라운 사실이다.

나는 제2차 세계대전 후 사르트르가 자신이 주재한 잡지 『현대』에 시를 싣지 않는 것을 원칙으로 삼은 사실을 알고 있다. 아마도 시가 현실 참여에 기여할 수 없다는 판단이 작용했는지도 모른다.

하지만 한국에서는 시가 언제나 시대 참여의 전위에 서 있었다. 고대 아시아에서는 사회적 모순에 대한 저항 의지를 담은 시를 '반시反詩'라 했다.

아마도 이런 참여로서의 시적 가능성은 그 이전부터 있었던 것 같다. 고대 한국에서는 마을마다 두레라는 공동체를 형성했다. 그것이야말로 다 함께 살아가는 공동의 참여 행위였다.

또한 불교에서는 '함께 참여하는 것同參'이 바로 함께 살아가는 집단의 미덕이라 하여 오랜 참여정신을 발휘했다. 심지어 석가모니는 그의 제자들도 '너'라고 부르지 않고 '벗이여', '착한 벗이여'라는 비수직적이며 수평적인 동지애의 대상으로 삼았다. 함께 참여함으로써 함께 가는 것을 뜻하는 것이다.

흔히 '앙가주망'이라는 프랑스어로 참여론을 말해왔다. 그러므로 프랑스의 참여 문학의 논리들은 오늘날 그것이 퇴색했든 새로운 가망성으로 발전하고 있든 충분히 보편적인 것으로 되었다.

하지만 이제 한국에서는 서구의 보편성이 서구중심사관의 산물일 경우 그것을 수동적으로 받아들이는 일만 하지 않고 이제까지의 주변적 특수성을 좀 더 심화, 확대시키는 새로운 보편성을 이끌어낼 것이다.

우리는 이런 점에서 '초월적 지방주의'에 관심을 가진다.

한국의 근대사 100년은 나라를 빼앗기고 민족 전체가 착취 탄압에 의한 극한 상황의 생존으로 된 시간이었다. 이 과정의 시는 당연히 저항과 참여 노선을 결집시켰고 반대로 식민지 체제가 허용하는 순수주의의 시도 나타났다. 그래서 한국 현대시는 이 두 유형으로 우선 분류할 수 있다.

나는 1890년 파리에 온 한국 최초의 유학생 홍종우를 떠올린다. 그는 한국 고전 문학의 하나인 『춘향전』을 프랑스어로 번역하기도 했고 프랑스 사상가 르낭과 사귀기도 했다. 또한 보들레르와도 차를 마셨다 한다. 그런 그가 한국으로 돌아오는 도중 한국의 근대적 혁명가를 암살하는 사람이 되고 만다. 만약 그 홍종우가 한국에 돌아와서 근대 지식인으로서의 역할에 충실했다면 얼마나 좋았겠는가? 이런 지식인의 굴절을 통해서 한국의 근대 지식인이 어떻게 존재해야 하는가라는 어려운 질문을 만나는 것이다.

한국은 지난 수십 년 동안 군부 독재에 의해서 통치되어 왔다. 한국 현대사에서 군인 정치를 시작한 박정희는 그의 부하에게 암살당했고 그 뒤의 전두환, 노태우는 오늘에 와서 내란죄와 수천억 부정 축재로 구속되는 지경에 이르렀다. 그들은 광주 학살의 장본인이었고 나는 그들에 의해서 내란음모죄로 육군 교도소의 암실과도 같은 창 없는 감옥에 밀폐당했다.

첫 번째 수감은 1971년 중앙정보부 강제 연행으로 시작되었다. 그 뒤 수많은 유폐가 있었고, 1977년의 수감, 1979년의 수감이 있었으며, 1980년 내란음모죄로 또다시 수감되었다. 거기다 1989년 남북작가회담 대표로서 남북한 군사분계선 군사회담 장소인 판문점에 가다가 수감된 것까지 약 4년 동안의 수형 생활을 했고, 그 밖의 가택 연금, 산중 유폐와 임시 구속 등은 수십 번이나 된다. 이 과정에서 고막 파열로 한쪽 귀를 수술했고, 현재 인조 고막을 달고 있다.

나는 파리 유학생 홍종우가 파리에 있을 무렵 일어난 드레퓌스 사건이 100년이 지난 1995년에야 무죄 판결을 받은 사실과 관련해서도 시는 역사와 현실에 장기적으로 참여함으로써 왜곡된 진실을 찾아내는 정신의 술래잡기임을 확인하게 되었다.

하지만 참여로서의 시, 역사 행위로서의 시는 정치적 구호로 그치지 않고 어느 문학보다도 유격적인 심미의 경지를 탐구해야 한다. 아름다움이야말로 최고의 정치적 에너지이기도 하다.

이런 문제로 때때로 전통적인 시의 계승과 함께 그 형식 타파도 있어야 한다. 이를테면 한국의 뛰어난 시인 한용운과 놀라운 역사가 신채호가 함께 부르짖은 '파괴가 곧 창조'라는 선언은 역사에서뿐 아니라 시에서도 절실한 것이다. '창조적 파괴의 과정'이 바로 그것이겠다.

나는 이제 시의 역사성과 참여만을 이론적으로 고집하지 않는다. 불교의 화엄경은 "이것이 있으므로 저것이 있고 저것이 있으므로 이것이 있다."라고 말하고 있다. 이는 상대적인 세계가 아니라 공여적供與的인 세계, 합合의 세계, 공公의 세계를 말한다. 바로 여기에까지 시가 다가가야 한다. 시는 끝내 시의 정서 영역에서 세계 궁극의 영역에 이르는 혼의 행위이다. 이런 점에서 최근 나는 '혼합적 생성'을 지향하고 있다.

편의상, 나의 시를 말하는 경우 세 시기로 구분할 수 있다. 1950년대 후반에서 60년대까지는 허무주의와 유미주의, 70년대에서 80년대는 참여와 저항, 그리고 90년대부터 커다란 종합적 세계를 지향하는 활동을 계속하고 있다. 나는 시 이외에 장편소설, 중편소설, 단편소설도 10권 이상 쓴 바 있다.

『만인보』의 어떤 감회

운명으로서의 시, 이것이 시인의 약한 숨을 막지 않는다. 시인 생활 45년은 그러므로 시간이 아니라 시간의 거부이다.
시라는 긴 병을 이렇듯이 불치로 앓는다. 이 병의 시인으로 남은 삶을 더 살 수밖에 없으리라.

가끔 굴을 생각한다. 굴속에 들어가 10년쯤 시를 짓고 싶은 것이다. 써야 할 시를 좀 쓰고 나서 그 굴속에서 바깥의 함박눈도 모르면서 눈을 감아도 좋을 것이다.
1200년 후 꺼내어진 고대 밀교승 혜초의 『왕오천축국전』이 있다. 만약 내 꿈이 이루어진다면 내가 살았던 굴속에서 써놓았던 것들과 내 해골바가지의 두 눈구멍에 채워진 푸르뎅뎅한 어둠도 속절없이 남겨지게 될 것이다. 뒷날의 건달에게 그 굴속을 들킬 수도 있을 것이다.
『만인보』를 두고 하는 소리는 아니다.

『만인보』 제1권에서 제15권까지도 해찰이 길었다. 이번에도 제15권까지 낸 뒤는 6년이 지난 것 같다. 이 일에만 기울어졌다면 진작 손을 털었으리라.

지난날 뒷산의 아이는 나뭇짐 지고 곧장 집으로 돌아가기 싫었다. 집은 혼자가 될 수 없는 곳이었다. 나뭇짐을 그대로 둔 채 오종종한 개울에서 손과 발로 물장난을 치고 있었다. 그런 시시한 개울물 언저리에도 헛것은 영락없이 찾아와 함께 놀았다. 멀리 그 물의 끝인 바다에까지 떠내려가고 싶기도 했다. 그 아이가 혹시 뒷날의 내가 아닌가 싶다.

한곳에 집중하지 못하는 중무衆務의 세월이 그때부터였는지 모르거니와 이런 삶의 해찰에서 도움을 받은 바도 없지 않다. 가령 『만인보』를 시작한 80년대 중반의 눈으로만 이 일을 마쳤다면 그 시기의 얼얼한 인식 한계를 무시로 넘나들기 어려웠을 것이다. 틀이란 때로 죽음이니 말이다.

시인은 어제의 광명을 후회하는 오늘의 미망 속에서 새로 눈을 껌벅껌벅 뜬다.

지난해부터 나는 시 속의 화자에 대한 회의를 일으켰다. 시 속의 1인칭 '나'로 하여금 어떻게 시의 수많은 은유적 자아를 살려낼 것인가, 어떻게 그것으로 타자들의 가없는 하나하나의 진실에 닿을 수 있을 것인가. 또는 '나'는 언제까지 밑도 끝도 없이 나일 수 있는가.

시를 몽상의 단계 이상으로 받아들이지 않는 시각은 고대에도 이미 있었고 루카치에게도 있게 되었다. 그런 일이 아니더라도 시가 존속되는 한 시 속의 화자에 대한 정체성을 무한정 비호하고 싶지 않은 것이 내 생각인 것만은 틀림없다.

근대가 자아의 시대라면 이 허울 좋은 상식에 따라 근대 시는 자아를 실현하는 시일 것이다.
근대 시의 주어로서의 '나'는 거의 절대 조건인 것처럼 여겨진다. 시 속의 '나'야말로 네발짐승이 처음으로 직립인간이 되어 땅 위에 일어선 것만큼이나 하나의 감격적인 사건이다. 세상이 그것으로 비로소 달라지는 것이다.

김소월의 "나 보기가 역겨워"의 정한으로서의 '나'와 한용운의 님을 보내지 아니한 꿈으로서의 '나' 이래 근대 한국 시의 화자 발생을 그동안 너무 자연현상으로만 읽어 온 누습과는 달리 실로 여기에서 한국 근대의 정서적 자기 동일성과도 만나는 행복에 겹친다.
허나 근대적 자아란 우리가 결코 손쉽게 받아도 되는 선물은 아닐지 모른다. 자아에 이르는 길은 필적할 수 없을 만큼 험하다. 신의 이데올로기, 집단의 이데올로기는 자아의 여러 분출을 오랫동안 억제해왔다. 역사란 자아의 가능성을 밟아버리는 폭력이기도 하다.
동북아시아 봉건시대로서의 한국은 대다수 피지배층을 이름 없는 객체로 규정해왔다. 이런 지역에서 자아는 때로는 불온하게, 때로는 의외의 힘에 의해서, 때로는 너무 늦게 출현할 수밖에 없었다.
근대 한국 시의 경우 수많은 1인칭 굴레를 못 벗어난 그대로 잃어버린 자아에의 비애가 있고 또는 타자에의 선무당에 가까운 모방이 있다. 이와 함께 근대 이전의 전통 사회에 매몰된 자각들을 파헤쳐내는 일도 벅찬 노릇이었다. 아니 우리에게는 자아의 봉건제를 넘어야 할 근대의 마루턱이 있었던 것이다.

한갓 신체시 이래의 시인으로서는 이 일은 감당하기 힘들다. 우선 그들 자신의 한계가 거의 주술적이기 때문이다.
식민지시대에 이은 분단시대 역시 한층 더 자아의 역경이었다. '나'를 죽여서 '나'는 아슬아슬히 살아왔다. 이런 역경 이외에도 자아를 찾아 나설 곳이 없다는 절박성을 깨달은 과정으로 오늘에 이르러 아직 닻을 내리지 않았다.
현대 한국 시의 '나'는 이런 시련들을 외상外傷으로 삼고 있다. 그런데 이 같은 '나'들이 행여 근대의 야만인 자기중심주의에 처박혀버리게 될 때 그것을 끌어낼 또 하나의 자아가 나타나지 않는 사실이 아픈 현실을 이중으로 설정하게 만든다.

최근의 한국 시단은 누구나 다 시인 노릇에 나서는 세태와는 또 다르게 시의 제한 없는 성황을 이루고 있는 것도 사실이다.
그런 중에 지적될 것이 있다. 첫째로 많은 시들의 숙달된 화법들은 거의 고뇌 없는 성형수술의 미모를 따르고 있다는 비판 앞에 있다. 둘째로 서정의 사유화와 개인 기예적인 언어 놀이가 드러난다. 셋째로 이기주의로서의 자기도취와 변호로서의 인문적 장식이 거슬리기 십상이다. 넷째로 시를 사소설 및 신변잡기 또는 개인 일기 따위의 수단으로 삼고 있는 것이다. 또한 기억의 시제에 의존함으로써 현재의 전기傳記를 간과한다. 시는 과거의 것도 아니며 미래의 것도 아니기 때문이다.
게다가 여전히 닫힌 진영주의나 황당무계한 초월주의에 의한 도道의 수작들이 자아내는 주관의 성벽은 한국 시의 리얼리티에 요구되는 광의의 시적 대상들을 가로막는 것이다. 시에서 현실이 죽어가고 있는 것이다.

봉두난발의 이상이 외친 바, 절망이 기교를 낳는다는 말은 당초의 함의와는 달리 유효하다. 인간과 세계를 해석하고 꿈꾸게 하는 일에 반드시 결핍되어서는 안 될 정情의 무한한 힘을 아무도 부정할 수 없다. 이 정도 주관의 지방질로 누적될 때는 그것이 독이 되지 않을 수 없을 것이다.
요컨대 인간과 세계에 대한 서사 구조의 상상력과 인간의 자아 발견에 반드시 전제되는 정신의 '외부성'이 없는 상태의 '나'라는 화자는 허깨비이다. 이는 현실에 대한 서술과, 사회와 인간의 형상화가 상상의 회고록 없이는 말라버린 하상河床이 된다는 사실과 짝하고 있는 것이다. 여기서 3인칭의 새로운 화자를 꿈꾼다. 이제 3인칭은 1인칭과 2인칭의 절대에 부응하는 것이 아니라 그것의 내적 변증법을 불러일으킨다.

근대가 자아의 해방을 이루어낸 창조의 시대인가를 따질 때, 근대는 자아를 억압하는 통제의 폭력을 행사한 연대기가 아니라고 주장할 근거가 거의 없게 될 때 과연 근대적 자아란 얼마나 많이 상처받은 자아인가를 알게 된다.
그러므로 근대를 재근대화하고 근대적 자아를 반성함으로써 '자아의 새로운 타자'를 추구하지 않으면 안 될 것이다. 이 점에서 "나는 또 하나의 타자이다."라고 노래한 한 시인의 섬광은 아직 사라지지 않는다. 나는 타자의 꿈속에서 다시 태어나는 것이다.
여기에 서정 세계의 대외적 전환과 자아의식이 타화를 추구할 이유가 나타난다. 그렇다고 해서 고대의 서사를 새삼스레 복구하자는 것은 아니다. 과거의 어떤 매혹에 돌아간다는 것은 현재가 과거에 종속되지 않는 힘을 가질 때 가능하다.
시의 원천인 외부에 대한 갈애를 가지고 있는 한 거기에 시 속의 모든 내면성도 새로 숨 쉬게 될 것이 틀림없다. 자아란 그것의 확대로서의 외부와 연동으로서의 내면이라는 두 가지에 걸쳐 있는 복합체인 것이다. 한 티끌에 시방이 머문다는 것도 그러므로 허언이 아니다.
타심통他心通! 혈연적인 해석으로 보자면 자아가 또 하나의 자아인 타자가 될 때, 거기에서 타자로서의 새로운 자아가 태어나게 될 때 시 속의 화자는 자아의 궁극인 무아에 돌아갈 것이다.
나는 너 없이는, 너에 대한 헌신적인 귀의 없이는 존재할 수 없으며, 끝내 나는 너뿐 아니라 나라는 것과 너라는 것의 무한한 복수인 제3인칭의 인드라망을 이루어 사私가 아닌, 공空에 이르게 된다. 그 공空이야말로 묘유妙有일 것이다.
요컨대 화자의 '나'는 '다른 나'의 세계이다.

『만인보』의 세계란 작가와 화자, 그리고 서술 대상자나 행간에 잠들어 있는 행위 사이의 모순 관계가 발전되는 세계이다. 그것이 불가분의 관계 또는 불가역적인 관계로 되는 과정에서 가능한 인간 해석의 귀납인지 모른다.
'너는 나이고 나는 너이고 너는 또 그이고 누구이고 그 누구는 또 하나의 나이고'의 종결 없는 삶이며, 제행諸行일 것이다.
말하자면 '나'와 타자들의 자유를 낳는 사회 순환을 위한 마당이 『만인보』의 공간이다. 작자인 나도 그런 '나'의 한 분신일 수밖에 없다. 사회는 그런 사실들로 채워져 있다. 그러므로 선악과 미추의 차별은 지배 논리를 털어낼 때에만 정당하다. 꿈은 여기에도 제 꼬리를 문 뱀처럼 순환의 윤리를 만들어낸다.

이번 제16권~제20권의 인간상들은 주로 1950년대 전후를 산 행리行履에서 얻어온 것이다. 삶과 맞닥뜨린 죽음의 상황, 전통 사회가 무너진 곳에서 일어나는 여러 사태, 실존과 폐허, 이데올로기의 습래襲來, 민족 이동, 인간의 비인간화를 몰고 온 전쟁, 그리고 그 전쟁 속의 인간적 가능성 따위가 비극의 풍광으로 그려진다 하겠다. 그 폐허는 절망의 다음을 낳았다.

아직 멀다. 나는 간다.

_『만인보』 제16권(창비)에 실린 시인의 말을 다듬어 수록

『만인보』의 사람들에게

점성술과 상관없이 별들을 쳐다보는 심정으로 나는 당신들을 떠올립니다.

1986년 11월 『만인보』 1, 2, 3권을 창작과비평사가 전두환 정권의 박해 속에서 창작사라는 맥 빠진 이름으로 연명하며 간행했을 때가 10년 저쪽에서 생생합니다. 이미 다음 해 6월항쟁의 크고 작은 원인들이 역사의 격랑 표면 위로 드러나는 그런 시기였습니다.

그런 시기란 당연하게끔 문학 속의 전형 문제가 여기저기 할거하고 있었습니다. 어쩌면 그런 현상 가운데서 매우 억압적인 사실도 나타난 것입니다.

나는 전형 및 전형성에 관련된 명제들이 입을 열기만 하면 쏟아져 나오는 웅변으로 통용되는 일에 이론을 제기할 필요가 있다고 여겼습니다.

그럴 때였습니다. 1980년 내란음모 및 계엄법 위반, 계엄교사라는 날조된 피고인으로 육군교도소 특감 암실에 갇혀서 처절한 나날을 보내는 동안 마음먹었던 구상들이 불현듯 생각났습니다.

그것은 내가 만난 사람들이나 만나지 못한 사람들을 추체험하는 서사와 서정의 혼합 형식인 인물시 『만인보』를 쓰는 일이었습니다.
즉각 그 일을 착수했습니다. 나 자신도 영문 모를 청청한 신명에 들려 하루에 60편도 나올 때가 있었었습니다. 모천 귀향 연어의 산란과 같았습니다.
바로 이 전작시 작업을 통해서 나는 전형에 대한 도시적 위험을 발견했고 전형에서의 해방이 곧 인간 해방의 다의성으로 이어지는 데서 훨씬 더 민중적인 생동감을 얻을 수 있었습니다.
이를테면 그것은 고대 범신론의 신들이 다른 신들을 승인하는 덕성을 실현하는 것과 견줄 수 있었습니다.
또한 한반도의 이념 놀이가 전통 사회나 근현대사를 싸잡아서 그 상당한 가능성을 상잔으로 소모해버린 데 대한 뼈아픈 반성에도 다가가는 것이었습니다.
『만인보』의 한편 한편을 이루고 있는 만인은 수량의 의미가 아니라 다양한 삶의 초상이 내재하고 있는 개체와 공적 존재에 대한 총화를 의미합니다.
내가 만나지 못한 사람까지도 만난 사람과 똑같은 친화의 세계 안에 담은 것은 만나지 못한 현실을 비현실로 처리하는 단순한 태도가 얼마나 소승적인가를 확인했기 때문이었습니다.
그래서 어느 날 병든 함석헌 옹과의 대화에서 "나는 이 세상의 정의만으로는 살 수 없습니다. 다른 세상의 정의와 만나지 않으면 진정한 정의가 아닙니다."라고 말한 적이 있습니다.
지금까지 1900여 편이 되거니와 이 『만인보』 시편들이 끝내는 하나의 사회전기社會傳記를 이루기를 바라면서 여기에는 큰 생애와 작은 생애의 차별화가 아닌 그것들의 공생이 궁극의 주제로 될 터입니다.

한반도의 시인으로 살고 있는 나로서는 마땅히 한민족의 구성원에 대한 총체성과 개체성을 그 모순 관계를 넘어선 하나의 귀결로 이해합니다. 앞으로 『만인보』는 3000편 이상으로 일단락될 것입니다. 그 뒤의 작업을 굳이 단념하지 않겠습니다.

마침 어떤 철학론에서 '드레퓌스 사건들의 존재들'이라는 조어造語와 만났습니다. 그 단수를 복수로 변화시킨 사회적 의미는 동시에 인간적인 의미도 풍부하게 만드는 것이었습니다.

『만인보』의 사람들! 나는 당신들의 세계를 더 넓힘으로써 당신들의 영혼 지도를 그려갈 것입니다.

그냥이다, 그냥 그린 것이 이것이다

엄중한 것이 세상의 일이건만 세상의 다른 쪽은 관대한 것이 자리 잡는다. 바로 이런 관대함에 의존한 것이 이번의 내 그림일 것이다.

내가 이 그림들을 그리기 전에 조금이라도 표현의 목적에 긴장했다면 결코 이것들은 태어나지 않았을 것이다.

어쩌면 내 정서의 바닥에는 일곱 살쯤의 상태 그대로 진화되지 않은 동심이 그대로 남겨져서 마치 미운 일곱 살 아이의 바람벽 낙서 그대로 내 그림이 있게 되었는지 모른다.

때마침 잇단 폭염 17일의 시간은 그 폭염에 맞서기라도 하는 듯이 내 집중의 폭염으로 차 있었다. 그것은 어떤 감격과 같은 극단의 경험이기도 했다.

저 1950년 6월 어느 날 중학교 4학년 1학기 미술부 학생이던 나의 수채화는 끝났다. 교내전 1등상의 기쁨 따위는 곧장 전란 속에서 지워졌다.

그 무렵 외삼촌의 서가에서 만난 고흐 서간집이 내 마음에 도장 찍혀 책상 위에 "고흐 아니면 무無다."라는 쪽지를 붙여놓았지만 더 이상 그런 꿈은 필요 없었다.

요컨대 나는 생사의 문제에 너무 일찍 직면했다. 전쟁 뒤에 살아남은 내가 살아 있던 장소는 폐허였다. 나는 그림의 세계 너머 아주 멀리 떠내려가 있었다. 왜냐하면 나의 환경이고 나의 반영인 폐허 자체가 모든 것을 대행하기 때문에 굳이 나는 그 폐허의 풀밭에서 무엇이 되겠다는 꿈, 무엇을 하고 싶다는 욕구를 가질 겨를이 없었다.

나는 유채油采에 대한 강렬한 애착이 있다. 그런 애착이 어떤 때는 송대宋代 이래의 동양화의 수묵화 여백에 어쩌다가 짜증을 일으키기도 했다. 여백을 무조건적으로 찬양하는 일도 일련의 동양 자연사상의 지향도 일부러 자제하고 있다. 나에게는 화면 전체의 일차적 충만의 농도를 유채의 세계로 진행하고 싶은 충동이 있다. 하지만 나는 그 일에 곧장 덤벼들지 않고 아크릴 물감과 만났다. 우선 아크릴은 쉽게 마르는 물감이어서 내 시와 시 사이의 작업 며칠만 허용된 시간의 행위에 안성맞춤이었다. 마침 가족은 외국에 머물고 나는 함부로 붓을 든 단신이었다.

미술에는 모든 것이 동원된다는 속담이 나에게도 있다.
이것들이 있게 되기까지 여러 사람의 헌신이 있어야 했다.
내 문단 동료인 정도상의 발의는 예사롭지 않았다. 그래서 다른 동료들과 함께 나를 이일의 궁지에 몰아넣었다.
조각가 구성호는 기꺼이 자신의 작업장으로 나를 이끌었다. 평택 서탄 들판의 자동차 40분의 거리를 나를 오전 9시 반에 실어 날랐다. 그리고 저녁 6시 무렵 안성으로 실어다 주고 그는 돌아갔다. 그의 점심 요리 솜씨는 항상 풍성했다. 나는 그가 만든 요리로 작업의 역량이 꺼져들지 않았다. 그뿐 아니라 액자와 표구의 일도 숫제 도맡아 처리했다. 그의 한 동업자인 화가 유미도 캔버스와 물감을 구입해다 주었다. 100호짜리와 80호짜리 캔버스에 젯소를 칠하는 일도 맡아주었다. 2주일 이상 그 작업장의 조소 작업은 내 그림 때문에 중단되다시피 했다.

서탄은 드넓은 평야의 한 부분이다. 그 가장자리에 진위천이 흐르고 있다. 이 강물 건너 오산 미 공군기지의 기나긴 비행장이 있다.

그래서 전투기나 폭격기 따위가 수시로 뜨고 내리는 공중의 길목이므로 지축을 흔들어대는 소음 지역일 수밖에 없었다.

이상한 것은 그 비행 소음이 내 작업에 전혀 방해가 되지 않았다는 사실이다. 방해는커녕 오히려 내 작업의 정념을 더 격화시킴으로써 내 붓질이 힘차게 되는 것이었다.

몇 번인가 폭염을 식히는 폭우도 있었다. 그런 폭우 역시 내 작업을 맹렬하게 만드는 성적性的인 자극이 되었다.

예술은 예술론을 넝마로 내쳐야 한다.

예술은 모든 예술론을 넘어 그 어떤 것이다. 감히 내 일곱 살짜리 낙서 작업의 그림에도 그 '어떤 것'에의 징후가 있기를 바란다.

지금 나는 괜히 겸손할 이유도 없고 괜히 자기 황홀에 빠질 배짱도 없어야 한다.

다만 이번 집중의 시간을 통해서 내 예술의 기질인 '선적禪的' 것을 타파할 수 있었던 것은 뜻밖의 수확이다. 나는 도道의 세계보다 번煩의 세계, 정情의 세계를 역설적으로 추앙하고 있다.

선의 전도顚倒보다 전도되지 않는 몽상에 더 다가가 있다. 반전도몽상反顚倒夢想이다. 그래서 이번 전시의 한쪽에 더해진 붓놀이의 필치 역시 굳이 직관적이지 않기를 바라는 것인지 모른다.

그림 놀이 곁에 이 같은 글씨 놀이도 놓음으로써 마음껏 서로 위화違和하기를 바란다. 내후년쯤 내 화실을 만들어 유채 작업을 진행할 것이다. 누가 흘겨보는 것에도 아랑곳할 필요가 없다.

왜냐하면 어떤 일이나 놀이는 타자의 심심풀이 압력으로부터 동떨어지기 때문이다.

지상에서 말하다

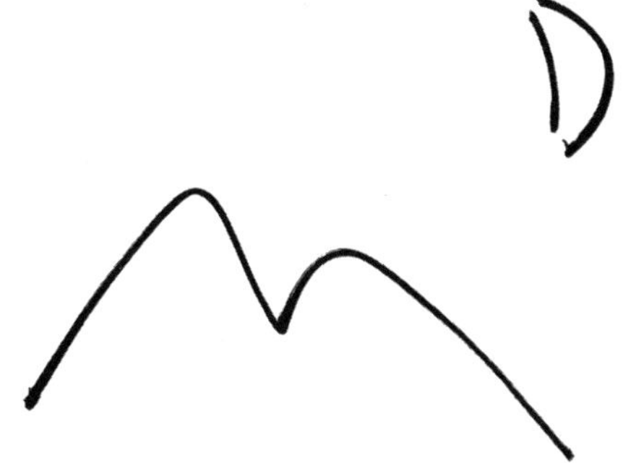

처음으로 만난 시

– 시인 생활 50주년을 맞아서

이런 시로써 이야기를 시작하겠습니다.

> "까마득한 날에 하늘이 처음 열리고 어디 닭 우는 소리 들렸으랴."

아닙니다. 먼저 '아닙니다'로 시작하겠습니다. 연然이 아니라 불연不然입니다. 옛말 정언약반正言若反. 이 말을 풀어보건대 진리는 아니다로 시작한다는 뜻이겠지요. 시는 산업이 아닙니다. 또 시는 펀드가 아닙니다. 또 시는 권력이 아닙니다. 권력에의 소도구가 아닙니다. 시는 안전보장이 아닙니다. 영원한 불완전입니다. 그래서 시는 자유입니다.
시는 은유인가 은유가 아닌가, 다른 사물을 이끌어다가 어떤 사물을 장식하는 은유라면 그것은 시가 아닙니다. 그것은 은유가 아니라, 은유의 폭력이지요.

옳거니! 그것은 어떤 사물이 다른 사물의 안에 다가가 그 사물의 밖이 되어줄 때, 희생일 때, 헌신일 때, 하나의 실 가닥 두 끝인 자아와 타자일 때, 비로소 시는 은유로 살고 은유로 죽어갑니다. 그러므로 시의 은유는 자아의 타자화이고, 타자의 자아화이지요. 자아와 타자의 동시율同時律을 이룰 때입니다. 어디 시뿐입니까. 또 어디 생명 또는 생물뿐입니까. 다윈의 진화론을 떠나서 연속공생설로서의 생물은, 모든 생물의 동시성을 진행하고 있습니다. 정신과 물질의 동시성, 마음과 육체의 공시성과 동시성을 들어 올린 이래, 우리는 그 사실 한복판에 지금 있습니다.

이 방 안의 동시성을 저는 갈망합니다. 그래서 저는 '처음으로 만난 시'라는 주제의 부제로서 '동시 시론'이라는 부제를 달고 싶습니다. 인간들은 그 누구나 첫 울음의 생명체입니다. 어머니 자궁 안에서 세상으로 나오자마자 터뜨리는 그 첫 울음소리로 우리들 하나하나의 생명이 스스로 확인됩니다. 지금 우리들은 그 울음소리를 기억하고 있지 않습니다. 또 그 울음을 울지 않았다는 기억도 가지고 있지 않습니다. 그 울음은 어쩌면 진짜배기 기억이 아니라, 기억의 파생 상품을 기억으로 잘못 알고 있는 그런 한계 밖에서 우리들의 미래, 우리들의 자손을 통해서 엄연히 체험하고 있겠습니다. 그 울음, 응애응애 하는 그 울음은 삶의 시작을 뜻하는 인류의 오랜 불안의 축복이 되고 있습니다.

울음은 뭘까요? 자궁 속에서 나온 생명체가 그 안에서 배운 울음도 아닌 그 울음으로 낯선 세상에 대한 공포와 방어를 함께 뜻하는 그 본능이야말로 생명의 율동으로 자신의 환경을 진동시키는 일입니다. 그때 환경은 기꺼이 그 울음에 공명합니다. 하나의 생명이 우주 안의 하나의 별빛과 닿는 그런 공명인지 모르지요. 이윽고 그 울음은 저 혼자만의 것이 아니라, 세상의 것으로 동참합니다. 이 공명음이야말로 인간의 첫 번째 시일 것입니다. 빅토르 위고가 말한 바, 가장 위대한 시는 인간이 태어나자마자 터뜨리는 첫 울음소리라고 한 말이 헛되지 않게, 인간 하나하나는 이미 이 세상에 태어나자마자 본성으로서의 시인이 되어버린 것입니다. 이와 다른 쪽에서는 죽음 앞에서 생존자가 통곡을 합니다. 그 죽음을 통해서 시의 울음, 시의 꽃을 바치는 것입니다. 중동 지방에서 나온 육만 년 전의 화석에서 소년의 주검 머리맡에 놓은 히아신스 꽃이 발견된 적도 있습니다. 또 한반도 중부 지방에서 나온 이만 년 전 화석에선 소년의 주검 머리맡에 국화꽃이 놓여 있었습니다. 이런 죽음으로 하여금 하염없는 오래된 슬픔과 꿈은 인간의 첫 울음과 함께 시의 행위를 아우르고 있습니다.
시란 무엇인가요? 저 5500년 전 상고시대 수메르의 시인 카노슈 카드로가 자신의 이름으로 발표한 그 원시 점토판의 시 이전에, 지구 상의 각처에서 써온 수많은 시들 이전에, 지구 상의 온갖 언어 이전에 생명과 죽음 사이에서 불러온 우주의 울음이 바로 시의 처음일 것입니다. 시에는 그러므로 언제나 처음과 끝이 들어 있습니다.
인간뿐 아니라 바람 속에서 어둠 속에서 핏속에서 그리고 풀잎도 사자도 거위와 거위 새끼도 울어서 시의 세계에 동참하고 있습니다. 그래서 시를 삶에의 연가이고, 죽음에의 만가인 그 사이의 총칭이라고 할 수 있을 것입니다.
사실 원시 사회의 제사를 시의 기원으로 삼는 시론에 대해서 아리스토텔레스 이래의 시학이나 현대 시론은 많은 빚을 지고 있습니다.

시란 무엇인가? 그것은 세상의 떨림입니다. 울림이지요. 세계의 내어內語입니다. 안의 언어입니다. 그 내어가 넘쳐 울음이 되고 노래가 되고 이윽고 문자언어의 형식을 이루어냅니다. 이것이 곧 자유의 문법이고, 문법의 자유이지요.

언어는 메시지 그 이상입니다. 인간의 1차 언어로서의 일상생활의 의사 전달과 또 2차 언어로서의 표현이라는 구별은 끝내 바뀌어서 2차 언어야말로 1차 언어 이상으로 근본 언어이지요. 처음에 시가 있고, 그다음에 일상이 있는 것입니다. 농경생활이 시작돼서 수학 언어로 언어가 발생한 것이 아니라, 근본 언어로서의 표현이 생활의 도구로 나타나기 시작한다는 신념이 내 시론의 출발입니다. J. M. 머리가 시를 신의 위에 올려놓은 충정은 결코 시 지상주의나 시에의 맹목적인 충성이 아닐 것입니다. 왜 옛 우리 동방의 현자들이 시와 마음, 시와 뜻, 음악과 예를 일치시켰을까요? 아까 나는 동시同時를 갈망한다고 말했습니다. 왜냐면 이 동시야말로 그 무엇보다도 시적인 사건이기 때문이지요. 하나는 반드시 둘 이상의 공감을 낳는 언어입니다. 아니, 한 편의 시는 누구와 누구의 무엇과 무엇의 미래로 이루어진 수확물이지요. 음양의 합환입니다. 탄트라이지요. 시는 절대로 혼자 쓰는 것이 아닙니다. 정지상이 자신은 시를 귀신과 함께 쓴다고 했습니다. 한 편의 시는 혼자 쓰는 것이 아니지요. 세계, 우주, 혹은 자기가 살고 있는 현실, 이것이 총동원돼서 그 핵화核化된 악장을 만들어내는 것입니다.

여기에 한 우화가 있습니다. 한반도 북방에는 활 솜씨가 유독 뛰어난 동이족이라고 하는 조상들이 살았습니다. 그들의 화살은 고도의 적중률을 고도의 정신으로 달성했습니다. 아직 우리에게 남아 있는 낱말들, 과녁, 표적, 적중, 관중, 이런 것은 바로 그런 사실을 우리에게 알려주지요. 여기에 한 명궁이 있습니다. 하늘에 대고 화살을 날렸습니다. 그러자 이에 질세라 저쪽에서 또 하나의 신궁이 활을 확 날렸습니다. 그 두 화살은 공중의 어떤 지점에서 머리카락 한 올 차이만 나도 서로 스쳐서 반대 방향으로 각각 떨어질 것입니다. 그러나 두 화살은 화살촉 끝이 딱 마주쳐서 함께 지상으로 낙하할 수도 있지요. 이런 일이 어떻게 가능할까요? 두 화살은 두 활꾼의 마음을, 혼을 그대로 나타냄으로써 하나의 동시를 표현해낸 것이지요. 즉, 양시동시이라, 위에서 말한 정신과 육체의 동시 그것이겠습니다.

또 하나의 우화가 있습니다. 여러분 잘 아실 것입니다. 달걀은 달걀의 일생을 마칠 때가 옵니다. 달걀 속의 노른자위와 흰자위가 서로 엉겨서 한 마리의 병아리로 변화하지요. 나의 어떤 시 「달걀이 운다」라는 것이 있습니다. 하여튼 그것이 병아리가 되어, 아직도 병아리 자신을 가두고 있는 껍질을 연한 부리로 찍어내야 합니다. 콕콕 찍습니다. 이를 알고 밖의 어미닭이 저쪽에 달려와서 그 껍질을 밖에서 콕콕 찍어댑니다. 이 안과 밖이 합해서 껍질을 깬 병아리의 생명체가 비로소 나오는 것이지요. 껍질을 깨는 아픔 없이는 한 생명이 탄생하지 못한다는 것이지요. 이 안과 밖의 행위가 줄과 탁이고, 그것이 줄탁동시啐啄同時이지요. 이것은 중국 송대 선서인 『벽암록』 제16칙 경청줄탁기鏡淸啐啄機에 나오는 이야기입니다. 한 시건방진 승려가 나타나 경청에게 대들었습니다. "나는 껍질을 깨고 나가고 싶어 하는 병아리인데, 화상께서 밖에서 좀 껍질을 깨뜨려주시오." 그러자 경청이 "너 그래가지고 세상을 어떻게 살려고 그러느냐."고 핀잔을 줍니다. 그러니까 이 시건방이 다시 대듭니다. "만약 내가 살지 못하면, 밖에 나가 살지 못하면, 당신은 웃음거리가 됩니다." 경청이 다시 한 번, "이 건달 놈아!" 했습니다. 이 사연은 동시의 경지에 이르지 못한 상태를 지적하고 있지요. 밖에서 쪼아주시오 했을 때, 이미 네 안에서 쪼았느니라, 그러나 밖에서도 이미 쪼았느니라, 어서 나오너라 하는 경지. 안과 밖이 동시를 이루어, 안과 밖이 소멸되는 것, 이 궁극으로 시가 응애응애 울며 나타나는지 모릅니다. 시는 이렇듯이 태아만이 아니라 난생설화를 통해서 난생으로도 태어나는 것이지요. 아니 습생濕生으로도 화생化生으로도 태어납니다. 나아가 시는 이 세계의 지·수·화·풍과 함께 태어납니다.

저 고대의 호메로스보다 2000년이나 앞섰던 수메르의 서사시 길가메시 끝에는 아주 재미있는 반전의 대목이 나옵니다. 주인공 길가메시가 세계 끝까지 가는 길을 가고 간 나머지 그 끝에 한 선술집이 있습니다. 그 선술집 주모 이름이 시두리인데, 이 시두리라는 노파에게 "세계의 끝을 가려면 어디로 가오? 좀 가르쳐주시오."라고 묻습니다. 시두리 가로되, "여보, 술이나 한잔하시구려. 그런 것 없습니다." 이것은 아마도 생의 유한에 있는 끝, 그러나 그 끝은 세계의 끝이 아니라는 또 다른 의미를 내포하는지 모르지요. 서로 딱 들어맞는 합치와 일치라는 동시 말고, 영웅 길가메시와 세상 이치를 다 알아버린 노파 시두리의 차이, 서로 어울릴지언정 하나가 하나를 삼켜버리는 일이 없는 부동不同, 그 부동 역시 동시인 것입니다. 술 한잔에 주저앉은 길가메시는 거기서 자신의 서사 밖의 시 세계를 뜻밖에 만나기 시작한 것이지요.

오늘 이 방에서 나의 시적인 독백이 어떻게 대화가 되느냐라는 과제를 통해서 바로 이 방의, 여러분과 나 사이의 동시적인 과제를 낳고 있는지 모르겠습니다. 내가 말한 뒤에 여러분의 귀가 들어주는 절차가 아니라, 말하자마자 이미 들어버리는 그 동시, 주와 객 간의 동시, 설청동시說聽同時, 그것이 곧 시가 태어나는 창조적 생의 현장이지요. 둘이 동시에 젖어버리면, 거기서 하나의 시가 태어나지요. 그것을 우리는 시의 '습생'이라고 합니다.

나는 언젠가 시를 시의 첫날밤이라고 말한 적이 있습니다. 시의 태초성, 선사성, 그 원시성, 그리하여 그 선사적인, 선천적인 충동으로서의 신명을 함께 솟구쳐내는 그 천지 공명의 교류의 천연성으로부터 시의 역사가 진행된다는 것을 은밀하게 믿었습니다. 옛말에 '생이지지生而知之'가 있지요. 시 역시 거의 생이지지일지도 모르겠습니다. 누군가가 시를 체험이라고 말한 것도 그 체험은 운명으로서의 처음을 아로새기는 일일 것입니다. 바로 이 처음으로 만난 시가 내가 꿈꾸는 시입니다. 그래서 푸른 하늘 한 장의 종이 위에, 내 뱃속의 시를 휘갈겨 쓰노라 이렇게 호방하게 노래했던 저 고대 이백의 시도 내가 읽을 때는 읽자마자 막 태어나는 처음의 시가 되는 것이지요. 1920년대 단테 『신곡』이 우리나라에 온전하게 번역되기도 전에 그 『신곡』 지옥편의 몇 줄이 소개되었을 때, 거기에는 태양을 해라고 노래하지 않고 별이라고 노래합니다. 이런 것을 우리가 만났을 때, 그것은 이미 중세 끝의 어떤 이탈리아의 고전이 아니라, 그것을 읽었을 때의 근대의 싱그러운 이탈리아의 새 소식인 처음의 정전正典으로 받아들여질 터입니다. 이렇듯이 만남이야말로 최초입니다. 그래서 이미 있는 시와의 만남이 그 시의 새로운 세계이며, 내가 쓴 모든 시는 그때마다 시의 처음이자 처음의 시가 되지요. 시는 태어난 그대로가 아니라 그 시가 누구를 만나느냐에 따라서 처음이 개막되는 것이지요. 그래서 시는 또한 화생化生이기도 합니다. 우리들의 문자언어로 작위하는 것이 아니라, 언어와 언어 사이의 화학물질처럼 전혀 다른 언어 세계를 열어야 하는 것입니다. 가령 우리는 사랑을 아주 절정으로 묘사할 때, 사랑의 화신이라고 합니다. 그런 것처럼 시는 시의 화신이지요.

그러므로 나는 한국 현대 시를 결코 100년이라는 위엄으로 억압하지 않습니다. 또 내 시인 생활 50년은 나의 내일을 강박할 아무런 이유도 없습니다. 시는 실체로 정착하지 않습니다. 넋으로 떠돕니다. 이 믿기 어려운 해방은 온갖 무거운 형식의 전통과 봉건적인 관행으로부터 벗어나는 모험을 통해서 실현되는 바람, 바람입니다. 나의 시는 내 첫 울음 이래의 삶의 기호인 것과 함께 내 정신 본연의 신호인 것의 비약의 산물입니다. 나의 시는 시에 대한 메타까지도 시적인 선험 안에 포함하는지 모르겠습니다.

시가 시인을 저주한다는 두보의 탄식과는 달리, 시는 그 시를 낳은 시인조차 시로 만들어버리는 상태, 즉 시인이 시가 되는 상태에서 나의 시 50년 이후의 걸음걸이가 될 것을 나는 믿습니다. 실제로 올봄, 독일 베를린에서 시인들이 몇 사람 모여서 일주일을 지냈을 때, 어떤 인도 시인이 나에게 한 말이 있습니다. "너는 시인이 아니라, 시다." 그때 나는 내가 한 편의 시로 보이고 있구나, 그런 확인을 할 수 있었습니다.

나는 식민지시대에 태어났습니다. 아홉 살에 초등학교에 들어갔습니다. 들어가자마자 일본어를 국어라고 배우기 시작하고, 그때까지 썼던 조선어를 쓸 수 없었습니다. 식민시대 초기에는 일본어 시간과 조선어 시간을 병치시켰습니다. 그런데 그때 독일과 이탈리아, 일본이 소위 추축 동맹을 이룩했을 때이므로 나치 독일의 철학자가 일본정부의 초청으로 왔었습니다. 이 독일 철학자가 식민지 조선도 시찰했습니다. 그런데 조선 사람들이 조선말을 하고 있는 것을 듣고서 일본 사람한테 충고를 했습니다. "너희는 식민지 한다면서 뭐하냐? 여기 말을 없애라. 그래야 일본화가 가능하게 된다." 그 이래로 조선어 말살정책을 진행시킨 것입니다. 마침 내가 학교에 들어가자마자 조선어가 금지되었습니다. 그 이전에 나는 한자를 서당에서 배웠습니다. 『논어』, 『맹자』를 배웠습니다. 그리고 조선 글자인 한글은 마을의 머슴한테 배웠습니다. 우리 아버지가 『장화홍련전』을 밤에 주룩주룩 읽을 때는, 그것을 들으며 눈물을 흘렸었지요. 이는 오랜 전통 사회의 음독이나 낭송의 독서 행위였습니다. 시조 역시 시조의 창으로 이어졌지요.

그런데 모국어로서의 언어와 문자 사용이 갑자기 불가능해졌습니다. 그런 시기의 몇 해 뒤에 어느 날 해방이 왔습니다. 나는 초등학교 3학년이었지요. 한글 아는 사람은 손들어 했을 때 나 하나밖에 없었습니다. 그래서 3학년에서 4학년으로 월반했었지요. 그리고 2년 뒤에 중학교에 들어가서 처음으로 시라는 것과 만났습니다. 물론 서당에서 훈장을 통해서 『시경』의 몇 줄은 익힌 적이 있으나 그것이 시인지 뭔지도 몰랐었지요. 그런데 중학교 1학년 교과서, 해방 직후에 우리 조선어로 되어 있는, 우리 한국어로 되어 있는 다급하게 만든 국어 교과서에서 시를 만났습니다. 그것이 이육사의 「광야」였습니다. 여러분, 다 기억하고 계실 것입니다.

「광야」

까마득한 날에
하늘이 처음 열리고 어디 닭 우는 소리 들렸으랴

모든 산맥들이
바다를 연모戀慕해 휘달릴 때도
차마 이곳을 범하던 못하였으리라

끊임없는 광음光陰을
부지런한 계절이 피어선 지고
큰 강물이 비로소 길을 열었다

지금 눈 내리고
매화梅花 향기香氣 홀로 아득하니
내 여기 가난한 노래의 씨를 뿌려라

다시 천고千古의 뒤에
백마白馬 타고 오는 초인이 있어
이 광야曠野에서 목 놓아 부르게 하리라

이 시에서 우리는 특별한 경험을 해야 됩니다. 여기에서는 시간과 공간과 인간이 놀랍게도 총동원됩니다. 그것도 보통 우리들의 한 시간, 두 시간 이런 시간이 아니지요. 또 서울대학교, 신림동, 이런 한정된 장소가 아니지요. 인간도 무슨 아무개 아무개 이런 한정된 한 인간이 아닙니다. 시간은, 숫제 까마득합니다. 아득합니다. 아주 끝도 시작도 없는 태초입니다. 그리고 이제 시 제목 「광야」 역시 신림동 이런 한 동네가 아닙니다. 확 트였어요. 무한 공간이지요. 그리고 초인도 여기 서 있는 나 같은 그냥 엉거주춤한 한 인간이 아니라, 초인이라, 그것도 그냥 초인이 아니라 백마 타고 온 초인입니다. 그러니까 커다란 시간에 커다란 공간에 비로소 커다란 인간이 동시에 등장하는 것입니다. 물론 시 문법으로는 오문이 많은 시입니다. 표현 부족이기도 합니다. 그런데도 이 시의 불멸의 생명성은 위대한 시간, 공간, 인간을 총동원시켜서 우리에게 각인시키는, 정오正誤를 뛰어넘은 생명성을 낳고 있습니다. 하필 이런 시를 내가 처음으로 만났어요. 한 편의 시가 시이기 전에 나에게 운명 아니고 무엇이겠습니까. 그래서 내 시인 노릇이 이 모양이야.

현대 시 100년 나의 시 50년은 전혀 우연한 현상입니다. 여기에서 현대 시 100년이라고 하는 것은 최남선의 「해에게서 소년에게」가 발표된 것이 1908년이기 때문이지요. 그런데 최남선은 이 시에 자기 이름을 쓰지 않았습니다. 그래서 「해에게서 소년에게」는 작가 이름이 없었어요. 왜 그랬을까요? 아마도 연구자들은 짐작하겠지마는 그 시는 영국의 한 낭만주의 작품과 유사한 것이므로, 그 시의 절대적인 영향을 받아서 쓴 것이므로 한 가닥 양심 때문에 자기 이름을 내세우지 않았는지 모릅니다. 그뿐 아니라 한 선각적인 잡지 안에 자신의 글이 여러 편이 실릴 경우 여러 개의 이름을 쓴 경우도 있고 아예 필자 없는 작품도 있었지요. 그런데도 이 시의 100년 뒤의 감회는 이 시의 출현이 우연이 아니라 필연이다, 이렇게 나는 받아들입니다.

여기에는 바다가 등장합니다. 해에게서 소년에게! 그동안 전통 사회에서는 산만 노래했습니다. 앞산, 뒷산, 기껏해야 계곡, 그리고 황진이의 시조의 일도창해, 그 정도였습니다. 전혀 경험하지 못한 장소가 바다였습니다. 중세 이래 오랫동안 바다가 없었습니다. 그런 바다를 우리에게 선포한 것이 「해에게서 소년에게」의 의미지이요. 바다는 뭡니까? 세계입니다. 이 「해에게서 소년에게」라는 시 형식 자체가 전통 형식이나 현대의 정형 형식을 벗어난 것과 함께 제한된 대상이 아닌 확 트인 낯선 바다를 불러들인 것이지요. 그런데 또 거기에 누가 나옵니까. 그 바다를 헤엄쳐가는 노련한 수부가 나옵니까. 안 나옵니다. 소년이 나오지요. 소년은 바다에 뛰어들면 빠져죽거나 실종자가 되거나, 어디에 생존한다 해도 미아가 될 거 아닙니까. 그렇게 거대한 바다에 소년을 대비시켰습니다. 이것은 뭐냐. 삶의 시작, 시를 처음으로 꿈꾸는 자의 시작, 그 100년의 시작입니다. 그 미성년성, 초기성初期性의 소년이 커서, 100년을 지나는 동안 오늘의 성숙한 한국 시에 이른 것이지요. 그런 점에서 이 우연한 최남선의 「해에게서 소년에게」라고 하는 것은 필연적으로 한국 현대 시의 운명을 표상하고 있습니다. 공교롭게도 이 같은 100년의 절반을 내 시인 생활이 담당하고 있습니다. 나보다도 5, 6년 앞서 김남조 선생님이 시를 시작하셨습니다. 그런데 나는 실제로 100년의 원점인 최남선의 집에 가서 차도 마셨습니다. 그리고 최남선이 죽었을 때 그 장례 풍경도 눈여겨봤습니다. 그러므로 100년 속의 50년은 100년의 절반이 아니라 100년의 동행이었습니다.

또 이광수가 있습니다. 이광수는 그 당시 납치되어 북한에 가서 죽었어요. 그런데 이광수 부인 허영숙 여사가 효자동, 진명여고 건너편에 산부인과를 경영하고 있었습니다. 나는 거기에 이따금 갔습니다. 거기 갔다가, 소설 『원효대사』를 집필하던 방을 깨끗이 치워놓고 춘원이 앉았던 방석 그대로 남편 돌아오기를 기다리는 그런 애틋한 분위기를 봤어요. 이거 뭡니까? 우리 현대 시 100년의 시작과 이 50년이 동시에 진행된 것을 말하는 사례입니다.

어떤 역설로는 나는 시인 생활 50년을 살아온 것이 아니라 현대 시 100년을 살아온 사람입니다. 이런 나를 존중해주세요.

마지막으로 말씀드리고 싶은 것은, 시는 시의 시대 구분 따위로 체계화되는 것이 아니라는 점입니다. 지금 우리가 말하고 있는 「해에게서 소년에게」라고 하는 시, 100년 전의 시와 함께 내 시가 있다는 이런 시의 동시성, 이런 동시적인 혼의 물질로서의 시, 이것을 오늘 강조하고 싶어서 나는 이 자리에 서 있는 것입니다.

내 지지리 못난 시 한두 편을 읽고 돌아가겠습니다.

「눈 내리는 날」

소월 형
지용 형
당신네들 어렴풋이 알았을 거요
인류 맨 처음의 언어가
아아
였던 것

블레이크 형
횔덜린 형
당신네들 어렴풋이 알고 있었을 거요
인류 맨 마지막의 언어가
아아
이리라는 것

지금 내 머리 위에서
어미 아비 없는 푸른 하늘
어미 아비 없는
아아
아아
이 막무가내의 아아들이 나에게 펄펄 내려앉고 있소
저 하늘의 마지막 손수건인가보오

「라사에서」

해발 사천 미터 턱밑입니다
티베트 라사
창포강 물살이 사납게 달립니다
모자 벗어 던지면
이내 보이지 않습니다
돌아서서
숨결을 반숨쯤으로 아낍니다

그 라사 구시가 팔각 거리
한 바퀴 느린 물레로 돕니다
웬 거지들이 흥겹게 모여드는지
그 가운데 늙은 거지

다 쭈그러져
누런 이빨 두어 개 남은 것으로
이이이이 하고 웃어 보이다가
딱 한마디

한 푼 줍쇼
따위가 아니라
어럽쇼
어럽쇼

그런 시시껄렁한 구걸이 아니라
어렵쇼
어렵쇼
당신께서 가장 높으십니다

이 한마디였습니다
거두절미하고
놀랐습니다 깜짝 놀랐습니다
내 어설픈 뜨내기 넋이
거기서 꽉 막혀
놀라 깨어나버렸습니다

어제도 오늘도 또 내일도
이런 구걸인사는 없겠습니다
이승의 어드메서도 이런 구걸은
애당초 없겠습니다

내가 온 곳
내가 갈 곳
저 사천 미터 아래의 우레 벼락 세상에서
누가 나더러
당신께서 가장 높으시다고
맨손으로 치켜세우겠습니까

여기에 이르니
택도 없는 이 존대를 받고 황은망극하여
어찌 한 푼의 적선으로 답하겠습니까
그래서리
모택동 초상이 박힌 지폐 한 장을
얼른 드리고 그곳을 떠나버렸습니다
생각건대 나 또한
거지 중의 상거지임에 틀림없습니다
시의 한 구절을
시의 한 구절과 한 구절 사이의
빈 데를
그제도
그 이튿날에도 얻어보려고
안 나오는 젖 빨아대며
이 꼭지 저 꼭지 배고픈 아기 주둥이 파고들기를
마다하지 않았습니다

그러므로 이승의 어느 골짝
저승의 어느 기슭
아니
밑도 끝도 모르는 우주 무궁의
어느 가녘에 대고
한마디 말씀이여
한마디 말씀과 말씀 사이 지언이시여

애면글면 구걸해오기를
어언 오십 년에 이르렀습니다

한마디 말씀의 귀신들이시여
당신께서 가장 높으십니다
이제 나도 이런 구걸의 경지
함부로 터득하고 싶습니다
다만 내 행복은 도둑이 아니라는 것
내 불행은 그 언제까지나
거지라는 것, 이것뿐입니다

당신께서 가장 높으십니다

바다의 시정신

나에게는 이루지 못할 꿈이 있습니다. 시가 문학의 한 형식인 것을 벗어난 초문학적인 표현 행위가 되는 것이 그것입니다. 시는 문학 또는 예술 이상입니다. 또한 시가 인간의 언어 이전부터 있다는 세계 운행의 표현이며 그 세계 안의 온갖 생명체의 본성적인 율동이므로 그것은 인간이 전유하는 것이 아니라는 생각도 뒤따릅니다. 따라서 인간의 관습 언어로서의 시는 자연 언어에의 반조返照가 있어야 한다는 꿈도 저버릴 수 없습니다. 요컨대 인간의 언어에 대한 근본적인 회의가 내가 시 쓰는 행복 뒤에 잠겨 있습니다. 그런 나머지 나는 인류의 지상 언어로 쓰지 않고 바다의 문자로 쓰는 내 만년晩年의 시와 일기를 꿈꾸지 않을 수 없습니다.

저 달과의 오랜 혈연으로 이어져오는 지구 상의 바다 간만干滿의 파도 소리를 내 문체로 삼는다면 얼마나 황홀하겠습니까. 행여 내 시의 어느 날 이 이루어질 수 없는 꿈이 이루어짐으로써 바다가 내 무덤이 될 미래의 기억을 낳을지 누가 알겠습니까. 그리하여 뼈도 이름도 필요 없는 어느 파도 자락의 묘표墓標가 물결치는 것이면 더 바랄 나위가 없습니다. 내 지상에서의 기억이 '만들어진 과거'에 지나지 않는 상상의 영역이라면 내 꿈 역시 이에 대한 답례로 기억의 영역이 아니겠습니까. 내 시와 삶의 시간이 그렇게 파도의 동작이고 싶습니다.

바다는 무엇인가라는 질문은 이미 감탄입니다. 바다는 무엇인가! 그것은 자유입니다. 그것은 시간으로부터의 해방입니다. 예와 지금 또는 미래라는 시간으로부터 어떤 구애도 받지 않습니다. "지금으로 살고 지금으로 죽어라現今生死卽是."이겠습니다. 그러므로 고정된 시간 따위의 디자인은 바다 깊숙이 가라앉아버린 어느 날의 아이가 함부로 던진 돌팔매이겠습니다. 태초 자체로부터 늘 따라붙는 그 시작으로서의 끝도 하나의 가설로 되돌려주는 자유가 바다입니다. 아마도 이 사실을 반증한 바가 T. S. 엘리엇의 시 속의 '끝의 시작'인지 모릅니다. 바다 앞에서 진리라는 것, 죄라는 것이 얼마나 하잘것없습니까. 바다는 누구의 일생 따위가 아닙니다. 오로지 허虛이고 오로지 충만입니다.
바다는 무엇인가. 그것은 고대 인도 나가르주나龍樹나 괴테의 담론 혹은 누구의 소설 따위가 아닙니다. 바다는 시입니다. 바다는 화자의 서정시이고 화자가 숨어 있는 서사시입니다. 바다는 하늘과 바다 밑과의 입방체이고 예감으로 넘치는 무인지경의 평면입니다. 만상을 비추는 거울인 바다의 그림자海印입니다. 그 엄청난 수압 속에서도 유유히 헤엄치는 칠흑 속 작은 고기들의 용궁인 것입니다.
하지만 그것이 시일수록 인간의 고답적인 유희인 전통시의 압운 따위와 평측平仄 따위를 걷어차낸 존 밀턴의 반운反韻과 같은 결연한 혁명으로서의 시입니다. 고대 시가가 그렇듯이 절로 노래하고 절로 춤추는, 어깨 들썩이는 춤입니다. 파도입니다. 조류이고 해류입니다. 마침내 바다와 바다 위의 저녁 낙조로 피어나는 웅장한 시의 허공, 시의 충만인 것입니다.

몇천 년 전 바다를 바라보면서 탄식한 사람이 있습니다. 장자입니다. 그가 양자강을 따라 내려가 오늘날의 푸동浦東 앞바다를 바라보았는지, 꿈속에서 바다를 보았는지는 모릅니다. 하기야 '상상'이라는 중국 문자는 한 번도 본 적이 없는 코끼리의 형상을 생각한다는 뜻입니다. 사실인즉 이 같은 상상이 아닌 실제로도 누군가가 바다 앞에 서 있다면 바다의 크기와 바다 건너의 그 측량할 길 없는 크기 앞에서 가난한 탄식밖에 나올 것이 없을 것입니다.

바다는 인류가 천오백만 년 전에 이동을 시작한 이래, 오백만 년 전 직립인간으로 살기 시작한 이래, 지상의 삶을 살기 훨씬 이전부터의 생존 공간이었습니다. 사십억 년 전 바다 속에서 단세포 박테리아로, 물의 유동에 따라 흐느적거리는 조류로, 원생동물로, 갑각류로, 연체동물로, 나아가 이윽고 육지로 올라가 나무와 벌레가 되고, 공룡의 시대, 무엇의 시대를 거쳐 호모 사피엔스에 이른 것입니다. 이 생명의 긴 진화를 통해 생물의 멸종과 탄생을 되풀이하면서 오늘에 이르렀을 때 바다는 그동안의 지구사地球史 의 본향으로 남아 있습니다.

오늘날에도 서로 다른 민족이나 인종에게 아프리카 사바나시대의 유전자가 그대로 박혀 있다고 할 때 그에 앞서 바다 연대기의 흔적인들 없다고 할 수 없겠습니다. 어머니 자궁 뒤에 들어 있는 태아의 어느 시기에는 아가미가 있게 된다고 합니다.

이는 화석학의 수성암층水成岩層에서 바다 생물의 흔적을 보게 되는 것과도 남남이 아닙니다.

말하자면 오늘의 인간 행위가 인류사적으로는 지상의 행위일지라도 그 행위의 어느 요소에는 반드시 저 아득한 바다의 전생이 인화되어 있을 것입니다. 바로 이러한 시적 공간의 가없는 외연을 통해서 이제까지 경험하지 못한 자아의 확대가 가능할 것입니다. 시는 고정되지 않습니다. 고전주의는 낭만주의를 낳습니다. 낭만주의는 신낭만주의를 낳고 다른 사조의 시를 낳습니다. 바다의 에너지는 다른 세계로의 흐름의 에너지입니다. 때때로 탐구보다 방황이 더 값집니다. 이는 조류潮流의 무한 곡선에 우리가 떠내려가는 값어치이기도 합니다.

몇천 년의 시의 역사는 이제 바다 시의 시대를 맞이할 때에 이르렀습니다. 이는 지상의 시를 부정한다는 것이 아니라, 그동안 시를 낳은 지상의 삶과 문화의 고착에 대응하는 바다의 유동과 교류의 시대에 시가 어떻게 올 것인가라는 새로운 시적 탐험을 뜻합니다.

그동안 서구의 해양관은 바다를 통한 제국주의를 지속해온 것이 사실이지만 그것은 바다이기보다 바다 저쪽의 육지를 확대하는 욕망이기도 한 바 있습니다. 스페인과 영국의 세계 제패도 바다 건너 다른 지상을 지배함으로써 본국의 지명을 옮겨다놓는 육지의 복제였습니다. 시에라네바다는 북아메리카 남쪽의 시에라네바다를 낳은 것입니다. 햄프셔는 뉴햄프셔를, 런던은 작은 런던을 낳았습니다.

근대 이전의 중국은 몇 번의 예외 말고는 오랫동안 육지 중심의 세계관으로 일관한 곳입니다. 그들의 '천하'란 황하 하류 일대를 동심원으로 삼은 아홉 지역九州이었고 그 밖은 일곱 오랑캐七戎, 여섯 오랑캐六蠻, 아홉 오랑캐九夷, 여덟 오랑캐八狄라는 동서남북 여러 민족의 변방이었습니다. 그 한가운데는 자국 중심의 정치의식으로 다져왔습니다. 그들에게는 사방이라는 것도 열린 동서남북 세계가 아니라 금역禁域으로서의 동해, 남해 밖을 말하는 야만의 세계였습니다. 고대 그리스가 그들의 동쪽 이민족을 바바리아로 배척한 것보다 더 완고했습니다. 중국 문자의 '바다海'는 '어둠晦'이고 그믐이며 '어두워서 보이지 않는 곳昏無所覩也'이기도 합니다. 그래서 '바다의 언어'는 곧 '어둠海之言晦'입니다. 이런 세계의 이웃인 한국이나 일본의 전근대도 아예 바다는 물론이고 육지에 닿아 있는 근해조차 체험의 자유가 허용되지 않았던 시대입니다. 그러므로 나는 '어둠의 언어'이기도 한 이 바다를 세계의 빛들이 서로 어우러지며 빛의 언어가 파도치는 바다로 전복하는 시적 창조성을 불러들이고자 합니다.

한국 현대 시의 첫걸음은 바다로부터 육지의 소년을 불러내는 최남선의 시 「해에서 소년에게」였습니다. 100년 전의 일입니다. 바다 위에서의 소년이란 골리앗 앞의 다윗조차도 아닙니다. 바다에 대한 한 애처로운 점點같은 존재입니다. 다만 다른 한편에서는 애틋한 희망을 품은 존재이기도 할 것입니다. 이 시가 오랫동안 지상에서의 시 세계인 산천 소재주의素材主義를 떨쳐낸 바는 영국 낭만주의 해양시의 흔적에도 불구하고 경이로운 것이 틀림없습니다.

하지만 이 기개는 뒤이어 김기림의 「바다와 나비」에 이르러서 한 마리의 나비가 바다가 무엇인지도 모르고 지친 날개를 적신다는 그 안타까움에 머뭅니다. 다만 파도치는 것을 형용한 '텰썩텰썩'이 근대어 표기의 정지용에 이르러 '철석철석'으로 바뀐 사실이 눈여겨집니다. 이런 현대 시에서 바다는 언제나 지상의 인습과 제한적인 삶으로부터의 탈출을 불러일으켰습니다. 하지만 시의 오늘이라 해도 여전히 바다의 시적 전개는 하나의 결핍이며 기껏해야 바다를 바라보는 바닷가의 시일 수밖에 없습니다.

나는 이 점에서 고대 그리스의 서사 세계가 『오디세이아』를 가진 사실을 새삼 확인합니다. 또한 그보다 2000년 이상의 앞에 있던 『길가메시』의 궁극도 바다라는 사실을 기억하고 있습니다. 그 서사시의 주인공이 왕위를 버리고 천신만고를 무릅쓰며 세계의 진리를 찾아 나선 바닷가에 한 술집이 인상적으로 나옵니다. 주인공은 그 술집의 노파 시두리에게 육지가 끝난 새로운 세계인 바다 앞에서 진리를 묻습니다. 이런 서사 세계는 바다 위에서의 인간 운명이 그 표류와 표착, 그리고 귀환과 귀환 불능의 소실점 등의 장엄한 비극성을 그려냄으로써 인간을 인간 이상으로 높이는 힘을 낳고 있습니다.

고대 이래의 유토피아들이 육지가 아니라 바다 건너 미지의 섬으로 설정되는 것은 인류가 육상의 동물이 되면서 잃어버린 생명의 연원인 바다에의 원초적 원망願望 때문인지 모릅니다. 사실 지구라는 이름은 오류입니다. 수구水球 또는 해구海球여야 합니다. 지구 상의 6대주라는 육지는 5대양이라는 커다란 바다에 떠 있는 섬에 불과합니다. 기껏해야 오늘의 인간은 섬의 인간인 것입니다. 실지로 랑케의 세계사도 일체의 고대사는 로마사라는 호수에 흘러들어 근세에는 그 로마사의 호수에서 흘러나간 것이었습니다. 육지사관일 뿐이고 세계사 곧 서양사일 뿐이었습니다.

20세기 세계사 역시 그동안의 해양 세계 개척에도 불구하고 탐욕적인 육지사관이었습니다. 원시 사회, 농업 사회, 공업 사회의 3단 구분도 육상에서의 생산 방법의 불가역적인 전개 기준에 다름 아니었습니다. 봉건제로부터 자본주의에의 이행도 토지 소유와 생산 수단의 사적 소유라는 육지에서의 행위였습니다. 아니, 가장 절실한 지구환경 의식 역시 녹색이라는 육지주의에 사로잡혀 있습니다. 바다 밑의 사막화 문제는 아직 건드리지 못하는 상태입니다.

근세 16세기 스페인, 17세기 네덜란드, 19세기 영국의 해양은 20세기 미국의 해양 지배가 캘리포니아의 연장으로서의 태평양, 그것의 확장으로서의 인도양으로 그 세력을 넓혀왔습니다. 구소련이 스파르타라면 미국은 아테네적 바다 에너지이기도 합니다. 분단시대 한반도에서의 북한의 대륙 지향과 남한의 해양 지향도 대비됩니다.

이제 역사를 육지에서 바다로 바라보는 것이 아니라 바다에서 육지로 바라본다면, 거기에서는 어느 지역 어느 국가도 섬입니다. 하나의 섬은 이제 다른 섬들과의 관계사로서 존재합니다. 육지 제국주의는 대상을 제국의 내부에 편입하는 배타적인 사상이지만 바다에서의 사상은 섬과 섬들의 인드라망입니다. 19세기 이래의 교통 통신 수단은 이제 멀티미디어와 인터넷의 첨단 정보가 되었고, 실로 밤낮이 없는 해류와 바다 기상의 진행과 우리의 현 문명은 일치되고 있습니다.

본디 한반도는 북방 유목과 남방 도작稻作의 합작으로 된 사회입니다. 영국의 차와 도자기는 인도와 중국에서 실려 간 문화입니다. 한국 제주도에 서식하는 문주란文珠蘭은 아프리카 원산지에서 그 씨앗이 해류에 떠내려와서 그곳에 자신의 터전을 삼고 있습니다. 한국 현대 시 역시 고대 시가나 민요, 그리고 중국 시 형식의 전근대로부터 서구 시 형식을 받아들임으로써 100년의 꽃을 피워내고 있습니다.
아마도 이 사실로 하여금 상당 기간 서구 콤플렉스로 작용한 사례도 있었으나 이제는 세계의 어느 시고 고유한 것이 아니라 그 형식을 받아들이는 곳에서 꽃피워진 생태 이동일 것입니다. 그래서 20세기 서구 시의 선구적인 존재인 에즈라 파운드의 시에 고대 동양 시의 자국들이 어른거리기도 합니다. 이것은 경제사학에서의 물산복합物産複合의 변화에 의한 사회변용을 떠올리게 합니다. 먼 미지의 곳에서 건너온 문물에 의해 결정적인 자기발전이 실현되는 것입니다. 이른바 신결합이론新結合理論이 그것입니다.
바다는 본질적으로 육지사관에 속하는 주권의 영해領海일 수 없습니다. 바다는 공해公海입니다. 지공무사至公無私의 마음이 담긴 세계입니다. 고대 한국의 원효 『대승기신론소大乘起信論疎』 별기別記에서 말하는 그 지극한 공公이 바다인 것입니다. 어떤 것이 어떤 것과 서로 만나고 서로 다르다는 그 동이론同異論이 바로 공空에 다름 아닙니다.
이는 서로 다른 상태란 자아와 타자를 넘어서는 하나의 상관적 차이에 불과하다는 의미입니다. 이런 상관적 차이는 언어학의 음률론에서도 강조됩니다. 한 발성이 저 혼자 있는 고착적 차이가 아니라 고저장단처럼 하나의 기호적 차이이겠습니다. 그것은 타자가 아닙니다. 하나의 기호는 다른 기호의 전제이기 때문입니다. 바로 타자의 타자가 곧 나입니다. 나라는 것은 한 인간이 태어나서 자라는 동안 타자들과 구별하기 위해서 만들어진 하나의 언어적 주박呪縛입니다. 나는 나뿐이 아니라, 아니 나 따위가 아니라 수많은 타자 관계들의 집합일 뿐입니다. 자크 데리다의 말로는 세계 역시 하나의 보편적 원리가 아니라 수많은 타자들의 차연差延일 것입니다.

바다는 지상의 모든 것들과 바다 위 천체 운행의 모든 것들이 이런 차연으로 만남으로써 새로운 얼굴들을 만들어내는 자연의 공적 장소입니다. 바다 위의 기류에 의해 구름이 일고 비가 오고 바람이 붑니다. 파도칩니다. 바다는 단세포의 생물들로 세계를 열었으며 이제 생명의 복잡성의 거대한 목적지를 표상합니다. 과연 이러한 일즉일체一卽一切의 화엄세계를 체현하는 바다에서의 정신이란 우리가 지향해야 할 시정신의 다른 이름이기도 합니다.

바다의 시정신은 육지의 단일적인 자아가 집착하는 밀실의 언어 조작의 질서를 넘어설지 모릅니다. 어떤 진리는 다른 진리에 자리를 내주어야 할 때가 있습니다. 육지에서의 시들이 쌓아 올린 것들이 행여나 다른 시의 가능성을 억압한 것이 아닌지를 물어야 합니다. 시의 내면은 외부를 배척하는 것이 아니라 그 내면은 끊임없이 외부의 내부로서 숨 쉬어야 합니다. 그래서 시의 활자적 한계를 시의 생동적인 모험으로 대안을 삼아야 합니다. 시의 주어진 질서로부터 시의 태어나는 질서인 자유를 찾아야 합니다.

마침내 시와 시 아닌 것의 경계를 벗어난 시의 새로운 유기체적 깨달음이 있게 될 것입니다. 보르헤스가 시는 산에 들에 있다고 한 것은 아리스토텔레스 시학 이래, 아니 이에 앞선 공자의 '사무사思無邪 시론' 이래 시가 세상의 규범으로 되는 것을 넘어선다는 의미일 것입니다. 시를 벼슬살이의 출제出題로 삼아 지배자의 충성스러운 형식으로 만들어버린 풍속이나 유한계급의 장식이 되는 것을 거부함으로써 바다 위의 시 세계는 있게 됩니다.

때로는 바다 위의 태풍이나 미풍, 바다 안개와 신사파도와 노도, 그리고 바다 속의 고기 떼로, 플랑크톤으로, 그리고 70미터 밑까지 보이는 바다 속의 투명도로 시는 있습니다. 저 일몰을 앞둔 끝 간 데 모를 대낙조의 절경으로 사고무친의 밤바다로 시는 있습니다. 그 바다 저쪽 수평선 너머 먼 곳, 미지의 곳과의 영혼 소통으로 시는 있습니다. 그 누가 감히 이런 바다의 시혼詩魂을 거부할 수 있겠습니까. 이제까지 있어온 시의 온갖 형식과 사조, 온갖 시의 성취와 실패들을 다 불러들여 그것들을 해류에 싣고 떠다니며 그것들을 파도치게 함으로써 세계시 오천 년의 집적으로부터 새로운 시의 원년을 이루기를 나는 열망합니다.

서정과 서사, 묘사와 서술, 의도와 지동서술 등의 온갖 구별을 폐기한 시적 변혁을 통해서 아무도 예측할 수 없는 시의 신생을 추구합니다. 시가 죽었다, 시가 사라졌다는 오늘날의 낯익은 속담은 옳습니다. 죽어야 합니다. 당시唐詩가 만당晩唐의 시로 우수수 낙엽 질 때 그곳에 송시宋詩의 긴 호흡이 있었던 것입니다.
시는 누구의 자식이 아닙니다. 앞으로의 시는 고아의 시입니다. 시는 누구의 제자 누구의 노예가 쓰는 것이 아니라 파도 위의 고아가 노래하는 것입니다. 부서지는 것은 바위이고 바다가 아니라는 강력한 고백이야말로 바다의 시 시대의 도래에도 유효할 것입니다.
저 인도 대륙이라는 하나의 섬 덩어리가 오늘날의 인도양 남쪽 어디쯤에 밀려와 아시아 대륙에 충돌함으로써 그 바닷가에 난데없는 히말라야 고봉들이 솟아올랐습니다. 그때의 갈매기들이 바다를 잃어버린 채 1세, 2세, 100세, 천몇백 세를 이어오는 동안 오늘의 고도 6000미터 고원지대의 티베트 갈매기가 되었을 때, 그 갈매기 울음소리는 옛 조상들의 파도 위를 날아오르는 그 울음소리를 처절하게 전승한 것입니다.
이 같은 근원으로서의 바다가 이로부터 궁극으로서의 바다가 됩니다. 시는 인간의 것만이 아닌 것, 바다의 것, 그리고 우주의 것입니다. 우주 본연으로서의 숨결이고 파도이고 혼의 세부細部인 시가 우리에게 오고 있습니다.
고대 중국의 시인 이백은 푸른 하늘을 한 장의 종이로 삼아 거기에 자신의 뱃속에서 터져 나오는 시를 쓰노라 하고 노래했습니다. 근대 한국의 시인 신석정은 '한 시인도 손대지 않은 푸른 원고지'라고 바다를 그렸습니다. 그 푸른 원고지가 우리를 기다립니다. 시는 유희가 아닙니다. 고급의 오락도 아닙니다. 그 무엇도 아닙니다. 시의 정의는 불가능합니다. 바다의 시정신에 대한 정의 역시 불가능합니다. 정의 없이 나는 나를 벗어나 바다의 한 시인이고자 합니다.

불가피한 깨달음

WALTIC에 경의를 표합니다. WALTIC의 출현은 제2차 세계대전 후 유네스코의 출현을 떠올리게 합니다. 또한 고대 문학의 범주가 그랬던 것처럼 문학 밖의 영역까지 아우르는 광의성廣義性을 회복하려는 역할에도 관련되는 듯합니다. 문학이 전문성으로 자신의 경계 안에 갇히는 상태를 넘어서는 소통을 중요시하고 있는 듯이 보이기 때문입니다. 이와 함께 WALTIC은 국제 PEN 클럽 초기의 포부를 떠올립니다. PEN은 활자문화시대의 권력에 대항하여 표현의 자유와 작가의 존엄성을 구현하는 데 기여했으나 WALTIC은 그것과 함께 시장의 무한욕망 속에서 문학의 행방을 옹호하는 의지를 더 내보이고 있습니다. 그것은 문학의 개념을 위기 문학의 개념으로 강조하고 있는 사실에 연유한다고 생각합니다. 한 서구 비평가가 서구는 문학하고 축구밖에 가진 것이 없다고 말한 자조는 문학이 자본의 논리에서 주도적이기는커녕 잔재적인 처지임을 드러냅니다.

한국어로 말합니다. 현재 한국어는 지구 상의 10위권의 언어입니다. 프랑스어보다 더 많은 사용 인구의 언어입니다. 현재 한반도 역내 밖의 중국, 일본, 동남아시아—동남아시아의 한

섬에서는 한국의 문자언어가 정식 표현 문자로 채택 되었습니다—와 미국의 여러 대학에서 배우고 있습니다. 서구의 대학들에서도 한국어 및 한국 문학 강좌가 늘어나고 있습니다. 일례로 이탈리아 베네치아의 카포스카리대학은 한국어 및 한국 문학 등록 학생이 250명이 넘습니다.

하지만 이런 추세에도 불구하고 길게 보아 500년 뒤에 한국어가 지구 상에 남아 있을지는 장담할 수 없습니다. 그만큼 지구 상의 언어는 생물종의 멸종과 정비례하는 멸종의 위기에 빠져들고 있습니다. 지금도 2주마다 하나의 언어가 사라지고 있습니다. 앞으로는 중국어, 영어, 아랍어, 스페인어만이 남아 있게 되고 인터넷은 하나의 언어로 통일 될 수밖에 없다고 얼마든지 주장할 수도 있는 것이 21세기적 언어 현실이기도 합니다. 모국어의 사용은, 작은 나라의 언어일수록, 한 나라에서 주체적이며 당당하게 이루어져야 합니다. 그렇지 못할 때 자칫 식민지 부족어로 전락함으로써 세계의 불평등한 언어 계급에 이바지하게 됩니다. 이런 상황에서 WALTIC에서 언어의 다양성을 강조하는 것은 의미심장할 수밖에 없습니다.

혹은 문제로 혹은 꿈으로 그쳐버린 실현되지 못한 사안들이 널려 있는 시대임에도 불구하고 우리에게는 무엇인가가 지나갔다는 실감을 떨칠 수 없습니다. 자주 몸의 한복판에 휑한 구멍이 뚫려 그 구멍으로 헛바람이 드나드는 듯합니다. 지구 상의 온갖 번다한 축제들과 화려한 담론들도 공허감이 반드시 뒤따릅니다. 이는 반드시 지난 20세기와 지금의 21세기라는 두 세기의 문명적 착종錯綜 때문에 생기는 것은 아닙니다. 언어 문제 역시 인류의 기억과 문화유산으로서의 오랜 가치 의식을 잃고 지구 상의 각 지역에서 한 시대의 종언을 드러내는 숨찬 상태입니다. 이런 상황에서 문자언어상의 문맹의 정도는 썩 개선되고 있다고 할 수 없습니다. 유네스코가 해마다 문맹 퇴치에 기여한 공로를 인정하는 '세종대왕상'을 세계 각 지역을 대상으로 수여하고 있는 것도 그런 절박성을 반영합니다.

고대 인도의『리그베다 찬가』가 인간은 우주의 언어 중 4분의 1밖에 사용하지 못하고 있다고 한 말은 아마도 지구 상의 수많은 언어들의 기원에는 한 지역의 한계가 있다는 것과 또한 그것은 우주에 맞닿아있다는 것을 뜻할지 모릅니다. 천변天變점성술의 천지상관론天地相關論에서는 천상의 별의 운행이나 그 명멸과 지상의 지진, 홍수, 가뭄 등, 그리고 인간의 병, 죽음, 전쟁 그 밖의 여러 변고들이 하늘의 일과 연결된다고 주장하고 있습니다. 인간 존재를 우주의 운행과 떼어놓을 수 없다는 이런 사고에서 본다면 인간의 언어 행위가 단지 인류사 차원의 호모 사피엔스에게 주어진 고유한 능력이라는 언어학의 해답은 정답이 아닙니다. 왜냐하면 그것 역시 인간의 일인 동시에 하늘의 일이기 때문입니다.
새삼 인간의 언어 문제 내지 표현 문제를 말할 때 문득 인간 이외의 생물들의 표현 행위를 염두에 두어봅니다. 이를테면 개의 꼬리는 주인 앞에서 실로 형언할 수 없는 표현의 극치를 보여줍니다. 그 꼬리 치기야말로 어쩌면 고대 셈족의 언제 끝날지 모르고 반복되는 작별 인사 방식 이상으로 언어의 한계를 넘어서는 표현이고 심지어는 언어의 언어이기까지 합니다. 그것은 단순히 주인에의 기쁨을 반복적으로 강조하는 것이 아닌

경이적인 표현 활동입니다. 그래서 주인인 인간의 반가움은 개의 기쁨 앞에서 차라리 초라해지고 마는 것입니다.

언어는 학습의 소산인 것 이상으로 거기에 어떤 우주적인 요인이 내재되고 있는 생명의 기호입니다. 많은 동물종이 구성원끼리 서로 의사를 통하고 있는 자연 언어의 사례들이 반드시 인간의 언어 세계와의 단순 차이로만 논의되고 말 것인가도 새로 따져보아야 할 것입니다. 그래서 나는 나의 모국어는 한국어 이상이며 우주의 한 방언이라고 믿고 있습니다. 우주의 시간 광년光年과 지상의 찰나라는 시간은 본질적으로 구별될 수 없을지 모릅니다. 과연 은하계의 수많은 별들의 끝없는 생멸이나, 초신성이 태어나자마자 죽은 별에 지나지 않는 것은 지상의 언어들이 몇천 년 동안 수많은 생멸을 거듭하고 있는 것과 무관할 수 없을 것입니다. 언어는 우주의 한 원심적遠心的 표현 행위이기도 한 것입니다.

현존하는 언어는 문자언어 이외의 것까지 아울러 6700여 종이 남아 있고 이것들도 한 세기 안에 절반에서 90퍼센트가 소멸될 처지에 있다는 게 공식적으로 예측되고 있습니다. 이 같은 언어위기설은 오래 전의 언어신수설言語神授說의 이쪽에서 세계화 또는 신자유주의 시장 체제와 함께 촉진되는 인터넷 언어의 범람으로 한층 더 심화되고 있습니다. 언어제국주의라는 정치개념조차 진부하게 여겨질 만큼 이것은 재앙입니다. 그렇다 해서 이른바 언어민족주의의 대응만이 대수도 아닙니다. 이런 현실에서 언어의 본질적 의미가 얼마나 인간 사회의 풍요한 문화 향수享受에 스며 있는 것인가에 대한 의문은 이만저만이 아닙니다.

세계 각 지역의 작가들이 자신의 모국어 및 현지어를 통해서 표현하고 있는 작품 세계에서 얼마나 언어 밖의 정치적 강제나 권력의지의 개입을 거절할 수 있는가라는 문제와, 그 문제 이상으로 얼마나 시장의 판세로부터 자유로운 창조 행위로서의 표현을 구사할 수 있겠는가에 대한 문제 역시 세계의 작가들이 함께 만나 새로운 전망을 개척해야 할 난제입니다. 특히 문학의 환경은 거대한 대중 역학에서 볼 때 날로 보호받기 어려운 것이 현실입니다. 일례로 소설이 더 판타지화, 오락화되는 것은 이제까지의 소설 미학의 정체성을 사실상 형해화形骸化하고 있습니다. 이제 문학은 카논으로 남겨지지 않고 대체로 소비의 대상이 되고 있습니다. 그렇다고 해서 문학이 영영 죽어버릴 수는 없습니다. 문학의 사망 선고는 문학의 기원과 함께 동행한 것인지 모릅니다. 죽음이야말로 그때마다 다른 탄생을 뜻했습니다.

언어는 생명이고 생명은 언어입니다. 작가들의 언어 행위는 한편으로 천부적이며 한편으로는 선택적입니다. 그럼에도 불구하고 그들이 선택한 언어가 인간의 운명성을 담게 될 때 그 언어는 자신의 모체인 지역에서만 안주하는 문학에 머물지 않고 다른 언어에의 한없는 '향수'를 가집니다. 향수는 떠난 고향이나 모성에서만 생기는 것이 아니라 그 고향이라는 기억의 저편에 있는 미지의 고향을 만들어냅니다. 언어는 다른 언어에의 모험을 태생적으로 싹틔우고 있고, 끊임없이 다른 언어를 만남으로써 그때마다 생명성을 더해온 것이 언어의 재생의지이기도 합니다. 그래서 산스크리트어가 오늘날 유럽어의 본적지인 사실이 하나도 불명예스러운 것이 아닙니다. 어린아이는 언어를 배우자마자 어머니의 품이 아닌 이웃집 아이를 만나기 시작합니다.

나는 카네티가 여러 나라의 언어로 소설을 쓰거나 루쉰이 오랜 중국의 문장 언어를 거부하고 민중의 구어체만의 소설을 남긴 것을 대조적으로만 이해하지 않습니다. 나는 동아시아에서 한국어가 혼자 있지 않고 한국어 옆에 중국어와 일본어, 그리고 서북쪽으로 몽골어와 서남쪽으로 베트남어가 있는 것이 얼마나 축복인가라고 한 번역 시집 서문에 쓴 적이 있습니다. 오늘의 아프리카에 수많은 부족어가 기적적으로 위태롭게 남아 있고, 유럽이라는 일원적 평야에도 불구하고 유럽 각국의 국어가 하나하나의 문화적 위엄을 과시하고 있습니다. 이런 일들은 바로 다양성으로만 최선의 문화가 가능하다는 인류사적 체험을 확인해주고 있습니다. 바로 그런 언어의 다양성은 고유성들의 자장磁場입니다. 이는 세계 각 지역이 살아가는 방식들의 공존성과 부합합니다. 이 보편성은 일방적이 아니라 쌍무적이며 다의적인 상호 이해의 원리이기도 합니다.

본래 인간의 언어란 발생 과정에서 매우 주술적이었습니다. 고대 동아시아에서는 언어란 인간이 삶의 일상을 통해서 신령에게 경배해야 하는 유감적類感的 주술이기도 했습니다. '언어言語'의 '언言'은 신에게 거짓을 고할 때 벌을 받겠다는 형벌로 몸에 검은 자형剌刑을 스스로 가하는 것을 서약하는 상형으로 되어 있습니다. 거기에 더 나아가 서약을 잘 지키겠다는 상형 '어語'가 첨가됨으로써 비로소 '언어'라는 낱말이 성립되었습니다. 뒷날 이 '언'의 독백과 '어'의 대화는 종합되고, 가는 언어言와 오는 언어語는 관계 및 소통의 사회성으로 나아갑니다. 또한 '언어'는 일상의 의사 전달과 함께 의식적意識的인 각성의 단계까지 아우르게 됩니다. 바로 이런 언어의 원시적 신성성이야말로 현대 언어 세계에서 새로운 규범으로 재현되어야 할 가치입니다. 그리하여 우리는 언어가 생존과 욕망의 도구로만 남용되는 것과 권력의 강제 장치로 오용되는 현실, 일상을 통해 과소비되고 있는 언어의 소음화와 가해성, 강제성, 상업적 허위성의 과잉, 특히 청소년 언어의 유희적 타락이 무방비 상태로 방치되고 있는 현실에 대처할 지구적인 의무에 어김없이 직면합니다.

이런 언어 상황의 또 다른 현실 때문에 언어 사용자를 확보하기 위한 과제로서 문자언어의 해독을 확대하는 일은 중요성을 가집니다. 인간을 인간적이게 하는 문화 능력으로서의 문맹극복이야말로 인간의 존엄성에서 불가결한 요소입니다. 문자능력은 생존이 아니라 생존의 품위에 더 기여하며 거꾸로 생존의 장식보다 생존 그 자체가 되는 절실함을 우리는 깨닫지 않으면 안 됩니다. 이 일은 세계 각 지역의 기아, 질병, 억압, 착취 등의 난제와 함께 또 하나의 시급한 난제입니다. 바로 이 같은 언어 복지의 실현이야말로 언어의 위기 극복에도 필수적인 것입니다. 언어는 실체가 아니지만 우리는 언어 사용의 행위를 실체화함으로써 어떤 시장과 권력의 군림에 대해서도 언어의 힘이 생존의 힘을 가동시키도록 해야 합니다.

위에서 말한 유네스코 '세종대왕상'이란 15세기 한국의 천재적인 왕 세종에 의해 현재의 한국의 문자가 만들어진 것에 근거하고 있습니다. 이 문자는 이미 세계 언어 사상 가장 완벽하다는 언어학계의 공식 선언이 있는 사실로 미루어 그 독창성을 짐작하게 됩니다. 이 문자의 목적은 서구의 라틴어에 대한 단테의 토스카나어 『신곡』이나 루터의 자국어 번역 성서를 떠올리기에 알맞습니다. 즉 한국의 전통 사회 상류층이 한자로 문자 생활을 하던 것과 달리 하층 사회의 대다수 인민은 문자 생활이 거의 불가능했습니다. 한자의 '나라國'라는 글자는 커다란 울안에 무기와 인구人口를 담고 있는 형상인데 바로 그 안의 인구란 가축 등의 동물 수효를 헤아리는 단위였습니다. 국가가 결코 인간성을 옹호하지 않고 있음을 보여주고 있습니다. 또한 나라 안의 백성이란 눈에 화살을 쏘아서 소경으로 만들어 노동에만 투입하는 노예를 뜻하고 있습니다.

바로 이런 인민들의 삶에 문자언어를 부여함으로써 인간의 실존적 자각을 가능케 한 일이 세종의 문자 창제였습니다. 세종은 한자가 어디까지나 자국의 문자가 아니라 중국의 문자라는 인식으로 주체적 언어생활을 꿈꾸었습니다. 고대 한국의 원시 문자는 한자의 유입으로 소멸된 바 있습니다. 이런 한자 중심의 지배 문화로부터의 독립이 곧 세종의 '한글'이었습니다. 그리고 그 문자는 쉬웠습니다. 창제 당시 왕의 감회 그대로 어리석지 않은 자는 한나절에 터득하고 어리석은 자는 3일이면 터득할 수 있었습니다. 그리고 그 문자의 범위는 자연계의 여러 소리를 절대음에 가깝게 표현하고 있습니다.

그러나 이 민중적 문자언어가 세상에 반포되자 즉각 한자를 사용하는 상류 계급의 맹렬한 저항에 부딪쳐 몇백 년 동안 지하화地下化될 수밖에 없었고, 겨우 계급적 소외의 수난으로 일관되는 부녀자나 천민에 의해 근근이 이어져오다가, 20세기 벽두에야 정부의 공용 문자가 되었습니다. 한글은 1910년부터 식민지 지배가 시작되면서 다시 금지된 문자로 묻혀 있다가 1945년 해방에 의해 그 피란 많은 문자는 비로소 정당화되어 제 기능을 발휘하고 있습니다. 바로 이런 시범적인 생명력이야말로 앞으로 세계 각 언어의 다양성을 담보하는 항상성을 길러낼 것입니다.

미국의 생태 시인 게리 스나이더는 인구 억제를 강조하면서 지구 상의 생존 적정 인구는 오억 정도라고 주장한 일이 있습니다. 현재 인구는 곧 칠십억으로 치닫고 있는 상태입니다. 인구 팽창은 자본주의 팽창과 더불어 인간이 자신의 생존 환경인 장소에 멈추지 않는 대규모의 파괴를 가속화하는 원인이 될 것입니다. 이는 인간이 인간 자신의 언어를 학살하는 일과도 무관하지 않습니다. 강한 언어가 약한 언어를 흡수하고 인멸시키는 일이 적자생존 방식과 전혀 다를 바 없기 때문입니다. 그러므로 언어의 다양성과 밀접한 문자 해독의 확대는 이 같은 지구의 잔인한 약육강식을 생명의 상호공존 방식으로 최소화하는 지구적 사명의 하나입니다. 물론 선진 문명을 동반한 언어 시장의 확대가 세계를 흡수하는 현실에서 그 대안은 쉽지 않습니다.

나는 10년 전 유네스코 프로그램의 일환으로 세계 각 언어를 살리기 위한 시인의 역할을 부여한 세계 시의 날 선포 축제를 개최했던 그리스 델피에 방문한 적이 있습니다. 그곳에서 만난 한 아프리카 시인이 이제부터 프랑스어가 아니라 자신의 부족어로 시를 쓰겠다고 했을 때 착잡한 한편 감동을 받았습니다.

그러나 모국어에의 지향이 행여나 모국어에의 속박이나 집착으로 끝나는 것은 바람직하지 않습니다. 표현은 독특할수록 보편적 교감의 여지를 확보하지 않으면 저 혼자서 고사할지도 모릅니다. 왜냐하면 언어는 어머니의 것이고 고향의 것인 것 이상으로 미래의 것이고 경계 밖의 것이기 때문입니다. 독일어는 함부르크 지방에서는 영어를 닮고 알자스 지방에서는 프랑스어에 감염되어 있을 것입니다. 아니, 한 언어는 오랜 농경 생활의 일정한 지역에서는 언제나 산 넘어 강 건너 다른 언어에의 꿈을 가진 영혼의 날개를 접고 있는 나그네의 전야前夜이기도 한 것입니다. 언어는 본질적으로 농업의 내재內在로부터 유목의 외연外延으로 나아갑니다. 언어가 인간의 정신과 희로애락을 '번역'함으로써 세계를 표현하는 것이라면 그 언어는 반드시 다른 언어로 '번역'됨으로써 새로운 세계의 화음이 되어야 합니다.

그러므로 나는 감히 모든 창작은 최초의 번역이고 번역은 두 번째 창작이라고 강조합니다. 어차피 한 줄의 시가 세계와 자아의 내적 상태의 한 극치를 번역해낸 것이라면 그것은 반드시 몇십 개국의 언어로 다시 창조되는 번역 행위로 나아갈 것입니다. 그러므로 그 시의 세계는 마치 한국 근세의 산수화가들이 세계를 만점투시법万点透視法으로 보았던 것처럼 수많은 시점을 가진 다른 언어의 세계들인 것입니다. 이 점에서 나는 번역 행위야말로 새로운 세기에 살아남을 인간의 언어적 존재 행위인 문학의 주요 과제라고 여깁니다. 수메르의 『길가메시』가 해독되지 않은 나라, 인도의 『마하바라타』가 『오디세이아』만치 번역이 안 된 나라는 아직 많습니다. 나는 단테를

1970년대 후반 감옥에서 처음 만났습니다. 그러므로 단테는 나에게 14세기의 베로나 망명지의 단테가 아니라 20세기 후기의 시인이기도 합니다. 말하자면 번역이란 그 작품이 새로 태어나는 지역에서는 제2의 원작 원년元年이 되는 것입니다.

한 언어의 풍요와 다른 언어의 결핍의 중화가 가능하다면, 그리고 두 언어 사이의 번역 불가능성에 대한 대안을 찾아낸다면, 한 언어의 작품이 다른 언어로 번역됨으로써 재탄생하는 번역의 임무는 작품의 신성한 창조성이라는 시간성과 일치하는 공간운동일 것입니다. 이 일은 쉬운 일이 아닙니다. 한 언어가 다른 언어로 옮겨지는 과정에서 두 언어의 전통적, 문화적 특징들이 변질될 수도 있는 심각한 우려가 있습니다. 언어는 단순한 도구가 아니라 하나의 총체적 혼의 고유성으로 이루어진 생명이기 때문입니다.

그럼에도 불구하고 21세기는 번역 운동의 다양화로 새로운 문학의 복합적인 문학사를 전개할 것입니다. 문학의 행성은 오랫동안의 경계의 윤리와 경계 초월의 자유가 공존하는 현장이었으며, 동시에 우주의 한 지역입니다. 우주적 공전에만 의존하지 않는 자전을 가진 이런 지상의 여러 사회에서 우리는 문자생활의 보편화와 언어의 의식화를 통해 정치적으로는 반인간적, 반민주적 패권을 타파할 수 있을 것입니다. 민심이 천심이라고 할 때의 민심이 바로 민중성이겠습니다. 그 민중성이 곧 우주를 내면화하는 언어를 가질 때 그 언어의 힘은 독재와 착취, 그리고 시장의 탐욕으로부터 인간의 본성을 지켜내고 모든 우주와 자연원리를 계승하는 생명 공동체에의 지향을 확보할 수 있을 것입니다. 한국이 자국의 문자를 천대하고, 일본이 한

자를 진정한 문자眞書로 섬기고 자국의 문자를 가짜 문자假名로 자인하고도 근대 이후 새로운 자아의 언어로 확립한 것도 그것을 잘 지켜온 민중적 각성에 의해서 가능했던 것입니다.

민중의 문자 해독은 기껏해야 문맹 해소라는 성과로 끝날 수 없습니다. 그것은 일상생활의 언어적 수준을 넘어 이제까지 넘보지 않은 높은 차원의 영역까지 닿아 있는 문화 능력을 목표로 삼아야 합니다. 이런 경우 유네스코의 목표인 문맹 해소 이상의 문자 학습을 통해 작가와 민중은 상호 관계를 지향할 수 있을 것입니다. 작가는 능동적으로 민중에 더 다가감으로써 현실 인식의 저항력을 확대시키고 민중은 작가의 체험에 친화함으로써 더 깊은 이해를 실현할 수 있습니다. 이런 문자의 생활화를 통해서 민중 사회는 사회의 이면에 도사리고 있는 은폐와 기만을 스스로 파악하는 정치적 역량이 증대될 것이며 끝내는 사회의 음험한 악과 억압까지 이겨내게 될 것입니다. 그러므로 언어는 문법으로서의 주어와 술어를 넘어 인간 생명으로서의 주어와 술어가 됩니다. 이런 점에서 문학의 표현 문제는 당연히 인간의 표현 문제와 만나야 하는 기초 이론을 성립시킵니다. 작가의 표현 행위는 국가와 시장의 폭력 앞에서 인간의 실존적인 의미와 사회적 의미를 끊임없이 물어야 합니다.

그러므로 문자 해독률의 확장으로 인권과 복지 지향이라는 품위를 구현하고 인격 함양의 가치를 삶의 문화로 삼을 수 있을 것입니다. 이런 과제들은 세계 여러 지역의 정치적, 사회적 제약에 직면하는 일이기도 합니다. 권력은 자주 문학의 가해자가 되고 시장은 문학의 본래적 의지를 해체하기 십상입니다.

표현의 문제만 하더라도 그 자유는 쉽사리 보장된 것이 아니라 쟁취해야 할 것입니다. 생전의 미국 시인 앨런 긴즈버그가 연방 정부와 여러 매체로부터 배제되는 과정에서 심지어는 라디오 출연도 금지당했던 사실은 잘 알려져 있지 않습니다. 인권과 표현의 자유가 보장된 민주주의의 선진국 미국에서 한 시인이 겪어야 하는 그 부자유는 1970년대 이래 내가 오랫동안 한국에서 핍박받은 사례와도 별도일 뿐만 아니라 가령 남미의 피노체트 정권에서 작가 도르프만이 겪었던 시련과도 또 다른 놀라운 사실이기도 합니다.

아마도 어느 문명 국가도 문학의 표현 자유를 무한대로 보장하는 일은 없을 것입니다. 권력은 때로는 탄압과 때로는 경제적 불이익으로써 자신들의 실상을 파헤치는 일을 불가능하게 만들어야 하기 때문입니다. 고대 그리스의 열린 사회였던 아테네 폴리스에서 소크라테스가 독배를 마셔야 했던 것도 표현의 문제와 직결됩니다. 옛 중국의 통일국가 황제가 지식인을 생매장으로 학살한 것도 표현의 말살을 위해서였습니다. 어떤 선진적인 사회라 하더라도 어떤 탈정치적인 시대라 하더라도 반드시 문학 및 언론의 표현 자유는 영원한 인류의 한 과제입니다. 언어와 문자를 통한 인간화를 실현하고 언어의 여러 시련을 이겨냄으로써 인류는 자신들의 존재 이유를 풍요롭게 하는 다양성의 상실을 방어할 것입니다. 고대 한국의 승려 원효는 '생각하는 길思路'과 '논리의 길議路'을 지나 그 정신적인 기능이 사회적인 기능으로 나아가야 하는 '말의 길言路'을 강조하고 있습니다. 사상의 표현과 그것의 확대라는 이 고대의 자각은 1400년 전의 언어 이론임에도 불구하고 오늘에도 생동합니다. 세계의 엄청난 변화는 더 엄청난 불변의 진실을 소장하고 있기 때문입니다.
미래를 과거로만 정의해서는 안 되지만 삼만 오천 년의 인류의 언어 시간과 일만 년 미만의 문자 시간은 이제 그것의 대전환에 이른 듯합니다. 그것은 고대 팍스 로마나의 라틴어가 드넓은 속주와 여러 지역의 언어들을 말살하지 않고 그대로 흘러가게 한 사실과는 전혀 다른 언어 말살을 앞둔 암담한 국면인 것입니다. 하나의 언어를 갖는 것은 하나의 마음을 갖는 것입니다. 하나의 언어가 사라지면 하나의 문화적 핵심이 사라집니다. 카르타고어가 사라지자 카르타고의 모든 것이 다 폐허로 되고 말았습니다.
5000년 전 수메르의 한 시인이 노래한 바 "오래된 것에 마음 기울이고 그것이 잊혀지지 않도록 해야 한다."는 범속한 경고는 5000년 뒤의 오늘 지구 상에 남아있는 오랜 가치들을 통해서도 들리고 있습니다. 세계는 하나만 있는 곳이 아닙니다. 세계는 많은 것들이 저마다의 이유를 발생시키고 있는 곳입니다. 서로 맞서고 서로 어우러지는 곳입니다. 진정한 세계화는 모든 것들이 만나는 여럿의 세계에서 실현됩니다. 이곳은 그 사명의 장소입니다. 누가 누구를 만나는 곳입니다. 누가 누구를 제압하는 곳이 아니라 누가 누구를 승인하는 곳 말입니다. 옛 이스탄불은 중국의 장안과 함께 오십만 인구의 고대 세계 2대 국제도시의 하나였습니다. 우리는 그 고대의 후예이며 미래의 한 과거 도상途上입니다.

일본 시인들과 더불어

시처럼 오래된 인류의 동행자도 없을 것입니다. "새에게는 둥지, 사람에게는 우정"이라고 W. 블레이크는 노래했습니다. '지큐地球'의 시인 여러분과 함께 한국과 일본의 시인 친교가 이루어지는 이 우정의 자리에 나도 기쁘게 동참했습니다.

일본 시인협회 '지큐'는 여러분에게는 고유명사이지만 그 의미는 우리 모두에게 보통명사로 환원됩니다. '지큐'는 또한 지구 전체를 표방하는 큰 이름이지만 우주 안에서는 아주 작은 이름이 될 수도 있습니다. 하지만 우주와 자아는 본디 하나인 줄 우리는 시적 체험으로 깨닫고 있습니다.

시가 인류의 모국어라고 말해질 때 인류의 무대인 지구에는 여전히 감동으로서의 시가 항구적으로 필요합니다. 시가 대중으로부터 멀어져가는 사태와는 달리 만약 이 세상에서 시가 다 사라졌을 때의 전 지구적인 정신의 공황은 끔찍할 것입니다.

지구 상에는 6570여 종의 언어가 아직 남아 있습니다. 이전에는 훨씬 더 많은 언어들이 있었으나 강한 자, 침략자의 언어에 의해서 사라진 것입니다. 미래학자는 21세기 말에는 현존하는 언어 중 절반 내지 90퍼센트 이상이 사라질 수 있다고 예측하고 있습니다. 이 예측에는 한국어도 일본어도 포함되고 있습니다. 만약 한 민족의 언어가 없어진다면 그 민족의 기억이 상실되고 그 민족의 문화가 해체될 것입니다. 인류는 시와 함께 살아왔습니다. 기원전 2500년대 수메르의 시인 카노슈 카드로가 시에 자신의 이름을 명기한 세계 최초의 시인이 된 이래 시와 시인은 하나의 의미가 되어 인류의 희로애락을 승화시켜왔습니다. 그래서 시인의 삶과 죽음이 곧 시 자체가 되기도 하고 때로는 시가 시인의 비극으로 나타나기도 했습니다.

천상에 별들이 빛나고 있는 것처럼 지구 상에는 시와 시인이 있습니다. 설사 밤하늘이 온통 구름으로 덮여서 별들이 보이지 않을지라도, 대낮에 별들이 보일 리 없을지라도 아무도 별의 실재를 의심하지 않는 것처럼 지구 상의 시인 역시 그들이 남기는 시와 함께 온갖 사실들 속에 묻혀서 그 존재 이유가 희박해질수록 도리어 빛나는 진실을 맞이할 것입니다.

해가 진 뒤의 어둠 속에서는 눈과 눈이 마주칠 수 없으므로 비로소 입으로 소리를 내어 대상을 불러야 합니다.

시는 아마도 어둠 속에서 존재의 이름을 하나하나 불러내는 행위일지 모릅니다. 잠들어 있는 사물을 깨우는 일, 사라져간 현상으로부터 그것을 재생시키는 일, 그리고 모순에 맞서 꿈을 실현하는 일들이 그것입니다. 언어는 시인의 감옥이자 해방입니다. 그래서 언어의 어둠이야말로 이제까지 만나지 못한 빛의 가능성인지 모릅니다.

오늘 나는 '왜 시인인가'라는 화제에 대하여 어떤 해답을 제공해야 합니다. 이 질문은 다소 도전적입니다. 단답식을 강요하는 것은 아니지만 뭔가 단호한 자기 결정을 바라는 것처럼 여겨집니다. 또 다른 경우 이 질문은 매우 회고적입니다. 시의 본질에는 회상이 들어 있기 때문인지 모릅니다.
하지만 나는 이런 질문 훨씬 이전에 이미 한 시인이었습니다. 왜냐하면 나는 시학에 의해서 시인이 되지 않았기 때문입니다. 식민지시대가 끝난 지 얼마 되지 않았을 때 방과 후 학교에서 집으로 돌아가는 저문 길 가녘에 떨어져 있는 시집 한 권을 습득해서 읽은 뒤 시인이 되겠다고 결심한 중학생이, 한국전쟁 뒤의 폐허에 살아남은 자로서 그것밖에 될 것이 없는 시인이 된 것뿐입니다.
그러므로 그로부터 45년째가 되어가는 오늘 왜 시인이냐는 질문은 오늘의 시적 자기 성찰에 해당하는 물음이기도 합니다.
단언하건대, 나는 고대 성당盛唐의 이백보다 만당晩唐의 이상은을 육친화합니다. 그동안 나는 너무 이백에 기울어져 있었습니다. 이 같은 고백은 오늘의 시적 위상을 반영하고 있다고 할 수 있습니다. 이상은은 위대한 시와 시인의 시대인 당 왕조가 저물어 가는 시대의 시인입니다.
그래서인지 찬란한 성당盛唐보다 쇠잔한 만당晩唐에 요즘의 나는 더 애착을 가지고 있는지 모릅니다. 이는 오늘의 시가 고대나 근대 시의 황금시대에 시를 매일매일의 양식으로 삼고 산문들이 시를 모방하는 일까지 생기던 때와는 전혀 다른 현실을 감당하는 일과도 연결됩니다.
"예술의 본질은 시다. 시의 본질은 진리이다."라는 하이데거의 말에 나는 "진리의 본질이 바로 시다."라고 덧붙이고 싶습니다.
말하자면 나는 시를 수호하기 위해서, 시를 변호하기 위해서 시인으로 살아 있습니다. 또한 시는 시인들과 시를 사랑하는 시 독자들만의 영역이 아니라 인간의 본성과 시정詩情이 일치하는 본원적인 가치를 위한 것이기에 시인은 시의 불행과 함께 있어야 합니다.
호메로스가 실제 있지 않았던 트로이 전쟁을 있는 것 이상으로 형상화한 것처럼 시인은 체제 안의 여러 사실과 허위를 넘어 진실을 만들어내는 것입니다. 아니 호메로스가 실재 인물인가 아닌가의 여러 의문과 함께 시인이란 자신의 시적인 운명을 인류와 민족들의 다양한 보편성에 바쳐야 할 것입니다.
그래서 나는 왜 시인인가라는 질문이 너는 왜 시인이 아닌가라는 질문을 낳게 되기를 바랍니다.
그렇다면 오늘 이 자리에서 우리는 우리 자신을 재정의하는 질문, '왜 내가 시인인가'라는 질문 하나씩 나누어 가져도 좋으리라고 생각합니다.

멕시코에서의 감사

이 명예로운 엘 콜레히오 데 메히코의 한 방에 들어온 것을 나는 영광으로 생각합니다. 이 방은 분명히 지식의 방이지만 지금 이 시간만은 시로 가득한 방이 되었습니다.

시는 책 속에 있지 않고 이 방에 들어와 있는 여러분의 가슴속에 살아 있습니다. 시는 심장의 뉴스이기 때문입니다.

벤하민 프레시아도 소장과 주멕시코 한국 대사 주진엽 선생께 감사합니다. 제 시집 중의 하나를 공동 번역한 파시엔시아 온타뇬 교수와 서성철 씨에게도 감사합니다. 또 제 시를 평가해준 옥타비노파스의 애제자 아우렐리오 아시아인 주간에게도 감사합니다.

무엇보다 제 시를 멕시코말의 생기 넘치는 육성으로 읽어준 이 나라 시단의 거봉 에두아르도 리살레 선생과 엘사 크로스 선생에게 감사합니다.

물론 지금 이 인사말을 여러분께 유려하게 알려주시는 김형주 교수에게도 감사합니다. 또한 시집의 번역 출판을 지원하고 이 뜻있는 행사를 주관해준 한국의 대산문화재단에도 감사합니다. 마땅히 엘 콜레히오 데메히코 출판 당사자들에게도 감사합니다.

그러고 보니 제 인사말은 감사의 뜻밖에 아무것도 없는 듯합니다.

한민족은 태양의 민족이었습니다. 아주 옛날 태양을 숭배해서 동으로 동으로 이동해와서 한반도 일대에 정착했습니다. 태양을 숭배한 나머지 태양이 떠오르는 높은 산을 숭배했습니다. 그래서 태양의 빛인 하얀 빛깔의 옷을 입고 살아왔습니다. 한국인을 백의민족이라고 하는 것도 그 때문입니다.
저는 멕시코 인들의 하얀 모자와 하얀 옷에 오래전부터 선사시대 이래의 어떤 혈연을 느껴왔습니다. 왜냐하면 고도의 아즈텍 문화를 이룩한 이곳은 한국 못지않게 태양과 가장 가까운 삶을 살아온 생명력이 넘치기 때문입니다.
또한 한민족은 달의 민족이기도 했습니다. 달밤에 흰옷을 입은 여인이 오래오래 서 있거나 무엇인가를 간절히 기원하는 모습이야말로 달과 인간의 일치를 실행하는 것인지 모릅니다. 고대 민요 「정읍사」는 멀리 떨어져 있는 두 사람을 달빛이 연결시켜주는 것을 소재로 삼고 있습니다. 1600년 전 불교를 받아들인 한국인의 정서에 달은 천 개의 강물 위에 달 하나씩을 다 나타나게 하는 것이고, 바다 전체에 온 세상의 삶과 죽음 그리고 삼라만상을 다 비춰서 깊이 도장을 찍는다는 사실을 화엄사상으로 떠올려주고 있습니다.
이곳 멕시코의 옛사람들도 달과 깊이 관련된 형이상학을 발전시킨 사실을 어디선가 읽은 적이 있습니다.
저는 20대에는 만월의 밤 세상에 가득 찬 달빛 때문에 밤 10시부터 새벽 3, 4시까지 엉엉 울어서 목이 쉰 적도 있습니다. 또

대낮 고원지대에 흐드러지게 피어 있는 들꽃 때문에 여러 시간을 울어서 함께 있는 친구가 저더러 귀신 들렸다고 절교를 선언한 적도 있습니다. 저는 아직도 태양과 마주 선 소년이 되고 싶고 달밤의 울음 가득한 여성이 되고 싶습니다.
한국에서는 새가 노래한다고 말하지 않고 새가 운다고 말합니다. 개구리가 노래한다고 말하지 않고 개구리가 운다고 말합니다. 비 오는 날의 뻐꾸기도, 겨울 밤하늘 속의 기러기도 노래하는 것이 아니라 우는 것입니다. 소와 송아지도 웁니다. 그럴진대 어찌 나도 울지 않겠습니까. 내 노래도 그런 울음인지 모릅니다. 하지만 노래는 노래로 돌아갑니다. 이제 나는 울음보다 근원으로서의 노래 그것을 지향하고 있습니다.

지난 45년 동안 한국에서의 시인이란, 특히 저에게는 여러 시련 속에서만 그 존재 이유가 지속되는 것이었습니다. 전쟁, 좌와 우의 보복, 가난, 독재 그리고 지난날의 식민지 체험과 분단시대의 모순……. 이런 것을 겪으면서 저의 삶은 자살, 투옥, 고문 등으로 점철되었고 그런 중에도 시인이기를 포기할 수 없었습니다.
저는 고문으로 귀 한쪽이 들리지 않지만 그러나 세상의 아름다운 소리는 놓치지 않으려고 저 자신의 마음속에 또 하나의 귀를 달아놓았습니다. 저에겐 다 써버린 필름보다 아직 많은 필름이 남아 있습니다. 시의 필름 말입니다.
이제 저의 시 세계는 문제로서의 종합을 염원합니다. 체험과 상상의 상호 긴장이 더 깊어져야겠습니다. 요컨대 제 종교는 은유입니다.

멕시코에서 친구를 뜻하는 '아미고'라는 스페인어 한마디가 얼마나 인간을 인간적이게 하는지 모른다고 여기고 있습니다.
한국에서도 지난날 도보로 전국을 떠도는 등짐장수들이 서로 어디선가 만나면 "동무! 동무!" 하고 반가워하면서 입은 옷을 서로 바꿔 입었습니다.
저는 오늘 이곳의 사랑하는 시인, 그리고 시를 사랑하는 사람들과 마음속의 옷을 바꿔 입으며 멕시코에서의 '아미고'가 되고자 합니다.
저는 한국만을 사랑하지 않습니다. 멕시코와 함께, 아니 우리보다 훨씬 약하고 어려운 나라와 민족과 함께 사랑할 것이며 내 조국에의 사랑도 한층 진지할 것입니다.
이 테킬라 한잔, 감사합니다. 그라시아!

베네치아에서의 시

나의 시를 말한다.

이곳은 시가 불가능한지도 모른다. 이곳이 시이기 때문이다. 이곳은 오직 베네치아여 베네치아여 하고 외칠 수밖에 없는 시인의 절망이 요구되는 곳일지도 모른다. 이 말이 베네치아의 시인들에게는 해당되지 않기를 바란다.
지금부터 200여 년 전, 세계의 어느 광장도 산마르코 광장 앞의 공간과 상대되지 않는다라고 찬탄한 시인이 있었다. 그 시인은 18일 동안이나 이곳에 머물러 있었다.
200여 년 뒤 동아시아의 한 시인도 이곳에 뒤늦게 온 적이 있다. 마침 베로나여서 세계 60개국에서 온 시인 60명이 모여 세계의 아카데미를 창립한 뒤였다.
산마르코 광장 구 재무관 앞 카페에서 에스프레소를 마시고 있는 스페인 시인 호세 마리아 알베레스 부부를 만났다. 그 우연에 의해서 올봄 그의 초청으로 스페인 무르시아 시 축제와 코르도바 시 축제에 참가한 적이 있다.
나는 그 우연 말고 또 다른 우연을 두 번째로 방문한 이곳에서 예감하고 있다. 장소란 어떤 만남과 어떤 창조의 요소이기 때문이다. 아마도 내가 이곳을 떠날 때는 오랫동안 시인이 아니었다가 시인이 된 것처럼 가슴 설렐 것 같다.
이곳에 초청해준 베네치아대학과 나보다 더 한국어의 묘미를 잘 아는 빈첸차 두르소 교수에게 감사한다. 그는 처음 만났을 때 눈물을 많이 흘렸다.
시인 생활 50년이 가까워가는 한국 시인의 하나로서 나의 시적 진술을 고백하게 되었다. 나의 시는 서사의 무한성을 지향한다. 또한 서사와 서정의 구별을 부정한다. 그처럼 내 시의 길은 언제까지나 단순할 수 없다.
하지만 일정한 공간에 그것을 다 담지 못한다. 그러므로 하나의 단면으로 그 광석이 고생대의 것이냐 신생대 제3기의 것이냐를 판독하는 것처럼, 이 짤막한 고백으로 나의 시에 대한 총체를 암시할 수밖에 없다.
내가 태어난 1930년대 상반기의 한국은 식민지였다. 그 식민지는 보다 더 큰 대륙으로 식민지를 확대하려는 일본의 탐욕이 중국과의 전쟁을 일으켰던 시기이기도 했다. 그 제국주의는 1940년대에 들어서서 미국, 영국과의 전쟁으로 확대되었다.
한국은 자원과 생산물의 약탈을 일상으로 받아들여야 했다. 모든 인간은 침략의 객체이고 탄압받는 소도구로 전락했다. 한국인 대부분은 쌀을 생산했지만 쌀을 다 빼앗겼다. 나는 그 절대 빈곤 속에서 태어난 것이다.

내 기억의 기원은 정확하지 않다. 아마도 다섯 살쯤 되었을 때였으리라. 지금까지 뚜렷하게 기억되는 것은 한밤중 집의 화재 광경이고 다음 날 아침의 폐허 광경이었다. 그다음이 내가 고모의 등에 업혀 있는 밤이었다.

10킬로미터쯤 떨어져 있는 바닷가 개펄에 가서 개펄 해초를 뜯어다가 그것을 밀기울에 버무려 먹는 일로 빈 배를 채울 수 있었다. 어머니는 이른 아침에 그곳으로 갔으나 아직 돌아오지 않았다. 그 개펄 풀은 너무 많은 아낙네들이 뜯어가기 때문에 아주 멀리까지 떠돌아야 겨우 가족 몇 사람이 먹을 수 있는 분량을 채울 수 있었다.
한국에서는 가족을 밥 먹는 입이라고 말하기도 한다. 사람의 숫자도 사람의 입을 말한다.

나는 배가 몹시 고팠다. 고모의 옆구리에 업힌 채 발로 차며 배고프다고 소리치며 울다가 지쳐버렸다. 그때 밤하늘에 별들이 빛나고 있는 것을 볼 수 있었다. 별과의 첫 만남이었다. 그 이전까지는 어린 나는 별이나 우주에 대해서, 그리고 이 세계의 사물에 대해서 아무런 의식이 생겨나지 않았다.
처음으로 만난 별들은 그러나 나에게는 그것이 별로 보이지 않고 내가 먹을 수 있는 하늘의 열매로 보였던 것이다. 그래서 고모에게 "별 따줘, 별 따줘." 하고 조금 남아 있는 힘으로 말했다. 별이 밥이었다.

별에 대한 이 사건은 자라나면서 내 의식의 밑바닥에 가라앉아버렸다. 그 뒤 일본의 패전과 해방의 감격이 있었다.
해방과 함께 빼앗긴 모국어, 금지당한 모국어를 찾았다. 해방과 함께 빼앗긴 국토는 둘로 나뉘었다. 이데올로기의 땅이 되고 말았다. 조금 뒤 둘은 전쟁의 3년을 지내며 삼백만 명의 죽음과 폐허에 남겨진다. 그 폐허의 영정零貞이 내 시의 시작이었다. 그러나 내 시의 시작이야말로 폐허를 천년의 궁전으로 만들어주었다. 시는 그 어디서나 축제이다.

나는 별이 밥이었고 추억 이쪽에서 밥이 별이 되는 축제의 일생을 다할 것이다. 산마르코 광장의 선남선녀들의 그 기쁨으로 내가 두고 온 슬픔을 불러낼 것이다.

베네치아는 시이다. 그러므로 나는 시가 없는 시인이 되지 않으면 안 된다. 돌아가서야 새로 시가 있을 것이다.

흩어진 모국어

나는 이곳에 울기 위해서 왔습니다. 이곳은 우리 겨레의 울음터입니다. 그 이름이 한족이든 조선족이든 그리고 고려인이든, 하나의 말을 가진 겨레를 뜻할 때 바로 이곳이야말로 겨레말의 울음이 남아 있는 곳입니다.

우리 근대사는 겨레의 고통으로 이루어진 역사입니다. 겨레가 오랜 삶의 터전으로부터 흩어짐으로써 국토 밖의 동서남북의 낯선 생존이 시작되었습니다. 그것은 역설적으로 겨레의 확대이기도 했고 겨레말의 공간이 무턱대고 넓어진 것을 실감하는 일이기도 했습니다.

저 겨레의 제2의 고향 연해주도 그런 곳이었습니다. 바로 그곳에서 강제 이주에 의해 중앙아시아 황야가 기어이 살아남은 자들의 움막이 되고 밭이 될 줄 그 누가 알았겠습니까.

여기까지 실려 오는 동안 죽은 동포의 시신은 화차 밖으로 던져버려야 했습니다. 스탈린의 짐승으로 그렇게 실려 왔습니다. 모든 것은 철저히 빈 몸으로 시작되었습니다. 그런데 그 빈 몸 안에는 기억이 있고 생각의 씨앗이 있었습니다. 오랜 겨레붙이 정서의 열매가 있었습니다. 그리고 무엇보다도 말이 있었습니다. 가갸거겨가 있었습니다.

말이란 상대방에게 의사를 전달하는 수단 그 이상으로, 말 자체로서의 의미와 모든 가치의 풍부한 유산을 담아 하나하나 세상을 이어갑니다.

이런 겨레말을 가지고 온 겨레의 한 부분이 중앙아시아의 우랄·알타이어계의 겨레로서 그 근원에 닿아 있기라도 한 것처럼 자신들의 정체성을 벅차게 지켜낼 수 있었습니다. 그러므로 이곳은 겨레말의 한 성지입니다.

지구 상에는 아무도 그 전모를 알 수 없는 수없는 말이 태어났고 변화했고 죽어갔습니다. 20세기 후반에야 그런 말이 6700여 종으로 남아 있다는 사실을 알게 되었습니다.

이 말들도 21세기 후반에는 거의 죽어버린다는 불길한 예측이 엄연합니다. 실지로 지금도 매시간 말들이 죽어가고 있습니다. 하나의 말 사용자가 한 사람으로 남아 있다가 그 사람의 사망과 함께 그 말도 사망한다는 사실을 최근의 조사로도 알게 됩니다.

그래서 지구는 수없는 말의 출산지이기도 하지만 이에 앞서 수없는 말의 무덤이기도 합니다.

이런 말의 처절한 생태 세계에서 우리 겨레말이 2500년 동안 부지되어온 것은 우리 겨레의 소멸을 막아주는 유일한 힘이었습니다.

하지만 이 겨레말의 의지는 이른바 언어제국주의에 의한 갖은 고초도 받아야 했습니다. 고대 이래 외국어의 막대한 영향이나 식민지시대의 언어·문자 말살정책으로 자칫 겨레말은 타자의 폭력에 의한 희생물이 될 뻔했습니다.

근대 200년 동안 가혹한 국내 현실을 벗어나기 위해 중국 동북부의 겨레 고토故土와 러시아 연해주 개척, 북태평양 하와이와 멕시코 사탕수수밭 노예 노동, 식민지시대 일본 각지로의 분포가 이루어졌고, 이들은 겨레말의 고통스러운 공간이 되어 오늘에 이르렀습니다.

겨레말은 어머니의 말이기도 합니다. 그 어머니말이 낯선 세계의 삶을 지탱해주는 겨레의 본성을 지켜냈습니다. 말이란 그것을 사용하는 일로 그 겨레임을 정의하는 첫 번째 명분입니다.

우리가 여기에 모여 우리 겨레말의 남과 북, 그리고 해외 각지의 분산 및 분단을 극복하는 겨레말의 대결집을 위한 공동의 사명을 확인하는 것도 그 줄기찬 명분에 의해서 가능합니다.

어떤 말은 어느 해 11월 4일까지 존재하다가 그다음 날 존재하지 않는 경우도 있습니다. 우리 겨레말은 그렇게 덧없이 사라지는 말이 아닙니다. 지금 세계 언어 중 10위권에 들고 있습니다.

그러나 세계화시대의 언어 시장주의에 따른 특정 언어의 범람이나 현지 지배 언어의 강압에 의해서 겨레말이 나라 안팎으로 위기에 처해 있다는 인식이 있어야 하겠습니다. 실지로 본국 이외의 겨레말은 겨레말 사용의 의미가 주어진 1세대, 2세대의 그 절실한 겨레말의 애착과는 다른 상태에 놓여 있습니다. 이를테면 타슈켄트의 고려인계 젊은이들에게 겨레말은 죽은 말입니다.

우리는 이런 현실 앞에서 겨레말의 보존과 정화를 위한 겨레말 사전 편찬의 사업을 진행하고 있습니다. 이 사업은 더 많은 고민과 열정이 요청됩니다.

이제야말로 우리 겨레 몇천 년 이래 최초로 겨레말의 온전한

편찬이 있게 되었습니다. 이 사업이야말로 흩어진 어머니말과 떠도는 겨레말이 하나의 커다란 잔치에 모이는 것입니다. 마치 『심청전』의 전국 장님들이 심 봉사와 함께 하나도 빠짐없이 눈을 뜨는 그 감격과도 같이 겨레말이 지구 상의 모든 곳에서 모여 새로운 겨레의 얼로서 눈을 뜨는 것입니다. 이 사업의 한 모색에 참여한 여러분께 깊이 감사합니다.

나는 제3세계라는 이름을 폐기한다

오늘 나는 우리가 추구할 여러 사항들의 인식 논리를 내걸기보다 하나의 선언적 책무를 떠맡고자 합니다.
아프리카는 누구인가. 아시아는 누구인가. 더 넓게는 라틴아메리카는 누구인가. 지금 아시아와 아프리카는 왜 만나고 있는가. 대답하기 어려운 이 질문들을 가지고 두 대륙의 문학을 등에 진 우리들이 한반도의 한 장소에 모였습니다. 이 초유의 축전이 아시아, 아프리카의 새로운 문학적 사유 공간을 지속적으로 만들어낼 것을 확신합니다. 시작은 사라질 연기 가닥이 아니라 대지에 뿌리내린 떡잎입니다.

나는 제3세계라는 이름을 폐기합니다. 이 오래된 이름은 원하든 원하지 않든 지난 20세기 후반 내내 너무 많이 사용되었습니다. 지금 그것은 우리 모두의 습관에 눌어붙어 때로는 무미건조한 보통명사로 때로는 상투적으로 쓰임으로써 그 개념의 형태는 아직껏 중단될 줄 모릅니다.
제2차 세계대전 뒤, 프랑스의 한 지리학자가 새로 편성된 얄타체제의 냉전 지도 그리기에서 명명한 것이 바로 제3세계의 단초였습니다. 이 연구실에서의 신조어는 즉각 한 실존주의 작가에 의해서 연구실 밖의 세상에 퍼뜨려졌습니다.

제3세계란 명백하게 제1세계와 제2세계를 전제합니다. 대체로 제1은 서구 및 미국을 가리키고 제2는 소련과 그 위성국가를 망라합니다. 바로 이 두 진영 밖에 산재하고 있는, 지구 상의 육지 대부분을 차지하고 있는 아시아, 아프리카, 라틴아메리카 전역을 거의 허황되게 포괄하는 이름이 제3이겠습니다. 어떤 정의定義로도 감당하지 못할 이 거대 공간을 전승 국가들의 관념적 역학은 차별화하기 시작했습니다.

세계 표준시의 원점을 영국 그리니치 천문대에 두고 있는 것이나 그 뒤 국제전화 국번을 미국부터 1로 시작하는 것과도 유사한 서구중심사관의 고식적인 발상임에 틀림없습니다.

또한 그것은 최근에야 한국어, 일본어, 중국어 그 밖의 관련국 언어로 번갈아가며 붙이기 이전까지는 동아시아 해역 상공에서 일어나는 태풍의 이름조차 오랫동안 서양 여성의 이름으로 불려온 사례와도 닮아 있습니다.

자유세계 또는 서방세계라는 미국과 서구를 제1세계라는 최우선적인 실체의 자격으로, 그 진영에 막 대립된 '철의 장막' 사회주의 체제를 제2세계라는 적대 지역으로 경계 지은 후, 이 두 지역의 철저한 객체로서 심화되는 소외와 연속되는 피해의 고통을 이겨내지 못하고 있는 세 지역을 무리하게 묶어버린 것이 제3세계였습니다.

그토록 오만하기 짝이 없는 이름의 제1과 제2의 냉전 이데올로기는 그 두 이름을 사용하는 경우가 거의 없이, 오직 제3만이 현대사의 더러운 지배 장치에 부응한 것입니다.

반면 제3이라는 이름을 받은 지역의 자각은 도리어 그 이름의 굴욕성을 존엄성으로 전복시키기에 이릅니다. 서구 제국주의의 야만에 가차 없이 저항의 횃불을 든 프란츠 파농의 실천사상도 그중의 하나일 것입니다. 거기에는 서구의 양심 세력들의 동조도 있어야 했습니다.

세 지역의 아시아, 아프리카, 라틴아메리카 각자는 그러나 거의 결속의 기회 없이 각각 연결되지 않은 채 멀리서 심정적인 동질성을 지향할 수밖에 없었습니다. 이런 난점에도 불구하고 제3세계 해당 지역은 이제까지의 서구에의 수동 행위로부터 서구화 속의 자기화를 구현하기 시작합니다.
저 동서 냉전의 장벽을 고의로 강화하는 서방세계와 소련 및 동구의 두 극단에 대한 지양이 요구되었을 때 제3의 변증법적 진테제인 정치적 지혜가 나왔는데, 그것이 바로 제1, 제2의 극복이자 제3노선으로서의 전후 비동맹으로 일어섰습니다. 이를테면, 반둥회의가 결의한 평화 5원칙이 그것입니다. 이 회의에는 오늘날 대국주의로 치닫고 있는 중국도 당연히 그 일원으로 참여함으로써 주은래가 주목받기도 했습니다.
과연 제3세계라는 개념은 이른바 두 세계 밖에 있는 종속적이며 주변적인 외부였으나 그것이 어느덧 독자적인 저항성과 정체성, 그리고 자신들의 조화와 연대를 갖춘 명예로운 국제 상호 관계의 의미가 되었습니다.
이로부터 제1, 제2라는 이름은 거의 무효화되어, 심지어 지난 200년간 탈아입구脫亞入歐의 서구화를 일삼은 일본의 진보적 지식인들 사이에서도 제3세계에의 동참 의식이 깊어졌습니다.
한국 역시 현실적으로 제3세계와는 격절된 한계에도 불구하고 제3세계에 대한 상상적 친연성은 점차 치열해졌습니다. 특히 지난 7, 80년대 한국 사회의 반독재 투쟁에서 제3세계적 의식의 확산은 고무적이었습니다. 그 당시 이를 뒷받침하고 있던 일련의 종속이론의 오류에도 불구하고 제3세계는 하나의 이데올로기로 결정結晶되기에 이르렀습니다.
이제 이러한 제3은 더 이상 제1, 제2의 변경이 아니라는 자의식이 지속된 나머지 사회주의 체제의 몰락과 함께 갑작스럽게 진부해지는 경우도 내보였습니다.
그러므로 라틴아메리카는 물론이거니와 아프리카와 아시아, 아니 아시아 자체만으로도 실질적인 연대 의식을 낳아보지 못하고 명분으로만 고조된 사실을 감출 수 없습니다. 그렇다고 해서 제3세계라는 이름이 바로 그 꼬리를 드러낸 것은 아닙니다.
이런 상황이 우리가 모인 이 두 대륙의 문학 축전에서 성찰을 요구하고 있습니다. 여기에서 우리를 규정해온 이름을 단호하게 폐기함으로써 두 대륙의 문학은 어떤 타율적 장애 없이 자생하는 생명체로, 그리고 그것의 유연한 소통이 있는 생명 운동으로 나아갑니다.
더구나 신자유주의의 무한 전략 앞에서 두 대륙뿐 아니라 각 지역의 정체성과 그것들이 만나는 총체성을 심화시켜야겠습니다.
아시아의 힘은 팽창하고 있습니다. 이 힘이 지구의 재앙에 기울어지는 것을 방어할 수 있다면 그것은 아시아가 고대 이래 꽃피워온 영구적인 지혜와 꿈의 현재화를 통해 세계 문학의 또 다른 기원을 열 것입니다.
아시아는 하나가 아닙니다. 아시아는 아시아들입니다. 이 아시아들의 지역 문학들의 경이적인 행위가 지난 세기의 라틴아메리카 문학이 보여준 마술적인 성과에 상응할 수 있는 가망은 뚜렷합니다. 근대 문학이 받아들인 서구 문학의 우월성은 이제 응분의 육화를 바탕 삼아 비서구 문학에의 동등한 위상으로 대체될 것입니다.

아시아 각 지역의 오랜 상처들이야말로 바로 새로운 문학을 위한 영혼의 소재지입니다. 그렇다 해서 이 지역의 국수적인 배척의 경험들을 버리지 못한 경우를 정당화해서는 안 됩니다.

아프리카의 고통은 인류 양심의 척도가 어디 있는가를 확인하도록 했습니다. 아프리카의 국경은 아프리카의 자연이나 유구한 전통과 상관없이 서구침략주의가 임의로 그어놓은 죽음의 직선으로 되었습니다. 소말리아 어린이들의 아사는 세계의 부에 대한 강력한 경종을 울리고 있습니다. 그뿐 아니라 인류의 이상을 표상하던 광활한 환경은 날이 갈수록 사막화되고 있습니다.

그럼에도 불구하고 그곳은 누가 함부로 이름 붙일 수 없는 세계의 비동시성非同時性을 과시합니다. 이 인류의 출발점인 신성한 땅은 모독당할 수 없는 선사적인 축복이 역사의 고난을 치유할 내일을 반드시 발굴해낼 것입니다.

지금 아프리카로부터 잃어버린 근원에의 향수 때문에 아프리카 미술의 원형으로부터 자신의 미학을 얻어내려는 서구 미술의 고백이 한창입니다. 아니 동북아시아의 다른 문화권에 살고 있는 나의 시 행간에도 아득히 아프리카 오지의 어느 달밤 북소리가 건너와 재현되고 있는지 모릅니다.

아프리카 현대 문학 역시 아시아 현대 문학과 함께 서구 문학의 외곽에 자리 잡은 이래, 이제 함께 자신의 진실을 당당하게 담기 시작하고 있습니다.

우리가 직립인간으로 선 곳으로부터 이동인간, 그리고 정착인간으로 이어오는 긴 인류사적 과정 자체가 인간의 문학 행위를 가능케 한 서사의 연대기입니다. 아프리카, 아시아의 오랜 삶의 궤적이 라틴아메리카에서의 그것과 아울러 이제부터 새로운 문학의 세기를 열게 될 것입니다.

우리는 아시아의 『마하바라타』, 『라마야나』와 페르시아 시, 그리고 중국의 신화와 역사, 아랍의 심금을 울리는 운율을 가지고 있습니다. 우리는 한국의 신명이 한국 밖으로 나아가는 것을 경험하고 있습니다.

하지만 아시아, 아프리카, 라틴아메리카의 커다란 공통성을 이룰 수 있다면 그것은 무엇보다 이 거대한 삶의 원야原野가 서구와 그 아류로부터 받은 고난을 함께 가지고 있다는 데서 찾게 됩니다.

이제 제3세계라는 이름은 우리 자신의 합의에 의해 소멸되지 않으면 안 됩니다. 세계는 어느 곳이건 제1이나 제3으로 차별될 수 없습니다. 오직 세계내존재인 세계의 각 지역과 사회들이 창조적 개체로 연대하고 옹호해야 합니다.

몇 해 전, 나이지리아의 월레 소잉카와의 대담에서 나는 문학에서의 보편성을 믿지 않는다고 말했습니다. 그 역시 한술 더 떠서 보편성은 문학의 죽음이라고 강조했습니다.

이제부터 아프리카 문학, 아시아 문학들은 서구 문학이 달성한 보편성에 이어져 있기보다 그 이전 인류 시원의 불문율적 보편성에 이어져 있기를 지향해야 합니다. 아니 그것을 이어

받은 새로운 보편성을 기대합니다.

우리는 여기에서 하나로 박제되고 하나의 규범에 갇히기 위해서 만난 것이 아닙니다. 서로 다른 하나들이 만나서 여럿이 되는 그 눈부신 친화를 위해서 만났습니다. 그리하여 세계로부터 내가 주어진 것이 아니라, 나로부터 세계가 이루어지는 것을 발견하기 위한 만남의 해방이 실현될 것입니다.

우리는 너무 늦게 만났습니다. 그러나 이 늦은 해후야말로 우리의 지친 대지 위에 살아남은 '날것'으로서의 영혼을 서로 불러일으킬 수 있습니다.

아프리카, 아시아 두 대륙이 가진 길고 긴 기억과 아직 떠오르지 않은 지평선 너머의 태양처럼 우리가 체현하지 않은 미지의 상상력이 우리들의 삶의 근거지에서 반드시 가동될 것이 틀림없습니다.

문명보다 문명 이전에 더 우리의 본연이 닿아 있기를 바랍니다. 문학은 근대 형식으로부터 근대를 초월하는 형식에 닿아야 합니다. 아시아, 아프리카의 나심의 문학이 거기에 살아 있을 것입니다.

제3세계가 끝난 진정한 세계는 어떤 타자의 이름도 받아들일 이유 없는 세계입니다. 우리의 문학이 그곳에 있기를 바랍니다.

숲으로부터의 은전恩典

– 사면赦免은 어떻게 가능한가

옛 한국의 길고 긴 반가움을 생략합니다.

이 연설의 첫 제목은 '죄와 벌'이었습니다. 불편하기 짝이 없는 제목이었습니다. 다른 한편으로는 노골적으로 도스토옙스키를 떠올릴 수도 있습니다. 그 대신으로 나온 제목 역시 생뚱맞기는 마찬가지입니다. 저 서구 중세 후기에 자행된 면죄부를 떠올린다면 사면이라는 것이 과연 얼마나 떳떳한 세속법의 행태인지 알 수 없는 일입니다. 그런 나머지 새로운 제목의 부제로 삼았습니다. 숲에 관한 한 이런 착잡한 내 심정을 피할 수 없는 인류 문명의 현재가 곧 우리의 현재입니다. 숲의 이야기는 이야기가 아니라 울음이어야 합니다.

21세기를 그것이 허울이건 아니건 '환경의 세기'라고 부르는 데 왜 아무도 반대하지 않는가라는 의문은, 의문의 여지없는 자명한 대답을 가지고 있습니다. 2500년이라는 숲 파괴의 긴 행로 위에 가해진 지난 20세기 후반 이래의 광포한 산업화는 실로 지구 및 지구 이외의 우주를 사유화하는 욕망의 실태를 보여주었습니다. 그리고 앞으로도 쉽사리 조정되지 못할 정도로 그 강도는 누그러지지 않습니다. 인간의 욕망은 제 부피를 불리는 데 자족할 줄 모르기 때문입니다.

그럴진대 지구 생태계 및 자연환경이 그 마지막 인내력을 상실한 사실을 뒤늦게나마 깨달은 다음 생각해 낸 이름이 바로 '환경의 세기'일 것입니다. 따지고 보면 한국의 놀라운 압축 산업화 30년의 신화도 이런 20세기 후반의 세계 산업화 대열을 따라잡는 것이었습니다. 아직도 선진이나 후진이라는 이름이 국가마다 눌어붙어 있습니다. 그것은 산업화에의 단순 모방인가 아닌가라는 찬반론조차도 무의미하기 십상입니다. 분명한 것은 이 같은 산업화의 행복이 돌이키지 못할 재앙에 닿아 있는 행복이라는 사실입니다. 사통팔달의 도로망은 거침없이 뻗어나가기를 겨루고 있고 숲은 날이 새면 부쩍 줄어들고 있습니다.

인류의 고향은 인류학의 합의에 앞서서 숲입니다. 숲의 공포가 신들의 소재所在를 알려주었고 인간에게 자기 자신으로서의 개성을 낳게 했습니다. 숲 속의 삶을 방어적으로 지켜내기 위해서 인간의 사회적 행위는 필수적이었습니다. 이처럼 인간의 근원에 자리 잡고 있는 숲의 신성성에 대해서 그 동안 숲을 분탕질한 인류사는 결코 무죄일 수 없습니다. 그 죄업이 극대화되고 있는 오늘날 그 응보 역시 극대화되기 시작한 바는 당연합니다.

세계 각처에서 숲의 정신을 가슴에 품고 오신 여러분께 바치는 경의의 한쪽에서 나는 이런 강박된 제목으로 말할 용기를 여러분의 충정으로부터 얻고 있다고 확신합니다.

우주의 측량할 길 없는 역사 속의 한 시기를 감당하는 지구라는 한 '보잘것없는 행성'은 그러나 인류에게는 유일한 거처입니다. 지구를 우주의 한 마을이라고 말하는 시인 게리 스나이더에게나 모국어를 우주의 사투리라고 말하는 나에게나 똑같은 이유인즉 지구가 결코 인류만을 위한 생존 환경이 아니라는 사실을 전제합니다. 그것은 인류 이전의 지구 연대기를 추정해도 명백합니다.

인간은 이 엄연한 지구적인 현실의 한 부분으로 자신의 삶을 지탱해오고 있습니다. '하나뿐인 지구'라는 지난 세기 후반의 회한에 찬 명제도 그것이 인간 본위를 벗어남으로써 온전해질 것입니다. 그러므로 새삼 동양의 고대 사상들이 자연과 인간의 합일을 말하고 있다느니 자연에 대한 인간의 오만인 서양의 이원론을 극복해야 한다느니 하는 일련의 자연 예찬들이 사실인즉 얼마나 큰 오만의 원인인지 모릅니다. 아니, 자연 자체도 영구불변의 환경이 아닙니다. 변전과 생멸이야말로 자연의 길고 긴 과정일 것입니다. 그러므로 자연 자체가 진리라는 사실도 영구불변은 아닐 것입니다.

그럴진대 이런 사상이나 의식의 계발조차도 폐기한 영零으로부터 다시 시작하는 자연 생물종의 한 종인 인간의 허심으로 눈뜨고 싶습니다. 따라서 현존하는 지구 생물종의 한 종인 인류가 생물종 전체의 운명을 함부로 좌우하는 일이 얼마나 부당한 것인가를 몇몇 깨어 있는 소수자만이 특권적으로 주장해서는 안 된다는 사실입니다. 그것은 생태 엘리트의 문제가 아니라 인간 하나하나의 골수에 박힌 일상적 인식이어야 합니다. 그동안의 인류 문명은 거의 철딱서니 없는 맹목의 모험을 일삼았습니다. 사실, 농업은 자연의 일부를 인간화하는 일이었으나 이미 그것은 자연 전체를 객체화하는 공업화의 미래를

씨 뿌렸습니다. 경작한다는 문화의 의미는 자연에 변화를 가한다는 의미일 것입니다. 그러나 이런 자연의 이용 행위는 자연을 극복하는 것을 넘어 자연 파괴로 넘어갔고 어느 시점에서부터는 문명 불가능성에 이르게까지 되었습니다. 죄와 벌은 별개의 개념이 아닙니다.

이제 북극해의 얼음이 온대 지방의 찬란한 도시들의 안전을 더 이상 보장하지 않는 시대가 되고 말았습니다. 아마존 정글의 남벌은 현지 주민의 생활을 해체하는 제한적인 참극이 아니라 지구 도처의 주민들의 산소 공급을 중단시키는 무제한의 재앙이 되리라는 예측이 나오고 있습니다. 근대의 원근법은 무효입니다. 히말라야 8000미터 고봉의 만년설이 녹는 일은 바로 서울과 리스본의 일입니다. 네팔 정부 각료 회의가 그런 고봉 기슭에서의 시위로 개최된 것은 지구 위의 모든 정부 각료들에게 보내는 경종이기도 합니다. 그러므로 중국 윈난 성의 울창한 아열대숲이 있던 지대가 개발 부동산이 되는 일과 아무런 상관도 없이 청정 지역의 모범인 헬싱키 교외인들 언제까지 저 혼자 쾌적한 환경으로 남아 있겠습니까. 이제 내 몸으로부터 가장 먼 곳의 아픔이 바로 내 몸 한가운데의 아픔일 수밖에 없습니다. 세계는 나쁜 것으로도 인드라망입니다.

지금 우리가 모인 이 건물은 깊이 생각할 것도 없이 석기시대 숲 속의 한 은신처를 닮은 것에 불과합니다. 인간 생명의 안쪽은 인류가 살았던 숲 속의 온갖 본능들의 아득한 무의식이 차지하고 있습니다. 이곳으로 올 때 우리가 비행기를 타고 온 것은, 밤에는 숲에 깃들이고 아침 햇살이 퍼부을 때는 일찍 숲 밖으로 날아오르는 고대의 텃새나 먼 길로 삶의 터전을 찾아가는 철새를 흉내 낸 것입니다. 또한 이곳은 그런 숲 속의 시원한 그늘의 냉기를 흉내 낸 냉방으로 이 8월의 폭염과 투명한 태양 광선의 직사에 노출되지 않고 있습니다. 우리의 문명이란 기껏해야 자연의 과장된 모방의 문명이기도 합니다. 그것은 고대 그리스의 현자가 예술은 자연의 모방이라고 설파한 것과도 남남이 아닙니다.

그런데 숲의 모방이나 그 재현으로서의 문명은 그것의 허용될 수 없는 추구와 함께 인간의 자연문맹自然文盲을 가속화시키고 있습니다. 이에 못지않게 숲을 약탈적인 소비재로 파괴하는 생산과 개발의 야만을 오랫동안 '문명'이라는 이름으로 불러 정당화하면서 바로 그 '문명'에 대한 비문명의 상태를 야만이나 원시라고 비하해왔습니다. 한 가닥의 죄의식도 없이 말입니다.

베네치아는 인류가 만든 보석과도 같은 문명의 상징인 수상 도시입니다. 그것은 캄보디아 메콩 강 위의 수상 취락과는 다릅니다. 바로 그 도시 베네치아는 아드리아 해 건너편의 목재, 레바논과 그리스의 목재, 지중해 연안의 숲에서 나온 목재 십구억 개로 떠받쳐져 있습니다. 이런 숲 파괴는 그나마 가시적이지만 그동안 인류가 파괴하고 소비한 목재는 도저히 계량할 수 없을 것입니다. 일찍이 티그리스 강 유역, 유프라테스 강 유역, 나일 강 유역과 저 라틴아메리카 내륙의 숲이, 그리고 사하라의 녹색과 그리스의 녹색이 다 없어지면서 그 일대에 사막과 돌덩어리 민둥산을 만들어놓았습니다.

중국 황하 유역의 고대는 숲의 고대였습니다. 채취와 수렵의 자연 일백만 년의 숲이 농경시대 사천 년과 산업화시대 몇백 년을 거치는 최단기간에 대부분 황폐화된 것입니다. 아직도 육십억의 지구 인구 중 사십억은 취사, 난방, 조명을 나무를 소비함으로써 이어갑니다. 고대 중국 청동기시대나 철기시대 황하 유역의 삼림은 이미 다 없어졌습니다. 유교가 과거를 숭상하는 윤리로부터 국가 이데올로기로 채택된 배경에는, 더 이상의 문명 팽창을 막기 위한 제도 장치로 사용하려는 의도가 있었는지도 모릅니다.

당나라 시인 두보는 다음과 같이 노래했습니다. "나라는 망해도 산하는 남아 있네."라고 말입니다. 자신의 나라가 북방 민족과의 싸움에서 패잔한 데 대한 절망과 함께, 산하가 남아 있다는 희망이 교차하고 있습니다. 만약 그가 오늘의 시인이라면 그는 시를 다르게 썼을 것입니다. 그가 내일의 시인이라면 또 다른 시를 썼을 것입니다. 나는 10년 전에 이런 시를 쓴 적이 있습니다.

「옛 시인」

나라는 망하건만
산하는 있네라 하였도다

오늘의 시인
산하는 망하건만 나라는 있네라 하였도다

내일의 시인
오호라
산하도 망하고
나라도 망하였네
너도
나도 망하였네라 하리로다

실지로 지난 세기 이래 흉흉한 속담이 떠돌고 있습니다. 샤토브리앙의 말이라고 하기도 하고 토인비의 말이라 하기도 합니다. "문명 앞에 숲이 있고 문명 뒤에 사막이 있다."라는 말이 그것입니다.

근대 이래 추구해온 인간학이라는 인문정신이나 저 르네상스로 싹튼 휴머니즘의 사상 따위에 어떤 한계가 있다면 그것은 인간의 존엄성이나 인권을 향상시키는 과정에서 자연의 존엄성을 타자화했다는 사실입니다. 여기서 자연이라 함은 모든 생명을 말합니다. 어느 특정 종교가 타 종교를 이단으로 배척한 것만이 아니라 인간이 인간 이외의 다른 생명을 객체화한 것도 마찬가지입니다. 고대 아시아의 자연사상에도 불구하고 자연을 인간의 지배 대상으로 삼은 유럽이 자신들의 자연 구역을 잘 수호하고 있는 실정에 견주어볼 때 현대 아시아의 자연환경에서는 그 사상과 현실의 괴리를 봅니다. 물론 유럽 문명은 아프리카와 그 밖의 타 지역의 지배를 통해서 숲의 자재資材를 충족시켜왔습니다. 인류 역사상 가장 오랜 시간 지속적으로 가장 많은 삼림을 파괴해온 역사를 가진 미국은, 이제 자국의 숲을 보호할 의도로 이웃 나라 캐나다 삼림지대의 생나무를 싸게 사다가 크리스마스 장식용 나무로 사용하고 있습니다.

한국이나 일본의 종이 산업이나 목재 산업을 보면 자국의 녹화 산업에 대한 지대한 관심 밖에서 보르네오 밀림의 남벌에 동참하고 있는 셈입니다. 적도의 열대림이나 아열대숲은 온대 지방에 있는 숲의 재생력이 없다고 합니다. 지금 한국은 산업화 몇십 년의 질주 후 백억 그루의 나무를 심고 있습니다. 근대 식민지 시대의 삼림 훼손과 전란 중의 파괴에도 불구하고 세계에 유례없는 국토 녹화에 성공한 모범 국가이기도 합니다. 현재 매년 사천만 톤의 이산화탄소를 흡수하는 숲을 가지고 있습니다. 이것은 승용차 오백만 대가 1년에 뿜어대는 배기가스를 정화시키는 능력을 가지고 있습니다. 이는 지난 150년간 독일의 '검은 숲'이 가꾸어온 위업에도 견주어집니다. 하지만 산업화를 이룬 나라들이 자국의 삼림 정책만 강화하고 다른 나라 삼림의 소비를 멈추지 않는다면 끝내 그것은 지구적인 심각한 문제를 외면하는 일이 될 것입니다.

여기 강조할 명제가 있습니다. 인간의 욕망 체계가 지난 몇천 년 동안 저질러온 숲의 파괴라는 누적적 범죄를 멈춤으로써 더 이상의 흉악성을 막아내야 합니다. 이런 사명을 표방하는 인류의 숲 헌장이 선포되어야 마땅합니다. 그리고 그 선언이 구호에 그치지 않게 하는 자발적 제도 역시 긴요합니다. 인류가 자랑해마지않는 지구 상의 영광스러운 인류 문명의 경이가 지구 상의 숲 대부분을 학살한 결과물이라면 그 영광은 선사적인 숲의 성역화를 필사적으로 복원함으로써 어느 정도 용인

될 수 있을 것입니다. 앞으로 백삼십억 칠천만 년이라는 지구의 수명 앞에서 숲의 정신을 인간정신의 제1의적第一義的인 가치로 삼을 때 거기에 인간의 미래라는 것도 기본적으로 보장될 터입니다.

이백만 년 전 인류 조상이 숲에서 살기 시작한 이래 인류는 그 역사의 90퍼센트를 숲의 삶으로 살아왔습니다. 그런 나머지 아직도 인간 생명의 무의식에는 인류가 숲에서 살았을 때의 본능이 깃들어 있을 것입니다. 실로 그 긴 과거 끝에 기껏 몇백 년의 근대화 속의 기껏 몇십 년의 삶이 장구한 지난 세월을 내치는 문명 행태를 보이고 있습니다. 일찍이 장자는 만물이 서로 덮어 싼다고 했습니다. 이는 그동안의 문명이 죽여온 숲의 정령들을 진혼함으로써 지구 전체를 아우르는 보편성을 드높이는 의미에도 적합한 말입니다.

이로부터 우리에게 주어진 환경의 세기를 사는 동안 숲과 산천에 대한 인간의 숭엄한 본성을 회복해야겠습니다. 그럼으로써 고대 철학의 존재론을 이긴 근세 철학의 인식론을 반성함으로써 새로운 생명존재론의 자연을 깨달아야 할 것입니다. 누군가가 근대를 악이라고 규탄한 생태 근본주의에 쉽게 동조할 까닭이 없겠으나, 또한 우리가 과거의 삶으로 온전히 돌아가는 일은 불가능하겠으나, 반드시 고대 및 고대 이전의 삶에 견줄 수 없는 근대의 삶이 베풀어주는 행복에만 몰입하는 오류는 수정할 필요가 있습니다. 앞으로의 UN의 역할도 일련의 국가 문제 및 국제 문제라는 정치 차원을 넘어서서 지구 전반의 생태 및 환경에 대한 조정의 능력을 발휘하는 데 큰 비중을 두어야 할 것입니다.

고대 인도에서는 인간의 생애의 한 시기에 반드시 숲 속의 시기가 의무화되었습니다. 이 같은 미덕의 유산을 현대 인간 사회에서 숲 체험에 도입함으로써 자연에의 귀의와 친연성을 체화시킬 수 있을 것입니다. 이에 다음의 몇 가지 사항을 제안합니다.

1. 각급 학교는 필수과목으로서 나무 이름 익히기, 나무 심기, 숲 속의 명상과 심신 단련 등을 이수토록 할 것. 한 학기에 한두 번씩 학생들을 숲에 데리고 가서 산과 숲과 자연에 대해 강의할 것.

1. 직장에서도 직무 시간의 일부를 숲의 시간으로 할애할 것. 한국에서는 청소년을 '미래의 꿈나무'라고 하고 한 집안의 장남을 '기둥', '대들보'라 하고 인간의 가능성을 '사람 재목人材'이라 하거니와, 한 인간의 탄생 기념일이나 진학, 취직, 진급, 결혼, 자녀 출생, 그리고 질병의 치유 기념이나 장례 및 추모를 위한 나무 심기를 사회 관습으로 할 것.

1. 정부 기구로서의 산림청과 관련 기관을 일급 부서로 승격·발전시키며 정부 기구의 공직자 등용 선출의 자격 요건에 나무 심기 경력을 포함시킬 것. 이러한 국가 차원의 숲 운동은 이웃 국가들의 지역이나 다른 국가와의 연대 운동을 강화함으로써 숲의 탈국경화를 실현할 것. 이와 함께 사회 윤리의 제1덕목도 나무 심기, 나무 가꾸기로 정할 것.

1. 가령 한국의 삼림의 부피가 30년간 10배가 늘어났다는 자랑이 북한의 삼림 피폐에 대한 우월감이 되지 않도록 하며 북한 및 그 밖의 지역에 나무 심기를 실천할 방법을 모색할 것. 또한 중

국 북부의 사막화에 대해 방관하지 말고 나무 심기 등을 통한 숲의 형제화를 실천할 것.

이런 지역 연대의 숲 운동의 복합적 전개가 이슥고 국제화하도록 노력해야 할 것입니다. 이런 숲 운동의 공로자에게 영예로운 포상을 실시하여 장려함이 마땅합니다. 이 밖에도 숲과 관련한 여러 구상과 지혜들이 만발하는 숲 문화를 인류의 본성 탐구로 축제화하는 일도 퍽이나 중요합니다.
숲은 우리 모두의 미래입니다. 그 미래란 우리가 숲의 선사시대로 돌아가자는 것이 아닙니다. 숲 없는 생활이나 숲을 삼켜버린 문명으로는 더 이상 인간 생명은 영위할 수 없는 내일을 확인합니다. 북구의 오딘은 숲의 신입니다. 그 신은 그리스 신들처럼 인간적이고 문화적이지 않습니다. 거칠고 단순합니다. 그러나 그 순수성은 어느 신화 속의 신도 미치지 못하는 영웅상입니다. 한국의 단군 신화는 하늘과 땅의 매개 나무인 신단수神檀樹 아래에서 최초의 도읍을 세웁니다. 5000년 전의 신시神市가 그곳입니다. 신단수라는 신의 숲이 나라의 바탕이 되고 있는 것입니다. 이런 신화들은 숲의 역사를 반영하고 있습니다. 만약 인류 문명의 성찰을 통해서 앞으로 우리가 숲의 세기를 달성할 수 있다면 그것이야말로 우리가 만들어내는 신성한 창조일 것입니다.
이제 더 이상 덮어둘 수 없는 죄와 피할 수 없는 벌이나 염치없는 사면이라는 명제는 인간이 섬기는 만큼 인간에게 베풀어지는 숲의 은전이라는 명제에 포함됩니다. 아직도 자연은 모든 오염과 모독을 치유하는 정화의 원리로 이어지는 생명의 본체입니다. 오늘의 인류는 자신의 의미를 그 일부나마 자연에 반환해야 합니다. 내일의 각국은 숲의 국가로서만 승인받을 수 있습니다. 오늘의 만남이 숲과 숲의 만남이기를 바랍니다.

숲의 하인이야말로 성인聖人입니다.

어떤 권유

관악 기슭의 새로운 벗들에게 내가 권할 것이 있다. 그 첫 번째가 여행이다.

여행이란 여행사의 소비 상품이 아니라, 인간정신의 생필품이다. 어디를 권할까. 뉴욕일까, 파리일까. 그런 곳은 내가 알 바 없다.

불현듯 제3세계라는 낱말이 떠오른다. 이 낱말은 이제 거의 쓰지 않는다. 제2차 세계대전 뒤 프랑스의 한 지리학자가 지어낸 뒤 사르트르의 입방아로 세계의 개념이 되었다.

대체로 식민지 지역이나 신생 독립국가 지역이 거기에 해당한다. 이로써 아시아, 아프리카, 라틴아메리카에 걸친 광대한 공간의 정치적 자각을 뜻하는 과정이 있었다.

오늘의 세계 인식에서 이런 제3세계 담론은 사라졌다. 그렇다고 그 실체가 몽땅 사라진 것은 아니다. 여전히 이 지역의 난제들은 지속적이다.

하지만 이 지역과 우리는 추상화된 것 말고는 정작 친숙한 경험을 주고받은 적이 없다.

그간의 우리 현대사는 미국 및 서방 세계 쪽으로 얼굴을 향해왔다. 근대화는 서구화라는 도식에 어영부영 적응해온 것이다. 이런 나머지 우리의 삶 영역에 우선적으로 맞닿아 있어야 할 아시아 각 방면에의 관심은 뒤늦게 발아하고 있다.

여기에 여행의 의미가 생겨난다. 오랫동안 잃어버린 장소들에 대한 새로운 시야가 우리에게 불가피한 무대를 설정할 것이다. 가령 중국 동북부, 민주와 몽골, 그리고 러시아 연해주와 바이칼 호 일대, 중앙아시아의 생소한 풍경 속에 우리의 발길이 드나들어야 한다.

대학생이던 체 게바라가 친구와 함께 남아메리카 8000킬로미터를 횡단한 여행은 꿈과 현실이 얼마나 동떨어지지 않은 것인가를 보여주었다.

이제 막 대학생이 된 관악의 그대들은 오직 이곳의 선택만으로 행복해질 것이 아니라 이곳 밖의 이웃과 세상에의 실감과 더불어 행복해진다는 사실을 알게 될 것이다.

세계화의 때이다. 이것은 하나하나의 자기화 없이는, 경계와 경계 사이의 다양화 없이는 무지무지한 노예화인 줄 알아야 할 때이다.

그대들이여 몽골에 가라. 가서 9일 밤낮 이어지는 기나긴 구비문학의 서사시 세계에 고개 숙여라. 그대들의 선배가 너무 많이 타자의 오리엔탈리즘에 노출되었으므로 그대들은 자신의 오리엔탈리즘을 세워보아라.

그런 다음 지구적地球的인 전망을 시작하라.

밖에서 안으로

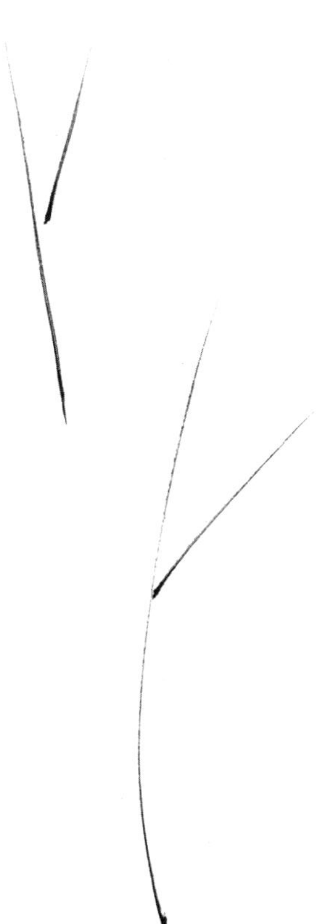

어느 영전靈前에 혹은 나 자신에게

지금 나는 미신迷信 쪽에 기울어져 있습니다.
좀 지난 일입니다. 오랜 가뭄에 뜻밖의 손님처럼 비가 쏟아진 뒤였습니다. 내가 네 번째 양심범의 감옥에서 나와 요양하고 있는 곳의 냇가 길에 물웅덩이가 생겼습니다. 이곳에 엄청나게 많은 벌레들이 서로 뒤엉켜 꿈틀대고 있었습니다.
먼지가 풀풀 나기 십상인 그 길에 비온 뒤에 생겨난 광경이었습니다. 그 생명 집단의 징그러움은 이내 감동으로 바뀌었습니다. 분명히 그것은 생의 잔치였기 때문입니다.
며칠 뒤였습니다. 그 물웅덩이는 말라버렸고 그 물웅덩이의 습지에 태어난 벌레들의 꿈틀거림도 흔적이 없어졌습니다.
나는 '조건', '환경'등의 단어를 너무 쉽게 떠올렸습니다. 아니, 그 사라져버린 생명 집단의 생生이란 도대체 무엇인가라고 누구한테 새삼 묻고 싶었습니다. 아마도 인류사 일만 번 미만의 시간 속에 이런 인문적인 물음에 대답한 사람은 적지 않을 것입니다. 하지만 나는 그 대답들 중의 어느 하나도 무효인 것처럼 속수무책이었습니다. 산책을 중단했습니다.
나는 집으로 돌아와 읽던 책을 더 읽기를 포기했습니다. 그 사라진 물웅덩이와 벌레들을 환시幻視하고 있었습니다.

기껏해야 사흘쯤 꿈틀대다 만 생을, 그 물웅덩이 습지와 함께 온데간데없이 사라진 그 생의 무상을 과연 '살았다'라고 말할 수 있는가. 생이란 본디 찰나의 것이기도 하고 인간의 장수 욕망 100세 이상의 것이기도 한 차이들은 얼마나 많은가.

그 생 자체는 어쩌면'살았다'가 아니라'살아졌다'이지 않겠는가.

이 세상에 횡행하고 있는 우연이나 그 반대인 필연의 의미가 아직껏 남아있는 까닭은 무엇인가. 더 나아가 신은 어떤 당돌한 선언으로 죽은 것이 아니라 아예 없었던 일이 아닌가. 신이라는 허구의 절정을 만들어 거기에 난공불락의 절대를 부여한 그 창조론의 상상력은 그것 자체가 인간 사회의 이념적 속성의 제물이 된 것 아닌가. 나는 이런 의문들과 함께 점점 더 그 벌레들의 부재로 말미암아 유치해졌습니다.

동아시아의 해묵은 시가 "생生은 한 자락 구름이 일어남이요 사死는 한 자락 구름이 스러짐"이라고 노래한 것도 끝내 헛된 수식인지 모릅니다.

시는 종교를 대신한다고 말했을 때의 그 '시'는 인간의 것이지 문학의 한 장르로 정의되는 것이 아닐 터입니다. 왜냐하면 시로서의 꿈 혹은 상상력의 형식이야말로 문학 이전에 인류에게 하늘의 별 역할을 제공했기 때문입니다. 그것이 종교와 이데올로기의 타율적 체제에 부응하기 전까지는 말입니다.

바로 그런 형이상의 밑창인 현실이 물웅덩이이고 그 물웅덩이로 인해서 태어나야 했던 무의지의 벌레들의 생 또한 인간의 생 자체와 동떨어지지 않습니다.

사는 것이 아니라 살아지는 것으로서의 생.

나는 이런 남루한 결론에다 우리가 사는 방식이라는 고통스러운 낙서를 씁니다. 이 낙서의 아픔이야말로 내가 사는 시대, 내가 살아지고 있는 시대에의 불가피한 애착을 반영합니다.

한 인간은 한곳에서만 살고 있습니다. 한 인간이 동시에 두 곳 이상의 장소들을 살 수 없습니다. 그렇기 때문에 여행과 이동은 한곳으로부터의 자유입니다. 수전 손택이 "문학은 자유다."라고 부르짖었을 때 그 말은 처절한 탈출을 뜻하기도 하겠습니다.

나는 내가 선택한 적이 없이 태어난 동아시아의 한 문제 지역인 한국에 살고 있습니다. 나는 유럽이나 라틴아메리카가 이 세상에 있는지 모르고 자라나서 그 미지의 영역들을 후천적으로 알기 시작했습니다.

모든 보편성이 그럴만한 요인이 있는 그 일방주의에도 불구하고 지구 상의 여러 지역은 각자의 특수성에 대한 보편성의 불화가 있기 마련입니다.

사실 하나의 21세기라는 당대의 지구 위에서도 삶의 방식은 똑같을 수가 없겠습니다. 그것을 섣불리 문명의 충돌론으로 치부해버리는 논리 이쪽에서 문명의 다양성과 차이들의 공존론이 약화되는 현상에도 불구하고 쉽게 하나로 귀결되지 않습니다.

이런 경우 유럽은 고대 로마와 신성 로마 이래의 지겨운 갈등과 그것을 넘어 하나의 익숙한 가치로 편성된 기독교 문명에 의해서 삶의 방식이 단련되어왔을 것입니다. 유럽 각국 왕실들의 혼혈은 오늘날 유럽연합의 여러 원점인지도 모릅니다. 또한 피레네 산맥 동북쪽에서 러시아까지의 거침없는 기나긴 평야가 그 가능성의 기초 환경인지 모릅니다.

하지만 시차 11시간의 광막한 아시아는 아시아들이라고밖에 말할 수 없는 집합명사의 각 공간들의 특수한 문화 경계로 정착된 것이 사실입니다. 가령 불상佛像의 경우 간다라 미술의 그리스 체계를 지나 중앙아시아의 그것과 중국의 그것, 그리고 한국의 그것이 판이한 것도 이런 아시아적 특수성에 닿아 있습니다. 한국에서 부르면 곧 대답하는 이웃인 일본의 그것과 한국의 그것조차 판이합니다.
동아시아만으로 설정해서 말할 때 역시 동북아시아와 동남아시아의 차이, 동북아시아 역내 자체의 차이들은 얼마든지 지적됩니다. 하물며 중동 이슬람 세계나 서남아시아 힌두이즘에 대해서 거의 무관한 상태가 동아시아의 한계입니다. 그 역으로 중동은 아예 동아시아의 불교, 유교의 전통적 동질성 따위는 알 바 아니겠습니다. 에드워드 사이드의 오리엔탈리즘 역시 그것은 아시아 전체를 포괄하기는커녕 일종의 중동주체론에 머물고 있을지도 모릅니다.
아시아는 아무도 하나의 개념으로 설명할 수 없습니다. 그것은 하나의 세계입니다. 한 세계 안의 어느 부분이 아닙니다.
이 같은 '세계' 속의 지역으로 살아오는 동안 이제야 폭넓은 소통이 시작되었습니다. 서로 문을 열 만큼 상대적 면역력도 길렀습니다.
여기에 세계화라는 덫은 아시아 여러 지역을 한가하게 놓아주지 않고 있습니다. 이런 현실에서 한국의 야망은 이제까지보다 더 큰 성장을 표방하고 있습니다. 그래서 지난날의 일본 모델, 미국 모델 경제 밖의 중동 모델 경제 발전을 새삼 눈여겨보고 있습니다.
화석연료의 담보로 된 두바이의 부르즈알아랍 호텔의 높이

321미터짜리 하얀 돛배 형상은 아랍 세계의 자랑이자 동아시아의 공연한 부러움이기도 합니다. 뉴욕의 9.11에 의해서 허물어진 쌍둥이 빌딩이 20세기 문명의 우쭐거리는 한 표상이었다면 1일 숙박비 일만 오천 달러짜리 두바이 호텔 건물이 21세기의 허장성세라 하겠습니다.

바로 이 과시적 실례實例와 동행하는 베이징 올림픽의 중국 역시 이에 질세라 세계 최대의 것들을 급조하고 있습니다.

이렇듯이 엉뚱한 일들이 아시아에서 태연히 일어나고 있습니다.

나는 고대 이집트 문명이나 그레코로만 문명의 폐허에서 관광객의 탄성을 자아내는 일과 달리 과연 하나의 문명이 몇천 년이나 존속될 수 있는가를 따져봅니다. 그래서 현대 도시의 초고층 건물들 역시 고대의 그것들에 이어 언제 흉흉한 폐가로 될지 모른다는 사실을 예감합니다.

아시아가 이제까지의 근대가 해온 것을 그대로 추종하며 그 규모를 더 기록적으로 조장하는 것도 또 하나의 내적 오리엔탈리즘일 것입니다.

지금 아시아의 자연은 유럽보다 훨씬 분별없이 파괴되고 있습니다. 아시아의 자연사상이나 자연과 인간의 합일철학에도 불구하고 그 고대의 지혜들이 오늘의 아시아가 살아가는 방식에 얼마나 살아 있는 대안이 되고 있는지 의심스럽습니다.

위기는 욕망 안에서 배양되고 있습니다. 오랜 전통이나 삶의 규범들이 해체되거나 현저하게 약화되었습니다. 이 같은 상황에서 어떻게 살아갈 것인가라는 과제는 한층 더 숨찰 수밖에 없습니다.

개발 성장, 선진화, 그리고 모든 것이 자본의 논리로만 규정되는 물질에의 탐닉으로 인간의 선의와 절제의 미덕이 모멸당하는 경우가 허다합니다.
동아시아의 도덕, 자연과의 융합, 가족과 사회의 공동체사상을 열거하며 21세기 세계의 중심이 동아시아라고 전망한 토인비의 세계사관에 고무되는 것만이 대수가 아닙니다.
10년 전 나는 중국 서부 타클라마칸 사막에 간 적이 있습니다. 그곳은 북아프리카 사막이 그런 것처럼, 아니 고대 그리스의 울창한 숲이 그랬던 것처럼 이전의 녹색을 기억할 수 없는 곳이었습니다. 어쩌다 만나는 오아시스도 그것이 언제 사라질지 모르는 마지막 소실점 같았습니다. 한 줄기 300미터짜리 회오리만 솟고 있었습니다. 나는 거기서 세계의 종말을 보았습니다.
지구라는 곳은 결코 영원불변의 장소가 아닙니다. 인간의 파괴 행위 이전에 그것은 자신의 수명을 가지고 있습니다. 세계와 우주의 모든 실재는 성成, 주住, 괴壞, 공空의 변화로부터 조금도 떳떳할 수 없습니다.
이런 근본적인 불안 위에 인간의 그칠 줄 모르는 개발이라는 파괴 행위가 지구에 어떤 휴식도 제공하지 않는 악덕에 의해서 더욱더 파탄을 당길 뿐입니다. 고대의 시는 나라가 망해도 산하는 남는다 했습니다. 그러나 현대의 시는 산하가 망하는데 나라는 남아 있다가 되고 있습니다. 미래의 시는 응당 나라도 산하도 다 망하였구나가 될 것입니다.
지금 세계화의 실상인 국가 중심의 국제주의와 국가이기주의, 그리고 여기저기서 우려할 만한 민족배타주의와 함께 신자유주의라는 음험한 야만에, 진정한 세계화로서의 생도 자기정체성自己正體性의 생도 상처 받기 알맞습니다.
이제 우리는 어디로 가고 있는가라는 회의적인 성찰을 통해서, 세계의 기업 욕망 앞에서 차라리 신석기시대에의 향수를 불러일으킬 때가 있습니다. 인류가 달성한 농업 문명, 산업 문명에 이어 지금의 문명이 무서운 재앙과 맞닿아 있어서입니다.
사람들은 너무나 많은 즐거움을 찾고 있습니다. 향락은 가난에도 부에도 깃들여 있습니다. 또한 연예인이나 스포츠 선수가 단기간에 명멸하는 것처럼 인간정신에서의 긴 전망이 담긴 삶을 살지 못합니다. 늘어나는 노령 인구와는 달리 일할 곳은 턱없이 모자라 룸펜의 공간이 커지고 있습니다.
우리가 사는 방식은 이제 나 하나가 사는 방식의 단일 사고를 불가능하게 만드는 커다란 문제입니다. 그것은 많은 방식들의 하나이지만 다른 방식과의 관계이기도 할 때 결코 단순하지 않습니다. 인간학은 우주학과 분리된 것이 아닙니다.
고대 사회의 난세가 성자와 현자를 배출했으나 그 배출로 고대 이후의 세계가 얼마나 더 축복받았는지 알 수 없듯이, 현대 사회에서의 삶을 지탱할 만한 어떤 예지의 전범이 쉽사리 있어 보이지 않습니다.
나의 삶도 언제나 그림으로 그려질 만큼 확실하지 않습니다. 그래서 살아가는 것이 아니라 살아지는 것이라는 오랜 피동 그다음에 우뚝 서 있을 이단異端의 자화상을 기필코 꿈꾸고 있습니다. 살아지는 것을 박차고 살아나가는 나의 삶 말입니다.
그래서 나의 내생은 지구 위의 '이곳'과 '저곳' 어디에도 내가 살고 있을 것을 염원합니다.
삼가 누구의 영전에 아뢰는다. 생은 죽음으로부터 새로워집니다.

아시아는 누구인가, 어디인가

1920년대 전기의 한 시인은 '아시아의 밤'을 노래한다. 이 아시아라는 이름은 불행히도 본래의 방향을 의미하지 않는다. 18세기 이래의 서구 세력에 의한 야만 혹은 절반의 야만으로 규정된 지구 상의 변경을 뜻한다. 그러므로 이는 서구중심사관의 사생아의 이름이기도 하다.

정작 이 시기의 아시아는 서구 제국주의에 대항하는 수난의 과정에서 근대를 경험하게 된다. 온갖 고통에도 불구하고 20세기 후반에 이르러서는 세계 경제의 새로운 가능성을 담보하고, 21세기에 접어들면 세계사의 방향성을 결정하는 주축 지역이 되기에 이른다.

아시아는 누구인가, 아시아는 어디인가라는 질문은 이런 과정을 거슬러 오르기도 할 것이다.

지금 유럽은 유로화폐를 공용한다. 영국과 스웨덴 등 몇 나라의 내국 화폐 말고는 유럽의 여러 나라들이 하나의 화폐로 통일되어 있다. 그 유로화는 미국의 세계 제패의 무기인 달러의 시장 능력보다 질적으로 우위를 자리 잡게 되기까지 한다.

화폐란 지난 시기의 물물교환보다 편리한 유통으로 세계 각지의 사회 통합을 발전시켜왔다. 그것은 물품의 교환가치뿐 아니라 그것을 사용하는 사회나 국가의 정신을 표상하는 기호이기도 하다. 그래서 한국 원화에 세종대왕이 그려져 있고 일본 화폐에 일본 근대정신을 대표하는 작가의 초상이 인쇄되고 미국의 달러화에 '건국의 아버지'가 의젓이 앉아 있는 것이다.

몇 해 전 체코 프라하 문학 축제에 아시아 시인으로 초청되었을 당시, 나는 막 유럽화폐 통합으로 인한 유럽 공동체가 실현되는 것을 근대 국민국가의 배타적 한계를 넘어선 지각 운동이라고 했다가 나를 인터뷰하던 그곳 신문 편집자의 표정이 어두워지는 것을 목격했다. 그는 내가 사용하는 화폐가 없어진다는 것은 나 자신이 없어진다는 뜻이 될 수 있다고 말했다.

나는 그에게 더 이상 내 주장을 되풀이하지 않았으나 국가라는 제도가 사라질 때의 정치적, 문화적 향수에도 불구하고 국가들이 서로 어우러져 한 지역 공동체를 만들어낼 상상력은 폐기되어서는 안 된다는 생각이 아직도 내 한쪽 호주머니에 들어 있다.

지금 유럽은 유럽헌법을 통과시키기 직전에 있다.

이 유럽의회의 초국가적 역할은 나날이 활발해지고 있다. 머지않아 통과될 유럽헌법 전문前文 초안에는 '신'이 전제되지 않는다. 유럽은 어디인가. 기독교 2000년이 만들어낸 문명의 선진 지역이 아닌가. 유럽의 어느 도시나 어느 마을이나 그 구조의 중심은 교회가 아닌가. 유럽 어느 국가 헌법도 이 '신'을 전제하고 있지 않은가.

그런 지역의 정신적 헌장으로서의 '신' 개념을 단호하게 폐기함으로써 여러 '이단' 국가들의 동참에 길을 터놓은 그 대담한 개방성에 놀라기 십상이다. 미국에서 기독교 근본주의가 부시 정부의 명분을 만들어주는 것과는 반대로 미국 젊은이들은 미국헌법의 전문에서 '신'이란 단어와 '결혼'이란 단어를 삭제하라고 주장하고 있기도 하다.

이런 점에서도 유럽이나 미국 사회의 당대는 다원 지향에 익숙해지고 있는 것처럼 보인다.

서구가 동구의 낙후된 지역까지 아우르는 전 유럽의 전략은 실로 세계사적 전환을 앞두고 있다. 이런 유럽 공동 사회의 질서에 대응하기 위해서 미국도 북아메리카를 하나의 시장으로 만드는 자유무역 체제를 통해 더 거대한 지배 논리의 장을 서두르고 있다.

이 같은 통합은 아시아 각 지역이나 라틴아메리카, 그리고 아프리카에서도 싹트고 있다. 아프리카는 어떤가. 인류사의 시원이란 명예 따위는 간데없이 유럽 세력의 각축에 의해 오랜 선사적 공동 사회가 파괴되고 그들의 자연부락 생활 권역이 서구의 이익에 의한 무자비한 직선으로 강제 분할됨으로써, 오랜 내전이나 해결될 수 없는 극심한 갈등을 지속시키는 심각한 재앙의 원인이 되고 있다. 중동에서의 그칠 줄 모르는 불화와 종파 투쟁 역시 제1차 세계대전과 제2차 세계대전 이후 영미 등의 강대국이 이 지역을 농단한 분리 통치로 악화된 사태들이다.

한 역사가는 인류의 선사시대 낙관이 다해서 인류의 역사시대는 비관이 되었다고 말한 적이 있다. 그래서 아프리카의 근세는 유럽에 의해 유린되고 수탈되고 타자화된 상태에서 오늘의 막기 어려운 불행에 이르렀다.

그럼에도 그들은 각성되고 있다. 파농의 반서구 노선이 태어났고 아프리카 단결기구와 같은 연대의 꿈이 언젠가는 유럽의 나쁜 유산을 청산할 때를 꿈꾸고 있다.
아시아 역시 동남아시아 경제 공동체를 지향함으로써 오늘의 아시아태평양 연안의 국제관계를 발전시켜왔다.
하지만 동부아시아 내지 동아시아는 20세기 벽두 일본 군국주의가 저지른 이 지역의 침략이라는 국제적 모순에 의해서 새로운 호혜 가치의 실현에 커다란 장애를 겪고 있다. 제2차 세계대전 뒤 독일이 보인 철저한 반성에 견주어 일본은 한 가닥 반성조차도 하지 않고 도리어 자신들의 행태를 은폐하고 미화하고 있다.
이럴 경우 동양 3국은 기껏해야 한·중·일의 바둑이나 야구의 친선경기 따위로 동북아시아라는 지역 관계를 유지하고 있다. 다만 동북아의 역동적인 경제 활동이라는 기반이 동아시아 상호주의를 중대시하고 있다. 그럼에도 우리에게 아시아는 아직도 그 공동 개념에서 추상인지 모른다.
지난번 나는 한 외국 잡지의 연속 특집에서 「아시아는 있는가」라는 글을 발표한 적이 있다. 다음은 그 개략이다.

'아시아란 누구인가, 해가 뜨는 아시아란 누구란 말인가.'
이른바 서구중심사관의 객체일 뿐인가, 에드워드 사이드가 말한 '오리엔트'도 그의 연고지인 중동을 얼마나 초월해 있는 것인가. 그리고 그 중동에서 이쪽 동아시아란 과연 무엇이겠는가. 그리고 동남아시아의 풍경은 시베리아에 대해서 무엇인가. 동쪽 캄차카반도와 서쪽 카스피 해 흑해와의 사이에는 실질적으로 어떤 관련이 가능한가.

근대 지도 위에서 아시아란 이토록 어떤 동질성도 결여된 채 펼쳐져 있는 오랜 지리멸렬의 연륙공간連陸空間에 불과한 것은 아닌가.

지난 세기말 동구 및 소련 붕괴 이후 하나의 시대 담론으로 나타난 동아시아 또는 동북아시아 연대 개념이 이런 아시아 공간에서 얼마나 허위의식을 떨쳐버릴 수 있는가. 그것은 성급한 수작이거나 섣부른 공론이 아니겠는가.

현재 한국과 일본, 일본과 중국, 러시아와 일본 사이에는 섬의 영유권 문제가 있지 않은가. 중국, 필리핀, 베트남도 그렇지 않은가. 어디 그뿐인가. 중국은 서북공정西北工程과 함께 동북공정東北工程으로 한국의 고대사를 탈취해가고 있지 않은가. 고대사는 바로 현대사에 개입할 근거가 되는 것이다. 실제로 한반도 북부를 속속 종국화해가고 있는 것은 아닌가. 이런 동북아시아에서 아시아라는 말은 어떤 화음을 필요로 하는가.

실지로 동아시아는 영속되는 중화주의와 영속되는 탈아입구의 야망이 충돌하는 것으로 요약되는 것은 아닌가. 저 흉흉한 대동아공영권이라는 망령이 새삼스레 떠도는 것은 아닌가. 일미군사동맹은 무엇인가.

이런 동아시아의 현실에서 이상 열거된 난제들을 극복하는 원동력이 어떻게 가능할 것인가. 이 지역에서의 갈등 과정을 지나 얻어낼 고도의 미래학적 합의는 어떻게 구현될 것인가.

고대 그리스 신화에서의 '아시아', 셈족의 '아시아'는 앞으로 지구 규모의 문화연방 시대를 불러일으킬 수 없는 것인가. 아니, 아시아에서도 아시아 화폐 통일의 꿈이 봄날의 부질없는 꿈이 아니기를 어떻게 기대하겠는가.

아시아는 지구 상의 육지 면적 30퍼센트를 차지하는 광대한 지역을 가리킨다. 한반도의 약 200배이다. 아시아 동과 서의 시차는 11시간이다. 그래서 지구의 24분의 11에 걸친 분포로 세계의 공간을 다 압도하고 있다. 과연 세계 최대의 대륙이다. 아시아는 에우로페Europe·유럽라는 여신의 대칭인 아시아라는 여신의 이름이라고 그리스 신화는 알려준다. 이는 아수asu·동쪽라는 아시리아어에서 유래된 것이 그리스로 건너간 것이리라. 이에 앞서 '동쪽'은 '해돋이'를 동시에 뜻하고 있다. 이것이 뒷날 라틴어의 '오리엔스'에 해당한다.

그러므로 서양의 시작이라는 그리스의 방향감각에서 아시아는 동방의 시작이 되었다. 바로 이 오리엔트라는 배타적 방향으로 시야가 연장되면서 무슨 말인지 모르는 '바로바로'—개굴개굴 꿀꿀꿀 멍멍멍 따위와 같은—라는 소리로 말하는 야만인 바로바로스는 끝내 오늘의 동아시아에 이르는 유라시아 대륙 대부분을 망라하게 된 것이다.

오늘날 그리스를 유럽의 시작이라고 확신하는 일이 허구라는 연구가 활발하다. 헬레네는 백인이 아니라 흑인이라는 것이다. 그리스는 페니키아와 이집트, 그리고 인류 최초의 역사를 전개한 수메르를 받아들인 동방의 산물이라는 것이다. 유대 신화도 메소포타미아의 수메르 신화의 전래라는 것이다. 근대 유럽이 만들어낸 '그리스 문명 = 서구 문명'의 정설은 심각하게 의심받고 있다.

아마도 마케도니아의 알렉산더에 의해 멸망한 페르시아로

오리엔트 문명의 불씨는 꺼져버린 것이다. 그 전쟁으로부터 2300년 전, 그러니까 지금부터 4800여 년 전 수메르는 세계 최초의 신화, 최초의 문명, 최초의 국가, 그리고 최초의 서사시를 가지게 된다.

그 서사시는 호메로스의『일리아스』와『오디세이아』보다 2000년이나 앞선 것이다. 거기에 땅끝이 나타난다. 바로 그 땅끝이 뒷날 유럽에 의해서 점점 확장되는 세계가 아시아로 지칭된 것이다.

그만큼 아시아는 하나의 이름이나 개념으로 정의될 수 없는 세계성을 의미한다. 그러므로 아시아는 어느 한곳이 아니라 세계다라고 말해도 된다. 그것은 서구중심사관의 한 대상이나 객체가 아닐 뿐만 아니라 더 높은 단계의 커다란 문화 개념일 것이다.

아시아의 다인종, 다종교, 다문화의 복합성 및 이질성들이 아시아를 하나의 명확한 개념으로 해석할 수 없게 만든다. 그러므로 아시아는 처음부터 집합명사로서의 '아시아들'일 것이다.

광의로서의 아시아는 세계 속의 한 지역이 아니라 그 자체가 이미 하나의 세계이다. 그 세계를 비서구적인 한 단수單數 지역으로 개념화하는 일이 얼마나 허황한가를 보여주고도 남는 세계인 것이다.

유럽은 고대 그리스 문명 및 헬레니즘의 지적 전통을 과시하지만 중세 보편주의로서의 기독교라는 하나의 이데올로기로 길들여진 지역이다. 그것은 같은 기독교 지역인 스페인이, 피레네 산맥으로 막힌 프랑스 보르도 지방에서 동쪽 러시아 우랄 산맥에 이르기까지 거의 일방무제의 지평선으로 이어졌다는 자연환경에서도 하나의 통합적 공간을 가능케 하는 것과 맞물려 있다.

그런 유럽은 외부로서 접촉한 동방의 이슬람이나 고대의 사상과 관습에 대한 차별화로서의 타자를 만들어낸다. 타자는 자아를 더 강고하게 만들고 배타적인 자아의 경계를 쌓아 올린다.

이런 유럽의 외부로서의 아시아는 어떤 것인가. 아시아라는 이름 자체가, 유럽이 그들의 항해 시대 이전부터 만나기 시작한 그들의 외부가 점점 확대되는 것을 말한다. 대서양의 한곳을 인도로 착각한 사실도 그런 자기 확대의 희극일 것이다.

헤겔은 동양을 정체의 왕국이고 누군가가 대변해야 할 대상이라고 그의 역사철학에서 말하는 것으로 아시아는 자기들 스스로 재현될 수 없고 누군가가 재현시켜야 할 곳이라고 말한다. 마르크스도 아시아객체론을 역설한다. 18세기 이래 유럽은 이렇게 아시아를 철저하게 객체화시킨 것이다.

그럼에도 불구하고 유럽의 오만과 상관없이 아시아는 어떤 단순론으로, 어떤 하나의 이데올로기로 통어될 수 없는 복잡한 세계이다. 누가 한마디로 규정할 수 없는 호호망망한 세계인 것이다.

이슬람교와 힌두교, 불교, 조로아스터교, 마니교, 유교, 도교, 샤머니즘 등 수많은 종교들이 여러 지역에 유통되거나 정착하고 있다. 본디 유대교도 기독교도 아시아의 것이었다. 아니 고대 인도에는 6대 사상을 비롯 수많은 사상이 성좌의 별들로 빛나고 있었다. 오늘날의 유물사관의 원형도 그런 별들의 하나로 빛나고 있었던 것이다. 불교란 그런 별들을 극복하거나 종합한 것이기도 하다.

이런 지역을 아시아라는 단일 의식으로 유럽이나 그 밖의 지역에 대응하는 것은 응당 오류를 불러일으키게 마련이다.

오늘날 아시아 담론은 우리가 아시아를 어떻게 이해하지 못하는가에서 출발해야 할 이유를 떨칠 수 없다. 아시아는 실체가 아니라 하나의 방법으로만 가능한 것이기 때문이다. 세계 근대사 속에서 아시아의 근대는 서구의 근대를 수용한 바 있다.

물론 근대 동북아시아에서는 자생적이며 내재적인 근대의 가능성을 그들의 봉건 사회에의 성찰로부터 싹틔우고 있었으나, 이는 서구의 동양 경영이라는 제국주의를 통해서 이전과 그 이후가 단절됨으로써 새로운 인식을 필요로 한다.

여기에서 서구의 오리엔탈리즘을 복제하는 자기부정적 근대가 시작된 것이다. 그 과정에서 서구의 아시아관에 종속되는 자아 상실을 초래하기도 한다.

굳이 이런 행태를 중국은 중체서용中體西用, 한국은 동도서기東道西器, 일본은 화혼양재和魂洋才라는 구호를 내세워 합리화한다. 여기에서 한국을 제외하면 중국은 아시아 의식이나 동양의 자기정체성 따위를 내걸지 않고 오직 중화주의 자체만을 강조하고, 일본 역시 아시아로부터 탈출한 일본정신으로서의 서구화를 지향하고 있다.

말하자면 아시아는 아시아를 하나의 실천 명제로 공유하지 않고 일국사관의 딱한 명분에만 집착하고 있었던 것이다.

이런 환경을 고착시켜온 지역에서 동아시아 담론은 그것이 얼마나 낯선 것이며 실현되기 어려운 것인가 실감함으로써 아시아에의 각성이 있어야 한다는 난제가 있다.

그럼에도 불구하고 당위로서의 아시아 인식은 분명히 아시아의 자기발견을 투영하고 있는 것이 틀림없다.

아마도 여기에서 근대의 초극이라는 아시아적 가능성이 나와야 할 것이다. 아시아는 누가 침략하는 공간, 누구의 소비시장이나 생산재 수탈의 공간 개념이 아니라 이제까지 근대의 서구화 과정을 통해서 성찰된 자신의 사상적 근거로서의 아시아를 지향하는 것이다.

아시아란 바로 이 지역의 각각 다양한 삶을 통해서 이루어온 역사적 복합개념임을 깨달을 때, 아시아는 서구의 타자인 아시아가 아닌 세계 계기로서의 아시아라는 보편적 자화상을 그려내게 된다.

과연 식민지 시기의 한국 시인이 '아시아의 밤'을 비장하게 노래하기 훨씬 이전에 영국 시인 에드윈 아널드는 세계 문학의 고전이 된 그의 서사시 '아시아의 빛'에서 다원주의나 절충주의의 열린 사고방식으로 불교를 예찬하고 있다. 그것은 몇백만 부가 팔리고 6개 국어로 번역되고 브로드웨이 연극으로 공연되고 영화로도 만들어졌다. 그는 다윈, 헉슬리, 스펜서, 밀 등과의 우정을 이룬 빅토리아 시대의 지적 승리이기도 했다.

18세기 이래의 서구중심사관의 한쪽에서 그들의 아시아 지배에 대한 보상인 것처럼 아시아의 사상, 종교, 문화 및 다양한 전통 가치들에의 경이적인 숭배가 일어났다. 프랑스 역사학자 미슐레는 심지어 "서양에서는 모든 것이 좁다. 그리스는 작아서 숨이 막히고 유대는 메말라서 숨이 찬다. 저 고고한 아시아를, 심원한 동양을 조금만이라도 바라보라." 하고 외쳤다. 또 다른 역사가는 '그리스와 로마보다 더 심원하고 철학적이고 더욱 시적인 고대'를 아시아에서 발견하고 있다.

아니 니체는 그의 영겁회귀사상의 씨앗을 인도의 윤회사상에서 빌려 오고 그 자신 '서양의 부처'가 되기를 꿈꾸었다. 그가 예언하기를 "유럽적 불교가 필요불가결하게 될 것"이라며 오늘날 서구의 의식 풍토를 미리 내다보기까지 한 것이다.
이런 아시아에의 회귀는 19세기 이래 유럽의 새로운 사상에 점화되었으나 여전히 그들은 아시아의 여러 인종과 낙후된 생활에 대한 혐오를 드러낸다.

오 동양은 동양이고 서양은 서양
그 둘은 결코 만날 수 없으리
신의 위대한 심판의 자리에
하늘과 땅이 반드시 서게 될 때까지는

이 키플링의 시는 동양을 유럽의 대상으로 삼는 것과 함께 신과 인간, 하늘과 땅의 이분법으로 노래한다. 샤토브리앙은 십자군은 침략이 아니라 '반격'이고 '해방'이라고 강변한다. 동양인은 정복될 필요가 있으며 서양인에 의한 동양 정복이 해방이라는 논리에 "아무런 모순도 느낄 수 없다."고 말한다.
우리는 이상의 여러 지적에 대해서 분노를 보내기보다 그들의 목소리에 냉철하게 대응할 필요가 있다.
그때 비로소 우리 자신이 서구의 문화적 상황에 익숙해진 '우리 자신으로서의 서구'를 어떻게 초극할 수 있는가를 고민할 수 있을 것이다.
그렇다 해서 우리가 갓을 쓰고 도포를 입을 수 없다. (나는 개량한복이라는 것을 좋아하지 않는다.) 그리고 지리산 청학동에 들어가 머리를 땋고 천자문을 배우는 것으로 살 수 없다.
근대 교육으로서의 서구 형식의 일상 속에서 위기의식으로서의 동양적인 것 내지 동아시아적인 가치를 육화할 수 있는가, 아니 이미 근대화된 나를 어떻게 나 자신의 오리엔탈리즘 주체로 발전시킴으로써 이 세계화의 시대를 관통할 것인가.
세계화라는 말은 우리가 유행어로 남용해서는 안 된다. 그것은 세계화의 진정한 의미를 제거하는 일방화의 지배 개념이기 때문이다.
이제 아시아는 새로운 생명 운동의 실체로 고조할 수 있다. 동아시아이든 서아시아이든 중앙아시아이든, 일극 또는 양극의 세계 지배 논리 앞에서 이웃과 타자들의 천부적인 다양성이 하나의 공동 상생체를 만들어내는 '차이들의 합동'이야말로 내일의 목표가 되는 것이다.
아시아는 각자들의 내부적 존재가 아니라 각자들의 외부적 관계로서 재현되어야 한다.
히말라야는 중국과 인도의 경계가 아니다. 몸을 가볍게 만든 히말라야 학鶴은 티베트에서 인도로 날아가는 제트기류를 타고 이동하는 것이다. 황해는 한국, 일본, 중국의 영해가 아니라 다국적 관계의 공해이며 지중해인 것이다. 지중해란 하나의 이기주의, 하나의 역사로 만들어지는 것이 아니라 여럿의 삶과 문화가 만나는 광장이다.
스페인은 고대 페니키아의 고트족과 로마와 무어족의 이슬람과 기독교의 여러 문명이 다층을 이루고 있다. 한국은 시베리아 샤머니즘에서 불교와 유교, 도교, 그리고 근대 기독교에 이르는 역사 속의 중층을 이루고 있다. 저 고대 당나라는 수많은 종교와 사상, 수많은 다른 문명들이 공존했던 곳이다. 이백은 페르시아 여자가 술을 파는 술집에서 크게 취했다.

아시아는 이처럼 풍부한 종합 문화 텍스트의 세계이다. 지금 세계정신은 동양의 정신으로부터 더 높은 문화를 요청받고 있다. 동양 역시 서양으로부터 얻은 것에 크게 빚지고 있는 것이다. 아시아는 근대 아시아로부터 근대 이후의 아시아로서 세계사에서의 찬란한 기여를 사명으로 삼은 힘의 복합 생명체이다.

동아시아 광장을 위하여

허여된 시간은 내 발언을 서언이나 결론 혹은 한 소감으로 대신하기 알맞다. 짧게 말하겠다.

동아시아 지식인은 누구인가라는 질문은 당혹스럽다. 이 질문에는 어떤 정답이 나와 있지도 않을 것이다. 이런 사정을 감안한다.

오랫동안 동아시아 지식인의 범주는 왕조 권력에 속해왔다. 그 권력에서 누락되었을 때 초야에 의탁하는 삶으로 청빈의 미덕을 이루었다. 전통 사회의 사대부에 의해 자연의 절서節序를 반영한 시편들이 많은 것은 오늘날의 생태사상에 닿아있기보다 당대 현실로부터 유리된 정서적 자기합리화이기 십상이었다.

'사림士林'의 '림林'은 '사士'를 나무들의 집합체로 비유하고 있다. 이 같은 '사士'를 '사仕'의 동의어로 여겨온 지식인은 그들의 명분과 실재의 핵심인 왕조의 해체로 말미암아 갑작스러운 근대 지식인의 역할을 떠맡게 되었다.

지난날의 사류士類는 관인官人의 호운好運에서 떨어져나가 수기지학修己之學 또는 제술製述에 기울어졌으나 개항 이래 새로운 시대에 갑자기 눈을 뜨자마자 여러 분야에서 전인적인 위상을 만들어냈다. 근대 중국과 근대 조선이나 명치유신 전후의 일본 선각자들과 베트남의 우국 지도자에 이르기까지, 한 개인이 자신의 지적 한계를 벗어나서 전방위적인 종합자로서의 삶을 영위하게 된 것이다.

그래서 한국의 한용운은 불교 승려이자 시인이며 독립운동가였고, 신채호는 시인, 소설가이자 언론인이며 역사가였고 혁명가였다.

이런 행태는 서구 계몽주의 계보와는 또 다른 동아시아 근대의 자생적 현상이다. 필경 역사의식이 위기의식의 산물이라면 그들의 선각자적인 삶은 그 시대의 모순에 대한 방어와 극복이라는 숨 가쁜 과제를 껴안아야 했을 것이다. 그들은 정치 지배 논리와는 또 다른 민중에의 수직적 관심을 의무화하면서 시대의 고뇌를 대변하게 된다.

하지만 이런 근대 지식인이란 서구 지식인의 언어를 복제하는 내적 오리엔탈리즘으로부터 벗어나기 어려운 경우가 허다했다. 심지어 전통적인 가치에 대한 해석에도 어느덧 서구 담론들이 개입되기 쉬웠다.

이런 과정에서 동아시아 지식인의 전형이 가능하다면 그것은 반봉건 반외세라는 대의를 전제로 한 새것 콤플렉스와, 현실보다 환상에 훨씬 가까운 근대 서구의 공화 체제나 과학 및 교육에의 관념적 염원을 구체화하는 데 있었을 것이다.

근대사 100년의 상당 기간 피해 지역의 지식인은 많은 시련과 굴절을 피해갈 수 없었고 가해 지역 지식인은 사상을 현실에 종속시키는 경우가 현저했다. 한 철학 학파가 군국주의를 정당화하는 '근대의 초극'에 기여한 사실도 그런 실례일 것이다. 하지만 동아시아 전역이 전쟁터가 되었던 비극이 종결된 이래 아시아적 산업혁명이라 할 압축적 근대화를 통해서 이 지역 지식인들은 자신의 정체성을 뒤늦게 찾아 나서게 된다.
이에 앞서 서세동점에 대응하는 자세로서 중국의 중체서용과 조선의 동도서기, 일본의 화혼양재 등이 서구 문명을 수용하는 규범을 표방한다. 일본의 근대 예술론이 동의 윤리와 서의 미학을 강조함으로써 그것의 습합을 지향하는 것도 마찬가지였다.
그런데 여기서 밝혀지는 것은 아시아 의식의 결핍이다. 중국은 자신의 중화 문화라는 긍지에 방법으로서의 서양을 말하고 있고, 일본 역시 일본정신 내지 일본 혼에 서양의 기술을 활용한다는 것이다.
조선의 동도서기론만이 동양 또는 동아시아 의식을 자신의 보편적인 거점으로 삼고 서양의 도구적 가치를 타협적으로 받아들인다는 점에서 소박한 동아시아 의식의 징후를 드러내고 있다. 서양의 충격에 대한 대안으로서의 동학도 조선학이나 한학이 아니라 동양 의식을 드러낸 것이다.
이 같은 사실은 근대 동아시아 담론의 진원지인 자신의 지역에서 하나의 자의식을 만들어내게 한다.
일본의 탈아입구는 오늘날의 탈아脫亞 내지 용아用亞로서의 입미로 굳어졌고, 중국의 중체는 신중화주의를 신장시켜 변방을 병합하는 중국화 공정으로 나아감으로써 조선 고대사 등을 중국사로 조작하고 있다. 심지어 칭기즈칸조차도 중국인이라고 주장하고 있는 것이다.

동아시아 내지 동북아시아가 비정부적 지식인 연대의 당위성을 주장할 때마다 현실적인 난제 앞에 놓이는 것이 안타깝다. 이는 가까스로 설정된 근대 지리학의 공간 의식으로서의 동아시아를 지속적으로 동요시키는 영토 분쟁에서도 나타난다. 동아시아의 광장은 꿈으로서는 즐거우나 현실로는 결코 즐거울 수 없다. 그렇다 해서 그 광장이 환상으로 멈추지 않는다. 왜냐하면 그 씨는 이미 뿌려졌고 그 뿌리가 내려져 있기 때문이다. 제2차 세계대전의 시대 이후는 제1차 현대 동아시아 시대의 전야인 것이다. 동아시아 지식인의 전위적 역할이 여기 있다.

도래하는 아시아의 새로운 근대

지금 부여된 명제 “아시아, 소멸의 이야기에서 생성의 이야기로”는 너무 매혹적이거나 너무 이르거나 하다는 느낌이 나에게는 있습니다.
어쩌면 이에 앞서 “아시아는 어떻게 만나는가?”라는 질문의 첫걸음이 더 요구되는지 모릅니다.
하지만 나는 아주 기쁜 마음으로 아시아 각 지역에서 오신 여러분의 의지에 부응합니다.
그동안 나는 비아시아권과 아시아권에서 종종 아시아에 관한 발언을 해왔습니다.
그때마다 나는 ‘제3세계’라는 이름을 폐기한다고 선언했습니다. 그것은 개념 생산을 즐기는 한 프랑스 지식인이 제2차 세계대전 후의 세계 지형을 구분할 때 새로 편성된 동서 냉전 체제의 역외域外를 격하시켜 싸잡은 것이고 그것을 실존주의 진영의 작가 사르트르가 퍼트린 것이기도 합니다.
물론 그 이름을 통해서 우리는 파농을 다시 읽을 수 있었고 그것은 아시아, 아프리카, 라틴아메리카의 각성과 연대를 지향하는 데도 일정한 기여를 했습니다. 그것으로 충분합니다. 이제 우리는 우리 자신의 자명한 자화상을 깨닫게 되었습니다.

또한 나는 지난번 베를린 아시아작가 대회 개막의 발언을 통해서 아시아 담론의 당위를 건드려보았습니다.
한국전쟁 직후의 폐허에서 살아남은 나에게 시의 길이 열린 나머지 그 당시 내 시적 주제는 두 번째 시집에서 밝힌 것처럼 "나는 창조보다 소멸에 기여한다."였습니다. 소멸이야말로 시의 원천이었습니다.
아마도 이런 내 정신의 형식은 전쟁, 죽음, 그리고 그 폐허가 내 시의 고향인 사실을 반영하고 있을 것입니다.
그렇다면 오늘 우리가 이야기할 소멸에서 생성으로라는 이 숨찬 명제가 나와 관련된 것은 지난날의 소멸 의식으로부터 생성 또는 창조 행위로서의 현실 설정을 떠올려주는 축복이 되지 않을 수 없습니다. 이 점에서 이 모험에 찬 행사의 주최 측을 격려합니다.

사실, 나는 대학의 내 강좌의 하나로 '아시아론' 강의를 했고, 아시아론 또는 동아시아론의 단면들을 이미 국내외에 발표한 적이 있습니다.
아시아는 지구 상의 육지 3분의 1을 차지합니다. 시차 11시간을 감당하고 있습니다. 세계 시간 24시간의 절반에 육박하는 시간의 영역입니다. 또한 아시아 인구는 다른 지역들의 인구를 폭발적으로 압도하고 있습니다.
아시아 역내는 하나의 이데올로기로 통어할 수 없는 복합 세계입니다. 이슬람과 힌두교, 불교, 유교, 도교, 그리고 오랜 샤머니즘과 함께 유대교, 기독교, 조로아스터교, 마니교의 유산도 살아 있습니다.

그래서 에드워드 사이드의 『오리엔탈리즘』도 그것의 한계는 중동인지 모릅니다. 그런 만큼 유럽의 표준으로 이름 지어진 '극동', '근동'이라는 동시베리아 일대 및 한국, 일본과 아랍 세계는 아시아라는 하나의 이름 안에 쉽게 모여들지 않는 세계입니다. 그러므로 아시아는 아시아들이고 아시아는 세계의 한 지역이 아니라 세계사 문제로서의 제1세계인지 모릅니다.
아시아라는 이름은, 아시리아어로 동쪽을 뜻하는 '아수Asu'라는 것이 그리스로 건너가 아시아라는 여신이 사는 곳이 되었을 것입니다. 그 여신의 대칭으로 서쪽 여신 에우로페가 바로 유럽임에 틀림없습니다.
하지만 그곳으로부터 아시아 경계는 한없이 확장됨으로써 오늘날의 동부아시아 또는 극동에까지 이르렀습니다.
그리스 호메로스의 『일리아스』, 『오디세이아』보다 2000년이나 앞선 수메르의 서사시 『길가메시』의 주인공 길가메시가 도착한 땅끝 역시 오늘날의 아라비아 해 또는 인도양 서북 일대 해안이었을 것입니다. 그러므로 아시아는 점점 넓어진 느낌입니다.
이런 광활한 세계를 하나의 사명 아래 인식하는 일은 현대 세계의 상상적 전망으로밖에 가능한 것이 아닙니다. 그러므로 이렇게 뒤늦게 아시아 사람들이 자신의 정체성을 공유하기를 바라는 목적으로 제시된 생성 의식은 새삼 절실하지 않을 수 없습니다.
이제까지의 근대는 고대의 찬란한 아시아의 영광을 잊어버린 채 유럽의 산업화에 의해서 가차 없이 짓밟힌 자기 단절의 그것이기도 했습니다.

마르크스조차도 아시아는 그들 스스로 재현될 수 없다고 말했습니다. 바로 그 재현이야말로 생성과의 동의어일 것입니다.
그렇다면 아시아에서의 소멸의 의미는 두 가지 이유와 관련됩니다. 하나는 아시아 각 지역에서 발달한 고대의 지혜와 사색의 역량으로 가능했던 보편적 가치들을 아시아의 각 지역이 어떻게 계승했는가, 어떻게 전통의 계승적 재현에 실패했는가를 반성하는 것입니다. 또한 아시아를 객체로 만든 근대 유럽 제국주의 수탈은 아시아의 당대만이 아니라 그 고대까지도 무력화시킨 야만이 지적되어 마땅합니다.
빅토리아 왕조의 디즈레일리는 인도와 아시아야말로 비즈니스라고 말하고 프랑스 샤토브리앙은 십자군 원정은 침략이 아니라 해방이라고 말했습니다.
이런 유럽중심사관의 현실에서 아시아 근대 풍경은 근대화 즉 서구화라는 타율적 등식을 합리화하는 자위로서 중국은 중체서용, 일본은 화혼양재, 그리고 한국은 동도서기를 말했습니다. 최소한의 생성을 기대하는 고육책이기도 한 이러한 수용에도 불구하고 그것은 일차적으로 서구의 외형 모방을 면하기 어려웠습니다.
그래서 아시아에서의 소멸이란 자신들의 유구한 전통 혹은 전통적 자아의 소멸이라는 단일개념이 아니라 서구를 받아들인 당대의 실존적 상실을 포함하는 데서 더욱 처참한 것입니다.
하지만 근대 100년 혹은 그 이상의 시련과 모색은 이제 근대의 여러 폐단에도 불구하고 각자의 일정한 자기동일성을 실현하게 되었습니다.
한 예로 한국 근대 문학은 근대 시 100년을 맞이한 오늘날 100년 전의 성급한 모방과 이식으로부터 육화된 시의 다양한 전개를 이룩했거니와, 이에 앞서 근대 시가 서구 시 형식으로 바뀐 지 10년 정도 지난 뒤에는 지금까지도 그 숙도熟度를 과시하고 있는 시 세계가 놀랍게 가능했던 것입니다.

21세기라는 당대에는 아시아 각 지역의 근대 문학들의 높은 성과가 더 이상 서구 문학의 고질적 위세에 고개 숙일 이유가 없을 것입니다.

본디 아시아의 오랜 세계는 고대 이래 가치의 우월성을 이어왔습니다. 그리고 그 우월성은 이제 '소멸'에서 '생성'으로의 지층을 재현해낸 것입니다.

이 같은 일을 아시아 자체의 성능이라고만 뽐낼 까닭이 없습니다. 아시아는 근대의 정신착란적인 시련을 통해서 서구보다 더 역동적인 근대 후기를 달성함으로써 서구의 또 다른 미덕에 빚지고 있기까지 합니다.

이와 함께 서구의 선각적인 시야가 이제까지 폄하해온 아시아 또는 동양의 높은 단계인 세계정신을 새삼 복원할 때 한층 새로운 아시아의 세계 척도가 가능하게 되었습니다.

니체가 불교를 유럽의 미래에 불러들이며 저 자신이 유럽의 부처라고 자칭했고 한 영국 시인은 '아시아의 빛'으로 아시아를 예찬했습니다. 프랑스 역사학자는 모든 것이 좁은 유럽에서 '고고하고 심원한 동양'을 바라보라고 역설했습니다. 토인비 또한 21세기를 아시아가 세계를 이끌어가는 세기라고 내다보았습니다.

바로 이러한 서구의 예언적 전망과 아시아가 길러온 근대 이후의 자존심이 합일될 때 거기서 생성의 세계가 당연히 열릴 것입니다.
나는 20년 전부터 우리는 근대를 재근대화해야 한다고 말해왔습니다. 우리의 근대 지속이 여전히 서구의 이분법 이데올로기에 의한 그것일 때, 자연과 친자연 문화의 파괴로 인한 재앙은 이전의 제국주의 침략 이상으로 더 비극적일 것입니다.
바로 이 비극을 방어하는 성찰로서의 새로운 성찰적 근대가 아시아에서 세계 구원의 연대기에 다가서는 일이 되겠습니다.
하지만 세계화 또는 국제화의 맹렬한 추세가 만드는 세계 체제에서의 아시아 또는 아시아 각 지역의 삶이 어떻게 내적 창조적 경계를 지켜나갈 것인지 이에 대한 부단한 질문이 잇대어지지 않으면 안 됩니다. 생성은 결코 쉽지 않고 빨리 이루어지는 것도 아닌 시간의 역할입니다. 그것 자체가 이제까지의 소멸이라는 마이너스를 메워야 할 원점의 회복을 의미하기 때문입니다. 바로 그 원점에서 생성의 첫 울음소리가 시작할 것입니다.
아시아는 너무 늙은 것 이상으로 너무 젊습니다. 부디 21세기 상반기라는 할 일 많은 시간을 각자 공유할 때 그 시간 속에 묻혀 있는 자신들의 운명을 개척할 수 있겠습니다.
마지막으로 하나의 역설을 던집니다. 생성은 소멸의 앞이 아닙니다. 그 뒤입니다. 소멸의 흔적에서 즉각적으로 발굴되는 생성에의 가능성이 솟아오를 것입니다. 아시아는 아시아들이고 그 아시아들은 다시 아시아이겠습니다.

자치의 꿈

자치의 꿈은 슬프다. 그러나 이는 궁극적으로 정치의 황홀경에 닿아 있다. 정치가 비로소 미학이 된다는 뜻이다.

왜냐하면 자치야말로 인류에게 남겨진 마지막 이상의 방식이기 때문이다. 이미 원시 사회에서 그 동기가 부여되었다. 아마도 현대 민주주의 또는 공화제 사회가 지방자치라는 삶의 기층 장치를 향유하는 것도 그것의 선진성보다는 본래성에 다가가는 일일 터이다.

언젠가는 이 지긋지긋한 국가주의 그다음에 도래할 자발적 자율적 공동체는 그 생활로서의 자치가 중앙 통제로서의 정치를 행태적으로 종결시킬 것이다. 역사가 이상의 현실화 과정인 것을 믿을 만한 근거가 거기 있다.

지금 세계 여러 지역에서는 근대국가의 자기 확대 잔재로서의 문제들이 해결되지 않은 채 그 문제의 진실들이 왜곡되고 있다. 이에 대한 저항도 결코 축소될 줄 모르고 지속된다.

독립이냐 예속이냐 하는 당장의 생존 문제라는 자각에 의해서 그것은 힘의 논리를 뛰어넘을 때가 많다.

이런 독립 의지의 표출이 때로는 격동으로, 때로는 완화된 지혜가 담긴 자치 청원으로 드러난다.

스코틀랜드는 300년 이상 잉글랜드로부터 독립하려는 자주 노선을 견지하고 있다. 아일랜드는 북아일랜드를 생짜로 떼어 내는 아픔과 함께 독립했으나 북아일랜드 문제는 오랜 활화산으로부터 휴화산이 되어 잠정적이다. 웨일스 지방도 '프린스 오브 웨일스'라는 잉글랜드 왕실의 명예를 갖다 붙인 것으로 얼버무려지지 않는다. 끝내 웨일스어는 영어에 대한 자국어로 복권되었다.

스페인의 바스크 지방도 바스크어를 살려냈으며 그들의 독립운동이 자주 테러리즘으로 세상의 잠을 깨우기 일쑤이다. 1930년대 스페인 인민전선 당시 바스크 주민을 학살한 독일 나치 공군의 야만은 프랑코 체제와 함께 세계의 양심권으로부터 오랜 고립을 자초한 바 있다.

영국 식민지시대 홍차 재배를 위해 인도 남부 타밀족을 아시아의 스리랑카로 강제 이주시킨 이래, 그 타밀족 현지 정착으로 인한 분리주의가 스리랑카 정부에 항시 위기를 불러왔다.

1950년대 이래 티베트가 중국 영토에 편입된 뒤 달라이라마 망명정부는 이제 독립이 아니라 자치라는 타협안을 중국 정부에 내놓은 상태이다. 이것은 신장 위구르 회교족이 독립을 위한 산악유격전을 단념하지 않는 것과 대조적이다.

이라크 북부 크루드 자치권에선 30년 전의 평화협정에도 불구하고 바그다드와의 갈등이 이어지는 상태이다. 체첸 문제도 러시아 압제에 대한 그 간헐적인 혈전을 끝낸 것 같지 않다.

대만은 장제스의 국부군이 상륙한 이후 몇십만 명을 학살한 이래 본성인本省人과 대륙인大陸人 사이의 긴장 관계가 누적되어 있다. '아시아의 고아'로서의 대만이 중국 대륙에 대한 방어적인 자신의 과제를 어떻게 실현할지 모른다.

인도네시아에 대한 티모르 독립운동도 많은 상처를 남기는 동안 세계사의 한 관심으로 떠올랐다.

아니, 서반구의 캐나다 퀘벡 역시 영어 사용의 정부에 대해 불어 정부를 사수하려는 배타주의가 여전히 생생하다.

어디 이들 지역만의 일이겠는가. 지구 상의 더 많은 지역에서 아직도 역사 행위로서의 독립 또는 자치에의 꿈은 소멸될 줄 모르고 있다. 지금 무섭게 진행되고 있는 탈 민족 탈 국가주의의 경제와 인터넷, 그리고 유목적 시장에도 불구하고 그런 꿈은 유전자적으로 강화되고 있다.

이러한 각 지역의 꿈은 보편적이다. 또한 그것은 특수성으로서의 본능에 기울어진다. 동아시아 허브에 위치한 해상국가 유구국이 진작 일본에 강제 통합되고 상당한 시간이 경과한 나머지 오늘의 오키나와 문제로 지속되는 것도 이 때문이다.

유구호琉球弧로서의 이 섬들의 공동체 무대는 그 자연 조건으로서 동북아 태풍의 발생 지대이기도 하다. 태풍은 그 태풍권을 하나의 친연성으로 만들어내는 살아 있는 자연환경이다.

이와 함께 이곳은 동아시아 남과 북의 여러 열국들을 연결시키는 지형의 매개자였다. 그들 자신의 일상은 이런 관계로서의 공간에서 육지 문명과 토착 문명을 공존시켜왔다. 한국의 오방색伍方色과 근세 불교를 수용한 사례, 일본 서부의 생활 문화를 육화한 사실, 중국과의 오랜 관계로 한자권의 동질성을 이루었다는 사실은, 그 밖의 동남아시아적인 남방의 요소들과 다양하게 어울려 있다.

이 유구열도가 한반도, 대만, 사할린 남반부를 일본 제국의 판도로 편성했던 지난날의 첫 번째 사건이 오키나와 병합이었던 것이다.

태평양전쟁에서 패전한 일본은 그 당시의 천황이 먼저 나서서 점령자 맥아더에게 오키나와를 바친 것이다. 전쟁 마지막의 격전지이던 오키나와는 그곳 원주민이나 식민지 주민 남녀들에게 집단 자살을 강요한 비극이나 일본 본토 민중들의 고통을 파묻고 있는 것이다. 바로 이곳 오키나와 상륙 작전에 투입된 미군이 한반도 남부에 해방군이 아닌 점령군으로 상륙함으로써 군정을 실시했다.

1940년대 후기 이래 오키나와는 하나의 속담을 만들어왔다. "오키나와에 미군 기지가 있는 것이 아니라 미군 기지 안에 오키나와가 있다."라는 것이 그렇다.

과연 오키나와는 미 군사기지로서 태평양전쟁을 계승하는 작전지역이었다. 한국전쟁, 베트남전쟁, 그리고 최근의 아프간전쟁과 이라크전쟁, 거기에 대對중국 봉쇄 전략과 대對북한 전략에 이르기까지 미국의 세계 패권주의 전진 기지가 되어온 것이다.

오키나와는 100세 이상의 장수 지역이라는 자랑과 청정 해양의 풍광 자랑의 다른 쪽에서 숱한 환경 파괴와 개발 등으로 자신의 본연적인 삶의 약동이 막힌 상황 역시 숨길 수 없다.

오랫동안 이곳은 동아시아 지중해사관의 선구적인 장소였다. 육지사관의 일국주의 군림이 아니라 수평선의 여러 국가 사이의 국제적 다양성이 표출되는 현장이기도 했다.

이는 동양의 권위주의 육지성을 넘어서는 공동체적 해양성을 생육시켜온 힘들이 오늘의 국제성에 밀접해질 수 있는 것이다. 하지만 동북아시아의 현실은, 이런 고귀한 가치를 채택하지 않는 자국의 이데올로기에 의한 자국 이익의 탐욕밖에는 여념이 없는 듯하다. 한일 관계, 일중 관계, 중대 관계, 러일 관계 어느 것 하나 바람직한 해결을 이끌어낼 수 없는 장기간의 아집으로 굳어져 있다.

여기에 전후 문제 청산이라는 일본의 동아시아에의 성찰적 기여는 거의 불가능한 것이 되어버렸다.

그러므로 동북아시아 연대론도 이 지역의 지식인들의 탁상담론에 불과한 것이 되기 십상이다. 정세는 날로 더 긴장을 낳고 있다. 유구에서의 자치론 역시 오키나와와 일본 사이의 단일 관계 밖에서 동아시아 전체의 관계 회복이라는 고리에 닿아 있기도 하다.

만의 1, 천의 1, 백의 1, 십의 1로 유구호가 자치의 꿈을 현실로 만들 수 있다면 그것은 동아시아 역사 진행의 전반에 걸쳐 새로운 척도가 될 것이다. 우선 티베트 자치로 연동되지 말라는 법도 없다.

장차 이 자치는 오키나와의 꿈을 넘어 세계 모든 지역의 자치라는, 원시 사회로부터 당대 사회에 이르는 인류사적 사건이 될 것이 틀림없다. 그리하여 자치는 인류 문명 마지막의 삶의 형식으로 실감되기에 충분하다.

이 꿈은 지금은 국가 내지 초국가 체제에 맞서 너무 미약하다. 그러나 여기에 담긴 인류의 이상적 가능성은 그 현실성과 동행하고 있는 것이다. 한 점은 마침내 하나의 세계가 된다.

오키나와의 무덤은 어머니의 성기를 형상화하고 있다. 그것은 외설이 아니다. 그것은 종교이다. 인간이 다시 돌아갈 생명의 자궁인 신성한 모성을 뜻하고 있다. 자치는 동아시아 유토피아의 한 자궁이 될 수 있다. 그리고 그것이 바다 저쪽의 수많은 피안의 삶으로 태어나는 아기의 시작이다.
아기가 있어야 세계는 미래를 연다. 자치, 우정, 아나키즘, 옛날 옛적의 오키나와 애니미즘……. 이런 것들이 근대의 항구 밖에서 하나의 해류로 떠돌고 있다. 그것이 곧 우리 각자의 문화에 초대될 것이다.

시여 날아라

너에게 시가 왔느냐

이상하다. 나는 이 서문으로부터 멀리 떠나버리고 싶다.

언젠가 스페인에서 내가 말한 적이 있다. "어느 제왕이 선포하기를 스페인어는 신과의 대화에 쓰이는 말이라고 했습니다. 그렇다면 한국어는 혼과의 대화에 쓰이는 말일 것입니다."라고.

자주 한국어는 저 세상의 혼을 이 세상으로 불러낼 때와 이 세상의 집착에서 벗어나지 못한 혼을 달래어 보낼 때의 그 진혼의 서술을 통해서 한층 더 간절해진다.

나의 시 역시 어떤 진혼의 언어이기를 바라고 있다. 그래서 한국어의 숙명으로부터 태어난 나의 시가 하나의 혼으로 떠도는 일을 꿈꾸지 않을 수 없다.

한국어의 바다 건너에 일본어가 있는 것, 중국어가 있는 것, 그리고 베트남어가 있는 행복과 그 언어들의 경계를 넘나드는 행복에 의해서 나는 혼자가 아니다.

이런 나의 언어가 일본어의 우정으로 하여금 새로 태어난 것은 또 하나의 시의 행로임을 새삼 깨닫게 한다. 왜냐하면 시는 한곳에서 다른 곳으로 가는 일을 시 자신의 삶으로 여기고 있기 때문이다. 그렇겠다. 시가 한 나라의 울음이라면 그 울음은 이읏고 다른 나라의 울음 나그네가 되는 것이다. 아직도 저 5000년 전 수메르 시대의 시가 오늘의 나그네로 살아 있는 사실과 다를 바 없이.

여기 두 사람의 얼굴을 떠올린다.
지난 해 세상을 떠난 쓰루미鶴見和子 여사를 생전에 만나보지 못한 것이 원통하다. 그녀의 부음을 듣고 멀리 애도의 배례를 드렸다.
그런데 지금 나는 마치 그녀가 나와 함께 앉아 있는 듯 방 안의 어떤 홍조紅潮와 같은 기운을 느끼고 있다. 그녀는 살아 있다!
또 한 사람은 몇 해 전 세상을 떠난 피에르 부르디외이다. 그 마른 웃음과 성근 머리의 쓸쓸함이 내 앞에 있는 듯하다.
나는 그가 한국에 왔을 때 함께 있었다. 그때 시가 나에게 오는 것을 그가 알아차렸다. 다음의 시가 그때를 그려준다.
「너에게 시가 왔느냐」라는 시이다.

가슴 열었다 허파가 나왔다 뜨끈뜨끈한 염통이 나와버렸다
숨은 천년 전의 미래
꼭꼭 숨은
천년 후의 과거
이것들이 뭉게뭉게 피어올라
오늘의 맨 얼굴을 만들어낸다
아지랑이
아지랑이 암컷아

발제 그리고 빈약한 토론

2000년은 20세기인가 21세기인가
2000년 첫여름
경주 보문호수 한 켠
호텔 식당에서
나는 벚나무 사이로 물을 보고 있었다
물은 너무 많은 허위에
에워싸여 있었다

이제부터 아메리카 제국주의와 싸우기 위해서
함께 뭉치자고
부르디외가 나에게 말했다
그는 나보다 세 살 위
나보다 더 소년이었고
나도 덩달아 소년이었다
물은 물속의 짧은 삶과 죽음들을
모르는 척하고 있었다

프랑스의 과거와
한국의 현재가 뭉쳐
내일의 얼굴을 만들어낸다

오 우연의 절대

그때
통유리창 밖으로
박새 한 마리가 날라갔다
(참새가 아니라 박새일 것이다)
내 눈길은
뜨거운 제국주의를 그냥 놔두고
그 새
그 새의 찰나에 사로잡혔다

부르디외가 물었다
지금 너에게 시가 왔느냐
라고
(새가 지나갔으니 틀림없이 너에게 시가 왔을 것이다)

나는 창밖의 물속에서
방금 솟아올라
오래 참았던 숨을 터뜨렸다
나는 젖은 장님으로 대답했다

그렇다 시가 왔다
라고

둘은 뭉쳐 껄껄 웃었다

웃을 때
하나는 얼굴과 목 주름이 너무 많았고
하나는 아예 눈이 없었다

부르디외는 그 길로 일본에 건너가
후지와라쇼텡 주최의 기념강연을 하고 빠리로 돌아갔다
얼마 뒤 세상을 떠났다
나는 후지와라판 부르디외 라이브러리 14권을
이것저것 보았다
그런 뒤
데리다와 사이드의 조사弔辭를 읽었다

가만히 또 시가 왔다

마드리드에서

지난 1월 과달라하라의 멕시코 북페어 한국 문학 주간을 통해서 나는 한 인간이 그가 살고 있는 곳에서 어디로 가는 행위, 즉 여행과 이동의 의미를 새삼 확인하게 되었다.
이는 고대 중국의 노자가 이상적인 덕목으로 말한 여행 부정이나 팔레스티나 시인 마흐무드 다르위시의 시에 보이는 현장 이탈에 대한 경종과는 또 다른 절실한 의미이다.
한 인간이 다른 곳의 인간과 만나는 일 자체가 진리를 성립시키고 문화를 발생시킨다는 사실을, 중국선中國禪의 창시자 달마가 인도로부터 바닷길로 중국에 도착한 사건으로 짐작할 수 있다.
그것은 "달마가 동쪽에 온 까닭은?"이라는 하나의 명제를 낳기까지 한 것이다.
비단 이런 선禪에 관련된 사항이 아니더라도 오늘의 내가 중국 서부 변방의 사막 실크로드 일대에서 고대의 동서 문화가 만나서 서로 새로운 세계를 체험하게 되는 감동을 추체험할 수 있다.
그래서 아즈텍이나 마야의 장엄한 옛 삶이, 아시아 대륙과 남북아메리카 대륙의 대이동의 역사를 통해서 그 같은 한층 더 고조된 인간의 이동이야말로 문화의 생모生母임을 일깨워주는 것이라고 믿게 한다.
나 자신이 속해 있는 한국 혹은 한국인에게도 근본으로서의 유랑을 피할 수 없는 유전을 발견할 수 있다. 모든 요소는 나그네이다!
나는 멕시코에서 지낸 며칠 동안의 시적 축복과 함께 스페인어권의 라틴아메리카 및 남아메리카 문학이 오늘의 세계 문학 특히 서구 문학에 대해서 얼마나 생명적인가, 혹은 얼마나 농도 깊은 진실인가를 체감하게 되었다. 그것은 동양과 서양의 구분조차도 관능적으로 극복하고 있는 많은 가능성의 광휘이기도 했다. 가장 오래된 곳에서 오랫동안 견디어온 미래, 즉 새로운 세계가 실현되고 있다는 것은 분명 문학적으로 황홀한 일이다.
나는 멕시코에서 또 하나의 동양, 이제까지 만나지 못한 동양의 뒤쪽을 어떤 고고학자들이 쓰는 화공 약품 없이 살펴볼 수 있는 착시를 겪고 있다. 동양 혹은 동북아시아에서 익숙해진 말투로 말하고자 한다.
서기 831년 한국의 젊은 구도승이 중국 대륙 당에 건너갔다.
그곳의 고승이 물었다.
"어디서 왔는가?"
젊은 승려가 지체 없이 대답했다.
"동쪽 나라에서 왔습니다."
"물길로 왔는가? 육로로 왔는가?"
"두 길을 모두 거치지 않고 왔습니다."
"두 길을 거치지 않았다면 어떻게 여기에 왔는가?"

"해와 달이 다니는데 동과 서가 무슨 장애가 되겠습니까?"
"실로 동쪽의 보살이로다."
새로운 세계! 그 세계를 찾아 나선 자가 있다면 그에게 물을 주고 싶다. 그의 지친 몸의 갈증을 달래주지 않으면 안 되기 때문이다. 그에게 불을 주고 싶다. 추운 밤의 모닥불로 언 몸을 녹여야 하기 때문이다. 아니, 단단한 쇠를 주어 세찬 바람에 그것을 의지하며 휩쓸리지 않게 하고 싶고 오래 쓸 수 있는 쇠의 연장이 되게 하고 싶다.
그러나 진흙으로 만들어진 자는 물을 건너지 못하고 나무로 만들어진 자는 불구덩에 가까이 갈 수 없다. 제법 단단한 쇠붙이로 만든 자라 한들 100년 안에 한갓 녹슨 건달이 되지 않겠는가.
여기에 건달 하나가 있으니, 스스로 물에 젖어서 진흙이 없어지고 스스로 불붙어 나무가 없어졌다. 비바람에 녹슨 쇠붙이 역시 흐지부지 없어지고 말았다.
가거라. 새로운 생명이 태어나 울고 있으니 그곳이 새로운 세계가 아니겠는가.

선은 우선 말과 글을 부정함으로써 그 생명을 삼는다.
얼마나 통쾌무비한 일인가. 하지만 여기에는 선 수행의 환경도 현실적으로 반영되고 있다. 인도의 선을 받아들인 바탕으로 노장철학이 있거니와 정작 고대 중국의 불교는 너무 빨리 왕실과 상류 계급의 웅장한 형이상학으로 정착하고 있었다. 그것은 말과 글이 특권층의 전유물로 행사되기 십상이었다.
바로 이에 대한 강력한 민중적 부정으로 말과 글의 행위를 타파하는 것이 곧 선이었다. 그러므로 선은 글을 아는 자에게 그 것을 철저히 버리게 하고 말 한마디도 제대로 하지 못하는 밑바닥 사람들에게 성큼 다가가 '바로 사람의 마음直指人心'에 과녁을 뚫었다.

그뿐만 아니라 선은 승려 중심의 권위적 체계를 벗어나 세속 평민이나 노예도 구애 없이 그 정통성을 확립하는 데 기여하기 시작한다. 제3조 승찬과 제6조 혜능이 바로 그런 하층 출신이었다.

인도의 선이 숲속의 귀족적 무노동임에 대해서, 중국선이 한창 치열할 때는 하루에 농사일을 하지 않으면 하루 두 끼 밥을 먹지 말라는 선농禪農일치를 그 특색으로 하고 있는 것도 진리가 생활이나 노동과의 거리를 두지 않는다는 사실을 의미한다.

오직 선은 마음뿐이다. 이 마음속의 진면목으로만 기존의 세계와는 전혀 새로운 세계를 만날 수 있다는 것이 선의 목적이다. 아니, 마음이라는 것도 끝내 없어져야 할 헛된 대상이리라. 말과 글, 그리고 일체의 가치들을 부정함으로써 일체의 진실을 획득하는 그 모순으로서의 부정에도 불구하고 선은 자유와 비약, 직관의 선문답과 선시를 낳게 된다. 8세기 무렵의 선은 선 문학의 황금기이기도 했다.

선은 소설 따위가 아니다. 선은 시이다.

기존의 말과 글로부터 해방된 고도의 정신 행위이며 그것은 전혀 낯선 체험이기도 하다. 이 낯선 상태의 생명적 고양이 선시의 핵심이다.

이 생명력은 굳이 선시라고 이름 짓지 않은 모든 시들에도 선시적인 어떤 긴장과 박진성, 그리고 대담한 역설과 힘찬 비약들을 구사하고 있다는 점에서 모든 시는 충분히 선시의 가능성을 잉태하고 있는지 모른다.
고대 중국 시인 도연명에게 다음과 같은 시가 있다. 그가 당대의 고승 혜원과 막역한 친구인 것과는 상관없는 것이다.

산 기운은 저녁노을로 아름답고
나는 새는 짝지어 돌아간다
여기야말로 참뜻이 있으니
말하고자 하니 벌써 말을 잊었네

불교 경전은 그 문학적 분류 방식에 따르면 대체로 12종류이다. 이 가운데서 순수한 운문으로 된 '가타gatha'가 있고 산문으로 서술한 것을 운문의 형식으로 강조하는 '게야geya'가 있다. 이미 여기에서 선시의 기원을 찾을 수 있을 것이다.
이것이 고대 중국 당나라의 산중에서 선시의 황금시대를 이룬 나머지 한국에 이르기까지 천 년이 넘도록 선시의 시사詩史를 쌓고 있는 것이다. 그러나 고대 중국과, 중세와 근세의 한국, 일본 등지의 선시는 선을 지식으로 받아들이는 시인을 통해서는 생명적이지 못하다.
나는 지난 10년 동안의 선의 생활을 통해서 선시적 체험을 어느 만큼 담보하고 있다.
이 체험의 다른 쪽에 있는 문학의 힘은 아무리 선이 글자를 부정한다 하더라도 그 의미를 문학의 대상으로 삼을 자유가 있다는 사실에도 익숙하다. 다시 말하면 문학 행위 속의 그 선천적인 직관 역시 선과의 형제이기 때문이다.

그러므로 이 선시집 『뭐냐』는 선시의 역사에 충실하기보다 그것으로부터 벗어나려는 선의 행위이자 시의 행위이기도 하다. 그것은 시의 진지한 묘사 또는 보편적인 오뇌와 각기 다른 종류의 체험과 상상에 대해서 선시가 너무 통쾌하기만 하다는 지적까지도 배려하는 일이다.

나에게도 물과 불, 그리고 쇠와의 만남이 필요하다. 그것은 새로운 세계에 대한 나의 끊임없는 몽상과 의지 때문이다. 나는 은유 그 너머의 무엇을 만나게 될 것이다. 어미가 새끼의 일을 알듯이 새끼가 어미를 찾듯이 그 세계에 대한 사랑이 곧 선이 아니겠는가. 선은 지혜이기보다 사랑이다.

괴팅겐에서

시인은 도둑이 아니라 거지이다. 시인이 거지라는 것은 예로부터 세속 물질의 거지이기도 하지만 그 이전에 언어의 거지이다. 시인은 언어의 어떤 상태를 갈망하고, 언어의 어떤 경계에 굶주려 있는 자이다.
또한 시인은 그 언어를 통한 진실의 거지이다. 온갖 거짓과 싸우는 언어가 바로 진실이기 때문이다. 그래서 시인은 한없이 진실을 구걸하는 자이다. 진실은 쉽게 손에 넣을 수 없다. 때로는 피투성이 빈손으로 돌아서게 된다. 그래서 시인은 절망의 거지이기도 하다.

이 세 번째 독일어판 시집에 대해 나는 변명하고 싶지 않다.
이 시집이 내 이름 없이 독일의 서점 한구석에 마치 방금 죽은 아기처럼 조용히 꽂혀 있는 것을 상상한다. 기원전 2500년대를 살았던 상고시대 수메르의 시인 카노슈 카드로가 자신의 시에 이름을 명기한 세계 최초의 시인이 된 이래 시와 시인이 늘 함께 붙어 다녀야 하는 운명은 너무 오래되었다. 그럼에도 시에 대한 집착을 나는 아직껏 저버리지 못하고 있다. 슬픈 노예인 것이다.
나는 시의 무기수이다. 어떤 사면도 필요 없다. 온갖 언어를 받아들이고 또 그것을 개펄이 썰물을 다 보내듯이 보내는 그 언어의 자유는 어느 만큼 시 속에서 실현되고 있는지 모른다.

마치 작은 무인도가 온통 파도 소리에 에워싸인 것처럼 나는 꿈에 둘러싸여 있다. 꿈이야말로 내 생의 정치이며 내 시의 원시 종교이다.

그래서 꿈의 시기가 이따금 현재로부터 일탈한다. 이를테면 한국이 불교와 유교, 도교를 받아들이기 이전의 선사시대 시베리아 샤머니즘의 접신술이든, 중세 독일이 부국어父國語인 라틴어 이전의 여러 방언에 잠겨 있는 단순한 영감 속이든, 거기에 태어났다면 나는 어떤 시인이었겠는가. 후세에 야만이라고 단정하기 일쑤인 정신의 서장序章과도 같은 순수는 이제 더 이상 누구의 것도 될 수 없는 것인가. 이것이 과거에의 절망이다.

반대로 내가 앞으로 몇백 년 뒤의 시인이라면 우주의 어떤 방언으로 시를 쓸 것인가, 또 어떤 외계의 시인과 우정을 나눌 것인가. 이것은 미래의 희망이다.

이런 절망과 희망 사이에서 오늘의 내 시가 쓰레기와 쓰레기 아닌 것의 차이를 잘 모르는 세상의 물질이 되어 숨 쉬고 있다. 나 자신으로부터 떨어져 나간 내 시도 슬픈 노래이기는 마찬가지다!

한국에서는 새가 노래한다고 말하지 않고 새가 운다고 말한다. 소와 송아지도 운다고 말한다. 한국의 시인은 이런 이웃들을 닮아서 시를 노래하지 않고 시로 울고 시로 우는 것이다. 아니, 어느 나라 시인이든 시인은 궁극적으로 우는 자가 아닌가.

시인은 세상의 교사가 아니라 친구이다. 세상의 상처 옆에서 떠나지 않는 오랜 친구여야 한다.
한국어는 현대에 이르러 다른 나라의 언어에 의해 금지당한 아픈 경험이 있다. 이에 앞서 몇천 년 동안 다른 나라에서 가져온 문자 체제에 익숙한 나머지 14세기의 문자 창제에 의해서 모국어의 새로운 각성이 있어왔다.
근대 시는 언문일치와 함께 출발했으나 식민지의 타율로부터 자유롭지 않았다. 그래서 시의 종속성이나 도피성이 그 순수성의 다른 이름이 되는 경우도 없지 않았다.
이런 시대가 마감되자마자 분단시대가 그것을 계승했다. 지금 한반도의 모국어는 서로 다른 두 사회의 언어로 갈라졌다. 그러므로 한국에서의 통일국가 실현이 뜻하는 것은 먼저 달라져 있는 서로의 모국어에게 가장 자연스러운 치유로서의 통일을 성취하는 일이다.
나는 한국전쟁의 폐허에서 살아남아 시인이 되었다. 이는 내가 폐허의 자식인 것과 동시에 내가 그 분단의 폐허를 통일의 광장으로 변화시키는 데 하나의 소도구가 되고 싶은 염원을 불가피하게 만든다.
그러므로 내 언어는 재근대적이지 않으면 안 된다.
통일시대의 시! 그것이 가능하다면 더 이상 나에게 '민족'이라는 단어는 동행자가 아니다. 아마도 내생에는 나는 다른 나라의 언어로 시를 쓸 것이다. 왜냐하면 생명은 언제나 현재의 자기로부터 떠나는 영혼이기 때문이다. 세계는 고착을 거절한다.

이 시집은 내 방대한 작업의 성실한 축도이기를 바란다. 역자 실비아 브레젤 교수와 김미혜 교수에게 드리는 감사의 마음과 함께.

프랑크푸르트에서

바람이 분다. 잠든 깃발이 깨어나 새로 휘날린다.

지금 내 앞에 아무것도 없더라도 나는 불가불 누구와 대면하고 있다. 그 누구야말로 또 하나의 내가 아닌가.
그러므로 내 삶의 모든 순간들의 현재야말로 시원과 닿아 있다.
시원! 그것으로부터 멀리 떠내려와 있다면 누군가가 제2의 시원을 불안하게 잉태할 것이다. 시는 그런 누구 혹은 또 하나의 내가 불러내는 행위이다.
태양계의 행성 위에서 태양을 모방하기보다 그 태양의 발화發話를 온몸으로 받아들이는 어둠의 이성異性이야말로 지상의 시원 행위인 시의 첫걸음이다.

나는 시가 결코 텍스트가 아니라는 엄중한 사실을 명심하고 있다. 나에게, 아니 그 누구에게도 시는 시원이며 시원으로서의 삶이다.
이와 함께 한마디 더한다.
시 짓기는 무시간적인 시간 속의 입자들인 그 찰나들이 발하는 빛의 행위이다. 어둠이라는 빛의 환경이야말로 얼마나 빛의 모태인가.
그래서 나는 시가 문학이기보다 종교이고 종교이기보다 예술이고 예술이기보다 삶이고 삶이기보다 삶의 그 너머이기를 꿈꾼다. 시는 모든 것의 원인이다. 거꾸로 강조하건대 모든 결과의 폐허이다. 마침내 시는 운명이다.

이 동아시아의 한 정신적인 약어略語가 수어캄프 창사 60주년을 기리는 예절이 되어 기쁘다. 15년 전 운젤트 박사가 살아 있을 때 나에게 보여준 베르톨트 브레히트의 서약 편지가 새삼 떠오른다. 수어캄프에 자신의 책들을 다 맡긴다고 명시한 그 순결한 신뢰 말이다.

시는 나그네이다

시는 오랜 모국어 속에 숨 쉬고 있지만 어느 겨를에 다른 언어를 꿈꾸는 나그네가 된다.
아니, 나그네 2세, 나그네 3세로서의 시가 되기 위해서 시의 시간은 아주 길다.

공기, 흐르는 물, 바람의 수많은 방향, 윤회…….

이 세상의 모든 장소는 방금 시가 떠난 장소이다. 또한 다른 장소에서 온 시가 낯선 설렘으로 이제 막 발 디디는 장소가 곧 이 세상이다.
몇백 년 전 다른 세상으로 나아갔던 에스파냐의 커다란 가슴 속에는 그 자신의 열렬한 시와 함께 다른 곳의 시들도 담겨 있다. 그래서 나의 시도 누구의 시가 되려고 날개 쳐 떠났다.
시의 벗 안토니오 콜리나스의 명징明澄은 몇 번이나 나의 취한 시를 일깨워준다. 그의 살라망카의 저녁과 나의 극동의 먼동은 그러므로 동시同時이다.

나는 대지의 언어를 사랑한다

자기가 살고 있는 현실로부터 먼 곳은 현실의 경계 표시가 없어짐으로써 꿈으로 바뀐다. 강 건너 혹은 바다 건너 저쪽은 언제나 이쪽의 현실보다 아름답다.

시인은 먼 곳을 지향하는 사람이다. 설사 그가 현실의 중심에 자리 잡고 있다 하더라도 그의 마음속 지도에는 먼 곳들이 아주 많다.

그런 먼 곳으로부터 온 바람이나 사람이야말로 시인에게는 매혹의 의무를 불러일으킨다. 먼 곳에서 온 시는 시인을 한층 더 시인이게 한다.

나는 젊은 날 고대 중국의 시가를 그런 먼 곳의 시적 체험으로서 만났고 어느덧 그것은 내 운명의 단층이 되기도 했다.

『시경』 국풍의 민중과 『초사』의 무巫는 나에게 고전적 영감을 낳아준 행복 자체였다. 더구나 그것들이 동북아시아 혹은 세계 도처의 시심에 커다란 충동을 안겨준 시의 힘은 나뿐 아니라 많은 시인들의 무한한 가능성의 일부로 나누어질 수 있는 것이다.

"한 장 푸른 하늘 종이에 내 뱃속의 시를 휘갈겨 쓰노라靑天一張紙 寫我腹中詩."라고 부르짖은 옛 이백의 활짝 열린 기상은 이미 내 가슴속의 자유와 하나인지 모른다.
이 중국어판 시선집이 간행되는 영광은 나에게 다른 나라의 언어로 간행되는 그동안의 기쁨과는 다른 육친적인 의미를 가진다. 그것은 내 시가 있기까지의 중국 시의 오랜 친화에 대한 감사를 아우르기 때문이다.
나는 동양에서 시를 인격론적으로 이해하는 관습을 다 거부하지 않는다. 시를 시인과 분리시킴으로써 시 자체만을 철저하게 해석하고자 하는 신비평적인 시도들이 내보이는 시적 긴장의 이면에 숨은 함정을 어느 정도 알고 있다. 그럴 때 시의 유기적인 의의가 새삼 요청되고 있다.
나의 시는 늘 상상과 체험 사이에서 그 어느 한쪽만의 아들이 아니다. 내가 살아온 수고 많은 시대의 여러 변동과 함께 시는 역사의 음악이기를 바란다.
한국에서의 현대사는 중국의 그것과 함께 대규모적 고난의 연대기로 채워졌다. 식민지의 어린이로 자라난 나는 그 뒤 켜켜이 쌓이는 전란과 여러 재앙들로부터 살아남은 대가로 많은 고초에 몸을 담아야 했다. 그래서 나의 시는 선택된 자의 오락이 아니라 선택된 자의 징벌과 하나였다. 고통의 제단으로서의 시였고 그 제물로서의 시인이었다.
나는 시를 통해서 구원받으려는 생각은 전혀 없다. 다만 지난 50년 동안 시를 써오면서 국내외의 여러 시인들과 함께 연대되거나 나 자신으로 호젓이 돌아가거나 내가 시에 언제나 의존하고 있는 사실을 발견했다. 그것은 또 하나의 생명체인 시에 대한 내 인식의 출발이기도 했다.
이제 나는 내가 고대 중국의 시가들을 만난 것 이상으로 현대 중국의 시들도 만나기를 기대한다. 이 시선집이 베이징에서 나온 의미는 이 시집이 그런 시들과의 만남을 실현하기를 바라는 데서 깊어진다.

시인의 대화

나는 격류였다

와다 하루키: 고은 선생은 한국 민주화 운동의 최전선에 계셨습니다. 지난날의 감회를 듣고 싶습니다.

고은: 그런 의미 깊은 의도라면 나는 이 작업에 적합하지 않은 인물입니다. 왜냐하면 나는 그런 대열의 가장 뒤에서 따라다녔을 뿐이기 때문입니다. 그 대열의 꼬리에서 미미한 역할을 했을 뿐입니다. 역설인지 모르지만 한국의 민주화 운동을 특별히 세상에 자랑한다고 하는 것은 하나의 불행이라고 생각합니다. 왜냐면 세상의 가장 이상적인 시민 생활이라면 이런 극적인 의미 없이 민주화된 일상에서 살아야 하기 때문이지요. 미국의 놈 촘스키가 한국이 민주화를 실현한 것이 세계에 커다란 영감을 주었다고 크게 예찬한 적이 있습니다. 이런 예찬을 들을 때마다 가슴이 벅차기도 하지만, 그와 반면에 당연히 현대 인간이면 그 누구나 민주화된 사회의 주체가 되는 것이 자연스러운 것인데 우리는 역사 속에서 피와 땀을 흘려서 민주화를 이루었다는 것이 역설적으로 슬프기도 합니다.

하지만 이 민주화라고 하는 것은 민주화 달성의 긴 역사의 어떤 부분만을 담당한 가치라고 생각하지 않습니다. 아마 인류가 인류 사회 끝날 때까지 항구적으로 실현해야 될 영구 지속적인 과업이라고 생각할 때, 한국도 그 과업에 동참한 기억을 가졌다는 것은 앞으로의 민주적인 발전에는 주저 없는 참여 의무와 함께 동참할 일이겠습니다.

와다 하루키: 고 선생은 일제 식민지시대부터 현대사를 살아오셨습니다.

고은: 얘기 알아들었습니다. 방금 와다 선생께서 언급하신 것처럼 한국 현대사라는 것은 당연히 한국사 전기의 식민지에 대한 역사 인식 없이는 파악할 수 없을 것입니다. 또 한국이라고 하는 한쪽이 아무리 민주화되고 경제적으로 성장했으며, 거리의 사람들이 밝은 인상을 갖고 있다 하더라도 그것이 분단의 풍경이라는 한계 상황이라면 그 분단 현실을 하나로 만드는 역사 완성의 무거운 짐을 진 것이 한국 현대사의 오늘이라고 하겠습니다. 나는 현대사 전기의 한 시기 식민지시대 중엽에 태어났습니다. 식민지시대라는 단순 공간을 넘어선 당시의 일본 제국주의는 조선을 점령한 뒤에는 만주와 중국으로의 팽창 욕망에 따라 만주사변, 중일전쟁으로 나갑니다. 그것이 나중에 발전해서 태평양전쟁으로 확대되는 것인데, 이런 전시체제의 강박이 내 유년 시절부터 불가피한 기초 환경이 되어버렸습니다. 그뿐 아니라 그 식민지시대 말기의 우리 세대는 많이 죽어나기도 했습니다. 영양실조, 굶주림, 이런 걸로 죽었고, 그 이후의 분단 초기 한국전쟁으로 남북의 절반 가까이가 다 소모됐습니다. 그래서 나는 살아 있는 게 아니라 살아남은

존재입니다. 이런 존재로서 내가 어떻게 태어났느냐 물을 때마다 자기의 옛 생은 이렇게 늘 죽음과의 동행이란 느낌을 많이 가지고 있습니다. 1930년대에 태어나서 나는 한 유사 일본인으로 교육을 받으면서 소년 시절을 보내는 동안 일본식 창씨개명으로 이름이 바뀌었고, 모국어는 일본어를 국어로 배우면서 금지된 언어가 되었지요.

와다 하루키: 어린 시절이 궁금합니다.

고은: 내 고향 일대의 농경지는 규슈 지방에서 건너오는 일본인 지주가 많았던 곳입니다. 미야자키 출신 지주의 미야자키 농장이 있고 또 가고시마 농장도 광활했습니다. 그 밖에도 여러 개가 있었는데요. 우리 고향의 옆에는 뒷날 일본 수상이 된 호소카와의 할아버지가 지주였던 농장도 있었습니다. 지금의 아소 총리 역시 식민지 조선인을 동원한 광산을 갖고 있었고, 지난 시기의 다나카 수상도 대전 일대에서 식민지 종주국의 청년 사업가로 군림했습니다. 내 고향 군산은 일본 사람들이 들어와서 농장을 경영하기 위한 농업 공간이자 그 농산물을 일본이나 일본군 전투 지역으로 수송하는 일종의 군수 창구였습니다. 처음부터 식민지의 한 근거지였습니다. 그것이 군산 개항의 실상이었습니다. 그전엔 군산은 아주 쓸쓸한 포구였습니다. 그리고 조선시대에는 특히 일본 해적인 왜구 침략을 방어하는 군사적인 기지였어요. 그리고 세곡선이 금강을 거쳐 바다로 나가 인천으로 해서 한강을 통해 올라갔거든요. 그러니까 식민지시대에 들어오면서 쌀을 일본으로 가져가고

대륙의 군량으로 실어가면서 번성한 식민지의 전형적인 도시가 군산입니다. 채만식의 소설 『탁류』에 그려졌던 식민지시대 쌀 카지노라 할 미두米豆는 착취보다 더 악랄했습니다. 나는 어린 시절에 일본의 냄새를 많이 맡고 자랐습니다.

와다 하루키: 좀 더 자세히 말씀해주시지요.

고은: 1933년생인 나는 여섯 살부터 열 살 때까지 서당을 다녔습니다. 전통시대의 학교인데 거기서 교육을 받았습니다. 뒤늦게 국민학교에 들어갔습니다. 역사학자 강만길이 나와 동갑인데 그는 나보다 국민학교를 2년 앞서 다녔습니다. 일본말을 나보다 훨씬 잘합니다. 공교롭게도 내가 국민학교에 들어간 그해부터 조선어 시간이 없어졌습니다. 그 이전까지는 식민지 학교에서 조선어를 배우면서 일본어도 배웠는데, 일본어를 국어라는 이름으로 수업을 시작했어요. 장차 모국어로 시를 써야 하는 사람이 모국어를 잃어버리는 일로부터 언어 학습을 했다는 것에 비극적인 의미가 있던 셈입니다. 그러나 나는 한자를 이미 배웠고 한글도 마을에서 따로 배웠습니다. 나는 이미 모국어를 문자언어로 터득하고 있었습니다. 그 시기의 한 사건이 떠오릅니다. 전쟁 말기인데 야마모토 이소로쿠가 필리핀 상공에서 전사했습니다. 그러니까 일본 본토뿐이 아니라 조선, 대만 이런 곳에서 온통 통곡 소리가 나왔습니다. 그 무렵의 교장이 러일전쟁에 참전했다가 제대한 재향 군인이었습니다, 원칙주의적인 규슈 사람입니다. 아베 쓰토무라는 전형적인 군국주의풍의 모범적인 사람이었는데, 이 사람이 어

린 나를 참 좋아했어요. 수신 과목을 가르쳤는데 "너희들 장래에 뭐가 되겠냐." 물었어요. 그랬더니 전부 다 육군 대장, 해군 대장이 되어 일본 천황 폐하에 충성하는 일, 여학생들은 간호부가 돼서 부상당한 황군을 치료해주는 일을 하겠다 했어요. 맨 나중에 교장이 나에게 뭐가 되겠냐 물었습니다. 나는 "천황 폐하가 되겠다."고 했어요. 그 일로 신성모독이라 해서 퇴학을 당했어요. 아버지하고 담임선생하고 저녁에 닭을 한 마리 교장 사택으로 가져가서 빌고 빌었습니다. 정학으로 무마되었어요. 강제 노동을 몇 개월 한 뒤에 정학이 풀렸습니다.

교장이 다시 묻기에 우체부가 되겠다 했습니다. 1945년 8월 15일, 태평양전쟁이 끝난 뒤 그 교장이 떠나고 나를 가르쳤던 나카무라 요네와 모리 히데코 같은 여선생도 떠나고 조선인들만 남았습니다. 학교가 완전히 공동화되었습니다. 한국인 교장이 부임을 했는데 이 사람이 친일파였어요. 일제시대에 일제에 너무 충성을 바친 사람이었어요. 그게 어떻게 알려졌는데 나는 마침 해방이 되자마자 "한글 아는 사람 손들어." 하고 담임선생이 묻기에 손들었어요. 나밖에 없어요. 그래서 한글 아는 것으로 월반을 했어요. 3학년에서 4학년이 됐지요. 그때 친일파 교장이 왔다고 나를 앞세워서 친일파 배척 운동을 하라고 나이 많은 동급생들이 부추겼어요. 그래서 어린 내가 동맹 휴학에 앞장섰지요. 그래서 교장은 물러났습니다. 그리고 그 사람은 사업을 해서 큰 부자가 되었습니다. 다음해 나는 국민학교를 졸업하고 사범학교에 지원을 했지요. 나는 늘 나를 가르치는 선생님이 가장 이상적인 인물이기 때문에 그런 선생님처럼 되고 싶어서 지원한 것인데 동맹 휴학에 앞장섰다는 것 때문에 '품행이 불량하다' 해서 불합격 처분을 받았어요. 그래서 군산중학교에 들어갔어요. 군산중학교는 일본인들이 다니던 학교입니다. 한국인은 어쩌다 한 명씩 끼어 있어서 군산중학교의 전반부는 거의 일본 사람이지요. 해방이 되자 농촌 아이들 1500명이 지원했는데 500명이 들어갔어요. 그런데 운 좋게 내가 1등으로 들어갔어요. 그래서 아버지가 동네잔치도 베풀었습니다. 돼지를 잡았습니다. 그 이후로는 공부가 싫어졌는데, 그런 상태로 한국전쟁까지 학교를 다녔습니다.

와다 하루키: 더 말해주시지요.

고은: 한국전쟁을 겪고 난 하나의 결말이었습니다. 있었던 것이 사라지고 사라진 곳에 낯선 것이 있게 되는 그런 결말이기도 했지요. 그 이전까지의 한국 사회에서는 식민지 사회의 체험에도 불구하고 지속되고 있던 자연 부락의 오랜 관습과 정서들이 주도되고 있었습니다. 그래서 남이라도 또 하나의 핏줄로 여겼습니다. 그래서 나이 많으면 형이고 좀 더 많으면 아저씨고 그리고 나이가 어리면 아우고 더 어리면 조카이고, 그렇게 혈친화되고 있는 인간관계가 사회의 기초를 이루었습니다. 이런 친족적 관계로 서로 소통하고 친화하는 날들을 지내왔습니다. 참 아름다웠지요. 이 같은 한국 농촌의 오랜 공동체 의식은 '두레'라는 부족적 협동을 뜻합니다. 그런데 해방이 되니까 오랜 이데올로기의 백색과 적색이 나타납니다. 민족진영이니 사회주의 또는 공산주의의 일정한 모형은 식민지시대에도 있었지만 그것은 지식인 계층에 잠복돼 있던 제한적인 세계였지요.

해방이 되니까 이렇다 할 정치의식 없는 일반 계층까지도 좌우의 갈등으로 첨예화되면서 심각한 적대 관계가 되고 맙니다. 그것은 남과 북이 총동원되는 전쟁을 겪으면서 더 극대화됩니다. 백색이 적색을 죽이고 후퇴합니다. 그리고 적색이 남은 백색을 전부 죽입니다. 백색이 와서 도망간 적색을 다 찾아서 죽입니다. 이런 일을 아무런 실정법 절차 없이 무자비하게 즉결로 자행했습니다. 나는 그런 극한 속에서 살아남았습니다. 군산은 인천 상륙을 위한 일종의 양동작전의 대상이었습니다. 서쪽 군산과 동쪽 울진 일대가 폭격으로 폐허가 됩니다. 도시는 폐허가 됐죠. 인간의 정신, 인간의 내면 역시 죽음과 죽임이 반복되면서 완전히 폐허가 됩니다. 자기가 사는 환경의 폐허 말고 자기 내부의 폐허가 겹칩니다. 전쟁 후에 전선은 저 위로 올라가고, 휴전이 가까워지는 동안에도 내 정신은 깊은 외상을 받았습니다. 시대의 트라우마라는 것은 실로 운명적이기까지 했습니다. 사람들이 나를 미쳤다 했습니다. 나는 자주 산꼭대기에 올라갔다 내려갔다 하다가 가출 사건을 되풀이했습니다. 고향이란 내 뿌리는 뽑혀버렸지요. 가출을 할 때마다 아버지가 잡아 옵니다. 그러다가 세 번째 가출이 출가가 됩니다. 거리의 승려가 지나가는데 거기 따라간 거예요. 하나의 강력한 자장磁場이었습니다. 나는 쇠붙이가 되어 거기에 눌어붙었습니다. 그 거리의 승려에게 그냥 일치된 셈이지요. 내가 불교를 선택한 것이 아니고 그냥 아무런 의지 없이 거기에 들어갔어요. 일종의 우연이었습니다. 그 승려가 놀라운 학식을 가진 사람이었어요. 칸트의 비판철학, 포이어바흐도 알고, 그 밖의 실존철학도 깊이 알고 동양의 노장철학에도 깊은 조예가 있었습니다. 길을 가면서 길바닥에 간화선看話禪을 익혔어요. 그때는 차들이 없었습니다. 하루에 한두 번 정도 트럭이 지나가는 도로였지요. 포장도 안 된 도로. 앉아 있으면 벌레도 오고 모기도 오는 그런 거리의 승려가 되어서 폐허 남한 전체를 돌아다녔어요. 남한의 거의 모든 곳이 폐허였어요. 내 정신의 고향은 폐허이고 현실로서의 내 고향도 폐허입니다. 그때의 절들은 온전하지 않았습니다. 빨치산 세력 안에 들어 있었습니다. 퇴락한 사찰이나 암자의 수선修禪으로 10년을 지낸 뒤 바로 4.19혁명의 시대에 세상으로 환속한 겁니다. 그러니까 한국전쟁 후에 절에 들어갔고 혁명 뒤에 이 세상에 나온 것이지요. 이 기간에 내 상처 받은 전란과 이데올로기 체험의 심신은 어느 정도 치유되었다고 할 수 있습니다. 그뿐 아니라 불교의 직관이 육화되었지요.

와다 하루키: 계속해주시지요.

고은: 본래 나는 화가 지망생이었습니다. 외삼촌의 서가에서 반 고흐라는 책을 보게 되었습니다. 외삼촌이 말하자면 낭만적인 사회주의자였습니다. 식민지시대에 만주, 싱가포르 이런 지역을 떠도는 사람이었습니다. 책이 많았어요. 그중 너무 일찍 고흐의 책을 알게 되면서 가슴이 찢어지는 충격을 받고 나도 고흐와 같은 화가가 되겠다 했어요. 하지만 전쟁이 지나간 자리에서 화가가 될 꿈 따위는 다 없어졌습니다. 더구나 전후의 산중 승려 생활에 예술 행위 따위는 허용될 리 없었습니다. 언어와 문화도 저버리는 판에 그림이라니요. 그런 시기가 지나고 한국 불교가 일본화되어 대처승이 주류를 이루어온 현실

을 독신승이 극복하는 승려 정화 운동이 전개되어 나도 서울에 오게 되었지요. 내가 비구승 측 후기 대변인이 되어 처음으로 불교신문을 창간해서 초대 주필이 됩니다. 그런데 신문 편집이 생소해, 지면 공간이 많이 생겨나면 떠오르는 것을 써서 메워 넣었어요. 그걸 문학 지망하는 신도 하나가 보았어요. 이거 누가 썼냐고 해서, 편집 공간을 처리할 수 없어서 내가 쓴 것을 끼워 넣었다 했더니 이 사람이 얼마 뒤 나를 데리고 시인의 집에 찾아가서 내가 쓴 초고 다섯 편을 보여줬습니다. 이에 앞서 또 하나, 내가 화가 지망이니까 화가 친구가 더러 있었습니다. 한 친구가 내 시를 가지고 있다가 막 창립된 시인협회로 보내서 시인이 됐어요. 이를테면 내 주위에서 나를 시인으로 만들어준 셈이지요. 그 이래 시인 생활 50년에 이르렀습니다. 우연찮게, 한국 현대 시 100년의 절반을 감당하는 의미도 되겠습니다.

와다 하루키: 환속할 무렵에 대해서 말씀해주시지요.

고은: 1961년 박정희 군사 쿠데타 직후 나는 한동안 강화도에 있었습니다. 그곳에는 마니산이란 산이 있습니다. 고조선 국조國祖 단군을 제사 지내는 곳이지요. 그 산에 올라가서 별을 바라보며 철야하면서 내가 종교의 길을 가느냐 예술의 길을 가느냐 심각하게 고민하게 되었습니다. 지금은 종교 생활 속에 있으면서 시인 노릇 할 수 있고 예술에 종사하면서도 종교 생활을 할 수 있는 그런 시대이지만 당시의 나는 그런 절충이 불가능했습니다. "종교의 길을 갈래 예술의 길을 갈래." 하

고 혼자 울고, 혼자 묻고 하다가 예술의 길을 가겠다 하고 내려오자마자 즉각 아무런 준비 없이 옷도 갈아입고 신도 갈아 신고 서울의 한 여관에서 하숙 생활을 했지요. 친구한테 원고를 써서 주면 그 친구들이 원고료를 받아주었습니다. 십 년 동안의 불면증과 더불어 그런 생활이 시작되었습니다.
나는 전쟁을 앞뒤로 너무 많은 좌우의 죽음을 보았습니다. 아니, 죽음 속에 내가 있었지요. 그래서 내 생존의 한 조건인 것처럼 죽음이 달라붙었지요. 산중에서 내려오자 그 죽음의 집착으로 자주 자살 충동을 일으켰습니다. 사실은 그 이후의 제주도 생활도 제주해협에 투신하기 위해서 간 것이었습니다. 역설적이지만 죽음만이 내 삶의 이유가 되었지요.
목포와 제주 사이의 밤바다는 공교롭게도 해양 용어로 말하자면 젠틀웨이브로 마치 호수와 방불했습니다. 바람 한 점 없는 희한한 밤이었지요. 그런 밤바다의 항로에는 오직 배의 엔진 소리만이 들렸어요. 마침 달밤이었어요. 풍경으로는 그 이상의 절경이 없었지요. 내가 이 세상에서 마지막으로 누리는 축복이라 여기면서 그 마지막의 취기에 사로잡혔습니다. 배의 매점에는 소주도 있어서 한잔 한잔 마시면서 내 생애의 끝을 음미했습니다. 그런데도 술에 취하지 않았습니다. 그때까지 바닷가나 바다에서는 취기의 힘이 없다는 상식을 모르고 있었습니다. 내가 죽음을 앞둔 긴장쯤으로 여겼습니다.
이미 내 가방 속에는 목포 유달산의 잘룩한 돌멩이 허리를 묶은 띠를 담고 있었습니다. 그것을 내 몸에 묶고 물속으로 잠기면 내 정체는 가라앉아버릴 판이었는데 그만 취기의 자각증상 없이 쓰러져 있다가 제주항에 도착하는 새벽에야 깨어났습니다. 이미 승객들이 두세두세할 때여서 나의 투신은 불가능했습니다. 그렇게 제주도에 기착해서 삶을 이어가게 되었습니다. 하지만 죽음에의 유혹에서 벗어나지 않은 상태였지요. 제주도 3년간 그곳 빈민층 아이들을 데려다가 중등과정을 마치는 고등공민학교를 개설, 교장 겸 국어·미술 교사를 했습니다. 중학교 3학년 1회 졸업생을 냈지요. 그중의 한 학생은 나중에 서울대에 들어갔습니다.
그곳 학교가 제주도 내 여기저기에 알려지며 마침 연두 순시에 나온 박정희와 그의 비서 이후락이 달려오기도 했으나 나는 그들의 후원을 사절했습니다. 그때까지도 나는 정치 현실에는 전혀 관심이 없는 예술 지상주의자이기도 했습니다.
제주도에서 나는 수평선, 바닷가의 절벽, 그리고 파도 소리, 바다 안개 속의 밤 무적霧笛에 사로잡힌 한 상징주의적 시인의 불면증으로 밤을 새우고 낮에는 술로 전신을 마비시켰지요. 학교 수업을 마치면, 통행금지가 없는 제주도의 술집이야말로 나의 현장이었습니다.
그런 3년 뒤 서울로 돌아와서 무교동이라는 술의 밤거리에서 살다시피 했습니다. 다시 자살 충동이 일어나서 북한산 골짜기에서 하루하루 사 모은 수면제를 먹고 죽었는데, 예비군이 작전지역의 산골짝에서 내 시체를 발견해서 병원으로 후송한 이틀 만에 살아났습니다. 그때 동아일보 등 신문에서 내 자살 미수를 보도하려다가 내 친구들이 조용히 처리했습니다.
내 무교동 술의 밤들은 그 뒤에도 이어졌습니다.
1970년대의 박정희 정권은 한층 더 살벌한 독재의 길을 가고 있었지요. 그때 무교동 술집 바닥에 나뒹구는 신문지 조각을 무심코 읽어보다가 노동자의 분신 사건 기사를 만났지요. 전태일이라는 노동자였어요. 우선 그 죽음으로 나에게 따라다니는 죽음을 떠올렸어요. 그러는 동안 그 죽음이 나를 일깨워서 그 죽음의 배후인 사회 현실, 노동자의 고통, 그리고 민족 따위의 정치적 개념들이 나를 사로잡기 시작했습니다. 놀라운 변화였습니다. 전태일의 죽음이 나에게 또 하나의 삶을 베풀어준 것이지요. 그래서 그때까지의 내 정신을 지탱하는 데 영향을 미친 내 산중의 은사 효봉曉峰 대종사가 끝나고 내 의식 안에 전태일이 시작된 것입니다. 그래서 내 취기의 구호가 "효봉이 가고 태일이 왔다."였습니다. 놀라운 것은 10년 불면증이 씻은 듯이 사라진 사실이었습니다.

1970년 11월 하순 이후 나는 이전의 내가 아닐 만큼 극적인 변신으로 나 자신도 걷잡을 수 없게 사회적 열정이 불타오르기 시작했습니다. 이런 변모는 비단 나뿐이 아니었습니다. 그 당시의 지식인 사회, 대학 사회도 그 노동자의 자기희생에 의해 새삼 눈뜬 사례가 많습니다. 하지만 내 시 세계는 이런 나의 변모보다 훨씬 느려서 시적 전환은 쉽지 않았습니다.

1974년 유신 체제가 선포됩니다. 그것은 그 직전 남북 적십자 회담, 남북 실력자 회담에 의한 7.4 남북 공동성명의 분위기를 전복해버리는 박정희 군사정권의 장기화를 드러내는 또 하나의 분단 고착화책이었습니다. 그전의 7.4 성명의 날 나는 하루 내내 술을 마시며 떠돌았습니다. 그런데 유신의 출현은 이런 나를 벌떡 일어서게 만들었습니다.

나는 내 문단 동료들을 하나둘 만났습니다. 그동안 나를 허무주의의 맹장이니 순수문학의 아성이니 하고 공격하던 참여파

문인 동료와 후배들을 불러들였습니다. 거기서 백낙청도 동지로 만났습니다. 그때 나는 백낙청, 염무웅 등의 『창작과비평』에 대립되는 『문학과지성』의 배후에 있었는데 내가 그 대립을 폐기한 것입니다.

거기서 자유실천문인협의회가 창립됩니다. 내가 발기자라는 이유로 대표 간사가 되었습니다. 마침 김지하가 민청학련 사건으로 감옥에 가 있었고 이에 앞서 문인간첩단 사건이라는 조작 사건도 경험한 터라, 그 암울한 공포 분위기의 긴급조치의 유신 체제에도 불구하고 작가의 사회적 사명감이 반사적으로 뜨거웠습니다.

그 자유실천문인협의회가 1980년대 후반 6월항쟁에 동참한 뒤 민족문학작가회의로 발전하고 그것은 한국민족예술인총연회 초대 의장을 맡은 나에게 또 하나의 용기를 부여했습니다. 그것이 2000년대에 이르러 한국작가회의로 다시 한 번 계승, 발전되었습니다. 현대 한국 문학 사상 이처럼 35년이라는 길고 긴 문학 운동을 이끌어온 일은 전례가 없었습니다.

나는 이 긴 운동에서 한 마리의 조랑말이었습니다.

와다 하루키: 자유실천 작가선언을 발표하셨지요?

고은: 사명은 나에게 만성이 아니라 급성이었습니다. 내가 문학 동료들의 지지로 앞장에 선 것은 오랜 의식의 단련이나 현실 파악의 과정이 전혀 개입될 수 없는 돌연변이에 가까운 결단이었습니다. 좋다, 이 시대의 모순 덩어리에 내 심신을 내던지자는 만용으로서의 용기가 생김으로써 문학과 현실의 일치

를 숨 가쁘게 꿈꾸었지요.
자유실천 선언을 읽으면서 체포 연행된 나에 대해서 당국은 예비 정보가 별로 없었던 듯했습니다. 나는 내 뒤에 체포되어 온 후배들에게 함구로 일관하라고 말하고 나부터 입을 꼭 다물어버렸습니다. 진술 거부였지요. 한국 정치의 1번지라 할 종로권을 담당한 종로경찰서 정보과의 황량한 조사실에서 정보과장 등의 심문에 불응하자 왜 거부하느냐며 마구 두들겨 패기 시작했습니다. 내 무릎은 곧장 짓이겨졌고 얼굴 양면도 일그러져버렸지요. 그러는 동안 신문기자들이 몰려오고 라디오 뉴스가 나가고 하며 경찰 당국에도 우리 일행의 문단 신분이 알려져서 바로 고문이 중지되었습니다.
마침 미 대통령 포드가 한국에 오는 기간이므로 우리는 그런 사정에 의해 더 이상의 물리적 고통을 받지 않고 경찰서 특별실에 유폐되었습니다. 이것이 내가 박정희 유신정권과 만나기 시작한 하루였습니다. 물론 이에 앞서 문인 60명의 3선개헌 반대 청원에 서명함으로써 중앙정보부에 연행되어 며칠 동안 조사받은 일이 있었지요.
그뒤 우리는 방출되었습니다. 미리 급히 쓴 '우리의 입장'이라는 성명서를 기자회견을 통해서 발표하고 바로 청진동 술집으로 갔습니다. 그것이 70년대 작가의 현실 참여 행동의 첫 번째 사건이었습니다.

와다 하루키: 자유실천문인협의회에 대해서 더 말씀해주세요.

고은: 우리가 알게 모르게 호응을 얻은 자유실천문인협의회

참가 문인은 처음에는 많지 않았습니다. 위에서 언급한 대로 한 해 전 박정희 영구 집권의 헌법을 개정하는 개헌 청원 참가 문인이 60명 내외로 되었는데, 그때 나를 비롯한 많은 문인들이 악명 높은 중앙정보부에 연행되어 며칠 동안 지겨운 조사를 받고 닦달을 받은 뒤이므로, 문인 사회는 한층 더 위축되어서 노골적인 반체제 문학 운동의 조직체에 참가할 의지는 더욱 드물었지요. 내가 앞장선 것만 해도 당시의 중견 문인들 거의가 시국의 긴장과 상관없는 현실순응주의에 길들여진 상태이므로 드물게 참여 진영에 참여한 내가 20대, 30대 진보적 작가를 이끌어야 할 처지였기 때문입니다. 자유실천 참가 문인이 30명 정도라도 퍽이나 귀한 성취였습니다. 그런 참가자도 자고 나면 겁에 질려 탈퇴하겠다던가, 당장 불이익을 받았다던가 해서 떠나는 경우도 적지 않았습니다. 하지만 이런 악조건 속에서도 100명 내외까지 회원을 늘릴 수 있었던 것은 놀라운 일이었습니다. 날마다 밤마다 참여 설득에 노력을 한 결실이었습니다.

일단 내외의 일상에도 신선한 것이 이롭다는 판단도 전제되어서, 문학의 표현 자유로서의 자유, 거기에서 한걸음 나아가 정치적 자유를 지향하는 실천 운동을 표방한 것이 자유실천이라는 이름이었습니다. 그런데 이런 자유에의 명분이 후반에 이르면서 자유는 곧잘 자유주의라는 개념에 겹치기도 했고, 자유의 본질이 어떻게 그것의 대척점에 엄존하는 행동에 괴리되지 않는 것인가에 대한 엄청난 회의도 일어났으므로, '자유'보다는 '실천'의 가치 당위를 더 강조하기에 이르렀습니다. 그래서 '자유실천'이 자유를 실천한다는 단순명제가 아니라 '자유'

와 '실천'이라는 복합명제로 변화되고 거기서 더 나아가 '실천'이라는 치열한 사회적 변혁 개념에 집중할 수 있었습니다. 때마침 라틴아메리카 해방 운동이나 또 민중 운동의 지적 명제로서의 '프락시스'가 우리의 '실천'과 동질성으로 연대되지 않는 바 아니라는 판단도 가능했지요. 프레이저의 교육론에서 지식인이 민중에게 지식을 부여하고 민중이 현실과 삶을 부여하는 그 쌍방 교육의 실천 행위도 70년대 후반 한국 문학의 실천론에 동지적인 논리가 될 수 있었습니다.

그 당시 한국 문학의 질적인 척도를 유지하는 계간지로서 『창작과비평』의 현실 참여적 세력과 이에 자극을 받아 비정치적 문학 우파를 지향하는 『문학과지성』이라는 두 축이 있었는데, 내 개인적 처지로는 처음에는 『문학과지성』에 관련되고 있다가 『창작과비평』 쪽으로 기울어졌지만 두 진영 다 내 문학과 낯익은 관련을 지속하고 있었습니다. 하지만 자유실천문인협의회의 문학 운동이 『창작과비평』에 제한적으로밖에 수용될 수 없고 또 프락시스 운동을 적극적으로 펼치기에는 또 하나의 구상이 필요했던 나머지, 진작에 서독 등지에 존재하던 잡지와 책의 종합 상태 즉 '매거진'과 '북'의 합성인 '무크'를 낼 생각을 했습니다. 서독에 장기체류한 내 친구 최정호의 말을 듣고 나서 내가 이를 결심하기에 이르렀지요.

그 당시는 출판사도 허가제였고 정기간행물은 기왕의 것도 없애버리는 유신 체제였으므로 계간지든 월간지든 낼 여지는 전혀 없었습니다. 그래서 허가 없이도 일반 도서 출판에 적용되는 '무크'지 창간에 착안한 것이지요. 그래서 1978년부터 구성한 것을 1979년 봄에 자유실천 핵심 멤버인 후배들과 술집에서 첫 편집회의를 열었습니다. 그러다가 내가 1977년 가을 긴급조치 9호 위반으로 감옥에 간 데 이어 1979년 YH 노조 사건 배후 조종에 의한 국가보위법 위반으로 다시 감옥에 가자, 그 YH 사건이 신민당 김영삼 국회 제명과 부산 마산 민주화 운동으로 발전, 기어이 박정희 암살에 이르렀습니다. 그래서 박정희의 장례 뒤 내가 병보석으로 석방된 직후 전 대통령 윤보선은 나더러 이제 은銀이 아니라 금金이라고 추겨대기도 했지요. 내가 YH 노동자들을 야당 당사에 보내어서 그것이 독재자 사망에까지 이르렀다는 것이었지요.

나오자마자 이른바 '서울의 봄'이었습니다.

나는 재야 운동체인 '민주주의와 민족통일을 위한 국민연합' 중앙상임위를 문익환과 함께 이끌어가며 공동 의장에는 함석헌, 김대중, 윤보선을 내세우고 있었지요. 그런 총괄 활동과 함께 무크지 『실천문학』 창간 사업을 함으로써 1980년 봄 그 첫 호를 냈습니다. 하지만 내 이름은 그전과 다를 바 없이 계엄사령부 출판허가제 앞에서 절대 금기였으므로 '무단舞丹'이라는 가명으로 시 「벽시」를 발표했고 창간사도 쓸 수 없어서 편집 후기의 감상으로 얼버무렸습니다. 사무실도 없어서 술집에서 편집하고 교정보았습니다. 발행처는 친지의 출판사 명의를 빌린 것입니다.

와다 하루키: 좀 더 말해주시지요.

고은: 나는 승려 생활 이후 서울과 제주도 등지의 유랑으로 집이 없는 생존자였으나 저술 인세와 원고료를 친구의 누나가

잘 저축해주어서 자택을 소유하게 되었습니다. 그런데 그 자택이 마침 70년대 민청학련 사건으로 투옥, 제적된 젊은이들이 자주 드나드는 개방된 장소가 되었습니다. 내가 독신자였으므로 내 서재와 그 밖의 방 두개, 거실이 누구나 와서 자고 가는 숙소 역할을 한 것입니다. 문단 후배들도, 동료들이나 대학생과 남녀 청년들도 자유롭게 출입했습니다. 그래서 김치를 80포기를 담가야 그들이 와서 먹을 수 있는 겨우살이가 가능했지요. 우리 집은 구속자 석방 단식 농성장도 되고 남녀 젊은이들의 인연이 맺어지는 곳이기도 하고 재야 민주 인사의 회합 장소이기도 했습니다. 그리고 인혁당 희생자, 분신자결 학생, 할복자결 학생의 위령제도 지내는 장소였지요.

그리고 민주청년연합의 전신인 민주청년협의회도 목사 박형규 등의 증명으로 우리 집에서 창립했습니다. 그 청협의 간부들의 철야 회의도 자주 있었습니다. 그래서 우리 집은 중앙정보부, 보안사, 경찰에 포위된 상태일 때가 많았습니다. 도청 장치까지 해놓은 것을 나중에 알았습니다. 그 당시는 민주화 운동의 장소라는 것이 종로5가 기독교회관, 광화문의 작은 방 하나를 쓰는 백기완의 백범사상연구소였으니 우리 집 전체가 누구나 올 수 있는 곳으로 제공되었지요. 가사를 꾸릴 사람을 영등포 도시산업선교에서 여공 출신을 물색해 보내주기도 했습니다.

우리 집엔 커피나 녹차는 없고 소주만 있었습니다. 누구나 오면 소주를 내놨습니다. 술은 공포정치시대에 아주 유익한 용기를 부여해주는 비장한 힘을 낳았습니다. 나 역시 대학이나 그 밖의 집회 장소의 강연 직전에는 할 말을 하기 위한 용기를 얻기 위해서 술을 마시는 것이 하나의 항전의 의식이 되었지요. 술은 신성한 것입니다. 그래서 조상 제례에 술을 바치고 국가 원수의 만찬장에 축배의 술을 나누지요. 결혼 초야에도 운명을 합치는 합환의 술을 마십니다. 혁명에도 어떤 결단에도 술은 숭고한 물질이 됩니다. 더구나 동아시아 시의 전통은 술이라는 전통 없이는 이어져오지 않았습니다. 내가 현재적으로 사랑하는 고래의 이백이야말로 시와 술의 일체를 구현한 사람입니다.

과연 박정희 유신시대의 탄압 속에서 민주화를 지향한 지식인들과 민중들의 아름다운 시대가 가난하게나마 지속된 것은 축복이었지요. 그래서 내 사회적 고향은 70년대입니다. 그것은 내 실존적 고향이 50년대인 것을 한층 더 제고시키지요.

YH 사건에 대해서 조금 더 부연할까합니다. YH라는 가발 공장은 장용호라는 실업가의 공장인데 그의 이름 Yong Ho의 한 자씩을 따서 YH라 한 것이지요. 그런데 60년대와 70년대 초기 한국의 주요 수출 상품이 바로 가발이었습니다. 이 가발 노동자들은 60년대 평화시장 봉제 공장의 지옥보다는 좀 나은 상태였습니다. 그것은 전태일 이후 노동자 의식의 성장을 반영하기도 하지요. 하지만 저임금과 열악한 환경은 여전히 개선되지 않았습니다. 게다가 공장 경영자는 박정희 정권에 충성을 다하다가 공장 수익금을 전부 빼돌려 미국으로 기업 이민을 가버립니다. 공장이 문을 닫게 될 상태였지요. 더구나 YH 노조는 기독교 노동 선교나 그 밖의 사회세력에 의해 만들어진 것이 아니라 그들 스스로의 노동 운동에 의해 단련된 견고한 조직 노동체였습니다. 그것은 70년대 일천만 노동민중 사회에서 기적 같은 성취였습니다.

바로 그 YH 공장에 나와 기독교 재야인사가 초청되어 그들을 격려하고 그들의 농성을 지도했습니다. 단수, 단전에 대비한 마지막 투쟁에서도 여러 방안을 말했지요. 그러다가 YH 노동자 문제를 정치화할 영감이 생겨서 때마침 김대중의 지지에 의해서 박정희 어용 야당의 이철승을 물리친 새 야당 총재 김영삼과 우리가 소통할 수 있었습니다. 그래서 처음으로 나는 문동환, 이문영 교수 등과 함께 택시를 타고 택시 운전사가 아는 김영삼 총재 집에 갈 수 있었지요. 우리의 설득에 즉각 찬동, 총재가 비서들을 야당 당사로 보내어 YH 노동자 농성 장소를 제공케 했습니다. 노동자의 농성장이 된 신민당사에서 무자비한 경찰 진압으로 노동자 김정숙이 죽고 많은 노동자가 부상당하고 구속되었으며, 이는 김영삼 제명에 이르는 국회 사태로 발전하게 됩니다. 그것은 김영삼의 절대 연고지인 부산과 마산 시민들의 궐기로 부산·마산 민주항쟁에 불붙게 합니다. 그 현장을 시찰한 김재규가 미국의 일정한 묵인 하에 박정희를 암살하기에 이른 것이지요. 사실 박정희는 그 당시 자주국방을 표방하며 미국의 핵우산 밖에서 자체적으로 전술핵 개발을 은밀히 꿈꾸고 있었고 미국은 미국대로 청와대에 도청 장치까지 해가며 박의 독재 과정 일거일동을 감시하는 현실이었습니다. 미국 시민권자인 핵 전문가 이휘소를 몰래 한국에 드나들게 했습니다. 그 당시 그를 극적으로 탑승시키고 온 KAL 조종사 김호길로부터 첩보 영화 같은 전말도 나는 직접 들은 바 있습니다. 이런 상황에서 김재규의 모험이 있게 되었습니다.

그런데 그가 제거한 박정희의 자리에 그의 부하인 전두환이 앉게 될 줄은 우리는 예상할 수 없었지요. 군부는 신군부로 대체되었을 뿐입니다. 그것이 80년대의 개막입니다.

와다 하루키: 국민연합의 활동에 대해서 말씀해주세요.

고은: '민족주의와 민족통일을 위한 국민연합(약칭 '국민연합')'은 1974년 민주회복국민회의가 발족된 것에서 연유합니다. 그해 이 재야 각계 참여의 지도 기구가 만들어지기 전 우리 문단에는 '자유실천문인협의회'가 있었고 동아·조선 기자들은 언론자유수호 선언을 발표했습니다. 민주주의를 열망하는 우리 사회 각계의 명사들이 결합하고 연대하는 뜨거운 사회 분위기를 공유한 정황이었지요. 정계 윤보선, 김대중, 김영삼 등과 종교계 함석헌, 김재준, 문익환, 김승훈, 함세웅 등과 함께 문화계에서도 백낙청, 김병걸 등이 나섰지요. 나는 백낙청과의 비밀 회동을 통해서 문단과는 별도로 거기에 나갔지요. 이 기구는 마치 한말 의병 봉기 지점에 겹쳐지는 상태로 거국적으로 요원의 불길이 되어 번짐으로써 각 시군읍면 단위까지 지부가 생겨났습니다. 박정희가 당황한 것도 당연하지요. 그래서 온갖 탄압이 시작됩니다.
이런 운동이 끝내 지속될 수 없게 되자 새로운 종합 단체 '한국인권운동협의회'로 이어집니다. 나는 언론계 대표 송건호와 함께 갑작스럽게 부회장이라는 역할을 맡게 되었는데, 그것이 거듭된 탄압에 시달리다가 다시 한 번 본격화된 기구가 '국민연합'이었지요. 이것은 기왕의 민주화 운동만이 아니라 분단

독재에 대한 극복이 민족의 자주·평화통일에의 지향 없이는 불가능하다라는 인식에서 발단합니다.
그간 민주 진영에서는 선민주냐 선통일이냐를 두고 격렬한 내부 갈등들이 있었는데 국민연합은 이 갈등을 봉합함으로써 민주화와 통일을 동시 진행시킨다는 대의명분을 내세운 것이었습니다. 저 50년대를 전후로 진보당 조봉암이 평화통일론을 제창하자 이승만이 간첩죄를 씌워 정적을 제거한 사태 이래, 그동안 통일 운운이나 평화통일 주장은 국가보안법 위반, 반공법 위반의 극형 대상이었습니다. 오직 이승만의 멸공 북진통일만이 주장되고 그 밖에 평화 노선으로서의 통일은 북괴동조의 역적이 되고 마는 현실이었지요. 이런 와중에서 평화통일이라는 명제를 내건 것 자체가 그 당시로는 결단력을 보이는 일었습니다.
이것이 70년대 후기와 80년대 초기를 아우르는 한국 민주화운동의 총본산인 국민연합의 의의에 해당합니다. 바로 이 국민연합에서 박정희 사후에 김영삼 등은 현실 정계로 가고 김대중이 남게 되었지요. 이 국민연합 핵심 세력이 1980년대 전두환의 신군부에 의해 내란음모죄로 감옥에 갇히게 되면서 국민연합은 사실상 해체되고 맙니다.

와다 하루키: 계속하십시오.

고은: 국민연합시대의 동지애는 그 어느 때보다 깊었습니다. 그 시기에는 동지의 죽음을 대신 받아들인다는 데까지 자신을 저항공동체에의 헌신으로 일관했습니다.

밤새도록 토론할 때의 그 각자의 서론, 각론, 결론의 담론들은 때로 지겹기까지 했으나 아주 현란했습니다. 그런 토론을 통해 평화론, 통일론, 민주주의집중론, 종속이론, 비판자본론, 그리고 제3세계의 정체성正體性과 노예화 극복 등이 갑론을박으로 불꽃 튀었습니다. 나 같은 시인조차 '페다고지'를 외울 정도였으니까요. 거기에는 카를 만하임의 어떤 개념도 난데없이 튀어나왔습니다. 대학생은 대학생대로 사회 각계 인사는 그들대로 모두 뜻밖의 이론가로 무장되기 시작했습니다. 이런 일이 80년대에 이르러 사회구성체이론, 민족주체론, 계급모순론의 치열한 쟁점을 낳기도 했지요.

나는 주로 문익환, 함세웅 등과 함께 국민연합 중앙상임위를 책임지는 한편 좀 더 내밀한 동지적 결속을 문익환, 백기완 등과의 끝 모를 술타령을 통해 비장하게 이어갔습니다. 사실 체질적으로 셋은 다 시인입니다. 실지로 문익환은 북간도에서 어린 시절 윤동주의 한동네 친구였고 그 자신 시를 썼습니다. 백기완도 그의 웅변보다 더 진지한 시를 남긴 사람입니다. 그래서 셋이 취해서 백은 노래하고 문과 나는 옷을 벗고 춤을 추었지요. 사실 이런 동지애와 일종의 전우애는 매우 고전적이며 전근대적이기까지 해서 어떤 종류의 이기도 배제한 희생에 대한 정서가 끝없이 솟아났습니다. 게마인샤프트라 할까, 거기에는 자기 본위의 의식이 개입되면 안 된다는 공동체적 불문율이 작용했습니다. 요컨대 미국적 자아의 솔직한 이익 추구는 발붙여서는 안 되는 것이었지요. 이점에서도 70년대 기독교 민주화 운동이 철저히 미국 기독교의 신뢰에 의존한 것과 달리, 이를테면 미국 카우보이의 자기 성취와는 또 다른 색

다른 반미 정서가 생겼습니다. 광주학살을 사실상 묵인한 이래 한국 사회의 오랜 금기인 반미는 매우 적나라해진 것이지요. 그것은 한반도 영토 안에 미군이 주둔하고 한국의 역대 독재 정치가 미국의 지속적인 보장 위에서 진행되고 있는 데서 생긴 정치적 저항감과는 또 다른 체질적인 것이었습니다.

그러다가 70년대 후반에 이르면 미국의 극동정책에서 왜 현지 매판 세력이 항상 권력의 핵심을 담당하고 있는가에 대한 체험적인 회의가 모아지기 시작합니다. 이것이 1980년 5월 광주 항쟁 이후 80년대 전 기간 폭발적으로 표출되는 것입니다. 아무튼 70년대는 박정희를 반대하는 것만으로 하나가 되는 운동의 순결성과 절박성이 있었습니다.

그간 나 자신은 5년 동안의 프랑스 유학을 제안받은 적이 있고 심지어 일본 후쿠다 수상 배경의 일본 체류를 권유받은 적도 있었습니다. 그런가 하면 유신 체제 대통령 지명의 국회의원 제안이나 장관 제안까지 나오는 감언이설도 있었고 정부의 거액 증여라는 유혹도 있었습니다. 물론 그때마다 일언지하의 거절이었지요. 이와 반면 나의 민주화 운동을 격려하는 뜻에서 미국 기독교계와 서독 괴테연구소를 통해 운동 지원비를 주겠다는 것도 사절했습니다. 왜냐하면 내가 그런 돈을 받으면 반드시 북한 조직으로부터 받았다라는 조작이 가능하기 때문입니다. 그뿐 아니라 내 산문집 인세가 제법 쌓였고 내 시집이 가장 인기 있는 시집으로 몇십 판을 출판했기 때문에, 기독교계의 민주화 운동과 노동 운동이 봉급을 받는 기구를 통해서 생업으로 하는 것과 달리 나 자신이 나의 후원자가 될 수 있었습니다. 자유실천문인협의회 운영 자금의 상당 부분을 내 인세나 고료로 충당한 것도 사실이었지요.
이런 일도 내 이익 추구를 죄악시하는 그 당시의 내 정신 풍경으로 가능했습니다. 그래서 집회가 끝난 후 당국에 연행되지 않으면 그날 밤은 내가 몇 차례 술을 내기도 하고 술을 얻어먹기도 했지요. 우리는 서로 아이들처럼 동심의 관계였지요. 문익환은 소년입니다. 특히 문익환과는 나이 차이에도 불구하고 형제화했습니다. 우리는 서로 입 맞추고 서로 얼싸안고 서로 춤추었습니다. 윤동주가 정적인 시혼이라면 문익환은 동적인 시정신입니다. 나하고는 진한 혈육성이었습니다.

와다 하루키: 70년대에 이어 80년대에 진입합니다.

고은: 민주화 운동은 일종의 종합 운동이라 할 수 있었습니다. 우리 문학 운동은 처음에는 자유실천문인협의회만의 그것이었습니다. 그러다가 언론 자유를 추구하는 강제 해직 언론인들과의 연대가 생겼고, 그때를 전후해서 내가 문단 대표로서 기독교계 민주 인사들의 집회에 초청을 받았습니다. 그 당시에는 공개 강연이 어려운 나머지 교회 강당에서 제한적으로 개최될 때였지요. 4월혁명 기념이나 3.1운동 기념에 기독교회관에서 강연을 하는 일, 전태일 추모식에 가서 추모사를 하는 일이 내가 기독교계와 밀착하는 계기가 되었습니다.
민주회복국민회의에 동참하게 되자 정계나 종교계, 학계, 그 밖의 사회 인사들이 서로 형제화했습니다. 하지만 우리는 문학인 특유의 현실정치 배격의 기질도 작용해서 김대중, 김영삼, 양일동 등 야당 지도자들과 만나는 일 자체를 부자연스럽

게 생각했습니다. 그럼에도 차츰 깨달은 바는 아무리 정치인이 우리를 끌어들여 우리를 자신들의 장식품으로 활용하는 정치 생리를 버리지 못한다 하더라도 세상은 정치 없이 유지되지 않는다는 사실이었습니다. 그래서 정치인 체질은 정치의 필요악이라고까지 이해할 수 있었지요. 그뿐 아니라 우리가 만나는 정치인과 정치 지도자들이란 거의 다 유신 체제의 무단에 의해 핍박받는 야당의 사람들이었으므로 연민도 일어났습니다.

민주회복시대, 한국인권운동협의회시대, 국민연합시대에는 이렇게 사회 각 분야의 인사들이 그들의 사회적 명망성名望性을 통해 권위를 발휘함으로써, 민주화 운동이 대중적인 공감을 불러일으켰지요. 하지만 이런 모든 행동들은 중앙정보부와 청와대, 그 밖의 군 수사기구나 경찰을 통해 무엇 하나 숨길 수 없는 감시의 표적이 되었습니다. 특히 박정희 암살 뒤 과거에 집중적인 탄압을 받던 김대중은 김영삼과 함께 세상의 전면에 나타나서 우리와 자주 만나게 되었습니다. 국민연합 회합이 그렇게 정치화되었지요. 그런데 그때 김영삼은 정당으로 돌아갔고 김대중은 재야의 민주 인사 쪽에 남았습니다. 그것이 전두환 일당의 신군부가 내란음모죄 적용의 주 대상으로 삼은 국민연합 지도부였습니다.

1980년 5월, 전두환 측의 계엄사령부는 대학생이나 사회 각계의 가두투쟁을 활용해서 계엄 확대를 선포합니다. 그러자 서울 등지의 저항은 김대중의 지역 연고지인 광주 일대로 이어져서 치열해집니다. 바로 그 광주항쟁을 공수부대의 무자비한 학살극으로 진압하는 동안 중앙계엄사는 합동수사본부를 차려놓고 나를 포함해 김대중, 문익환, 이문영 등을 검거해서 남산 지하실에 처박았습니다.

5월 17일 자정. 나는 이미 군 이동의 첩보를 알고 있었고 나의 피신을 권유하는 후배의 다급한 전화도 있었으나 집에서 떠나지 않고 있었습니다. 계엄사 수사관 3명이 들이닥쳤습니다. 철저한 가택수색으로 많은 책도 압류되었습니다. 나는 가택수색을 그동안 수없이 당해왔고 수없이 연행되었으므로 그런 일에 아주 익숙해져 있었습니다.

첫날 내가 수용된 조사실에는 9명의 수사관이 들어와 고도의 공포 분위기를 만들었습니다. 그 백색의 방은 내 전신의 혼백을 꽉 옥죄었습니다. 그곳에서 햇빛 한 번 보지 못하고 2개월 이상을 앉아 있었습니다. 그러다가 사건 조작의 조사를 중지하고 서 있는 관棺이라 할 아주 협소한 방에 서 있어야 하는 특수 감방에 갇혀 있게 될 때가 있었습니다. 그 속에서 하루쯤 지내는 고문 뒤 당연히 폐소공포증이 생기고 완전히 시체로 입관된 자신을 느끼게 됩니다.

그 2개월 후반기, 한 조사관이 들어와 지금 광주 빨갱이들 다 죽어갔다, 네 목숨도 얼마 남지 않았다 하고 말하는 데서 어렴풋이 광주사태를 추정했습니다. 1950년대 이래 내 마음속에 잠복한 자살 충동이 70년대 이래 없어졌다가 다시 솟아났습니다. 이상하게도 1970년대 겨울 전태일의 자결 이후 현실에 참여하면서 그때까지 나를 지배하던 '죽음'이 없어졌습니다. 그런데 그 남산 지하실에 다시 죽음이 찾아왔습니다. 광주가 피바다가 된 사실에 내 감정이 이입되기 시작했습니다. 그래서 지금 고립무원의 우리 처지임에도 불구하고 내 죽음이 이 방

안에서 있게 된다면 이 일로 시대 역전의 어떤 계기가 되지 않을까 생각했지요. 실지로 어느 시대나 그 시대를 바꾸는 동기로서 자기희생이라는 행위, 즉 생명을 내던짐으로써 세상을 일깨우는 사례가 있어왔습니다. 특히 한국 현대사의 경우 망국시대의 자결, 옥사 등으로 민족의 정기가 촉발되는 경우가 허다했습니다. 심지어 문학사에서도 김소월의 자살, 윤동주의 옥사, 이육사의 옥사는 그들의 시 세계를 한층 더 승화시키는 힘을 낳기도 했습니다. 이상의 동경 병사 역시 이상 모더니즘의 한 제례라 할 수 있습니다.

이런저런 상념 끝에 내가 내란음모죄 적용으로 검거된 인사들의 하나로 죽는다면 한국 민주화의 한 불씨도 되겠다고 생각했습니다. 그래서 죽을 계획을 짰습니다. 하지만 24시간 여럿의 밀착 동거 감시와 방 천장 사방의 감시카메라에 의해서 내 돌발 행동은 가능하지 않았습니다. 변소에 가서 혀를 무는 방법, 건물 모서리에 머리를 찧는 방법, 아니면 면도날이 있다면 팔뚝 동맥을 절단하는 방법 등을 노렸습니다. 내가 고문을 계속 받는 한계 상황에도 불구하고 나는 자살을 생각함으로써 강해지기도 했습니다.

변소에 가게 될 때 팔의 정맥을 물어뜯어 피를 내는 방법과 혀 깨무는 방법 중의 하나를 정할 무렵 이틀 밤을 잇달아 어머니가 꿈에 나타나 “안 된다. 안 된다. 너는 할 일이 많다.” 하며 생시처럼 나를 꾸짖었습니다. 그래서 나는 모처럼의 결심이 늦추어지면서 7월 말 육군교도소로 긴급 이송되고 맙니다. 그때 헌병이 내 고개를 무릎 밑에 처박았으므로 서울 남산과 경기도 남한산성 밑의 육군교도소까지의 경로를 모르고 갔습니다.

그때 호송관 한 사람이 한 2년 살면 나올 수 있을 것이라고 나를 격려했습니다. 그러나 그 격려를 믿지 않았지요. 왜냐하면 다른 간첩 조사 담당의 군사관이 "인생은 길기도 하고 짧기도 하다. 짧은 인생도 의미가 있다. 당신은 이제 끝났어."라고 싸늘하게 말한 적이 있기 때문이었습니다.

이미 나는 만약 사형 집행이 된다면 어떻게 최후를 맞이할까도 정해두었습니다.

육군교도소 특별 감방은 미로로 되어 있습니다. 보통 감방은 복도의 왼쪽 내지 양쪽에 감방들이 이어지는데 그곳은 통로가 마치 베트남 지하 땅굴 부비트랩처럼 되어 있습니다. 1평 남짓의 감방에는 40촉짜리 백열구 전등 하나가 달려 있고 창이 없습니다. 흔히 감옥은 철창이라 하지만 쇠창살 따위가 없어서 전기가 나가면 그대로 사진을 현상하는 암실이 됩니다. 거기에 변기 하나와 군대 담요가 있었습니다. 숨이 막혔습니다. 입관된 시체의 밀폐감이 잦아들지 않았습니다. 뒤에 안 사실이지만 내가 갔던 방은 얼마 전까지 대통령을 사살한 전 중앙정보부장 김재규가 갇혀 있다가 서대문형무소 사형 집행장으로 끌려가 처형되기까지 살았던 곳이었습니다. 문익환은 당시 육군총참모장인 육군대장 정승화를 전두환 일당이 하극상 습격으로 검거해서 무등병으로 강등시킨 채 가두었던 방을 배정받았지요.

그곳에서 나는 헌병에 의해 실시간 감시를 받고 있었습니다. 오직 기억만이 나를 견디게 하는 힘이 되었습니다. 내가 산 과거만이 나 자신이 되어 있었습니다. 하루하루의 극한과 죽음을 앞둔 분위기의 그곳에서 내가 만난 사람들 하나하나의 얼굴을 떠올렸습니다. 하지만 나는 아무리 내가 생존의 위기에 처한 상황이라 하더라도 신에 의지한다거나 기도한다거나 하는 종교 행위는 하지 않았습니다. 내가 술 마실 때, 내가 누구를 사랑할 때 기도한 적이 없었듯이 내가 죽어갈 때도 나는 종교에 의지하지 않겠다는 의지가 있었습니다. 나라는 물질적 구성물이 내 정신이라고 스스로 강변했습니다.
그러다가 우리 5명은 육군 수송차에 실려 멀고 먼 국방부 앞의 군법회의 재판장으로 실려 갔습니다. 봉인되어서 외부를 엿볼 수 없었습니다. 나는 언제나 문익환과 함께 태워졌습니다. 그러나 서로 대화할 수 없었습니다. 8월과 9월을 보내면서 우리는 재판을 받았습니다. 김대중을 국가보안법 적용으로 사형시키는 절차가 드러났습니다.
나는 79년 YH사건 국가보위법 위반으로 투옥되기 전, 그해 여름 미 대통령 지미 카터의 한국 방문을 반대하는 종로 시위를 주도했습니다. 카터가 서울에 오는 것이 박정희 유신 체제를 인정하는 것이라는 판단 아래 내가 전 대통령 윤보선을 거리로 나오게 했는데 그때 체포되어 묵비권 행사로 고문받아 내 오른쪽 고막이 파열되어 귀가 잘 들리지 않던 것이, YH사건으로 투옥된 후 악화되어 아주 소리가 들리지 않게 되었습니다. 그때까지 나는 한쪽 귀만으로 소리를 들어왔기 때문이었지요. 박정희가 죽은 뒤 나와서 수술한 인조 고막으로 소리를 다시 들었고, 이어서 오른쪽 귀도 수술을 앞두고 있었던 것입니다.
군사재판은 외신기자 하나와 가족 이외는 아무도 참관할 수 없는 비공개 재판이었습니다.
육군교도소 생활은 대법원 상고심 재판이 끝날 때까지, 전두환이 미국 가서 레이건을 만나는 것과 맞바꿔 김대중의 사형이 무기형으로 감형될 때까지였습니다. 그런 뒤 김대중은 진주로 문익환은 안동으로 나는 대구로 이문영은 김해의 일반 교도소로 가게 되었습니다.

대구교도소는 아시아 최대의 교도소입니다. 수용자가 많았습니다. 나는 그곳에서 특별 감시 대상이어서 12개의 감방을 비워둔 2층의 한쪽 방에 처박혀 30분마다 내 실내 동정이 기록되는 감시를 받았습니다. 편지는 받아볼 수 없었습니다. 나는 국어사전의 낱말 공부를 하고 싶은데 사전의 낱말에 점을 표시하는 일도 허용되지 않았습니다. 단식 투쟁 12일이 지나서야 간수가 보는 동안 사전에 점찍는 일을 할 수 있어서 단어 외우기는 할 수 있었습니다. 또한 나는 한쪽 귀 수술을 불허하기에 단식 투쟁을 10여 일간 함으로써 서울 국군병원으로 이송, 귀 수술을 했습니다. 그 당시 서울의대 김종선 교수의 헌신적인 수술 치료는 잊을 수 없습니다. 그는 내 생명의 은인이기도 합니다.

와다 하루키: 왜 최후진술을 거부하셨습니까?

고은: 나는 대구교도소 기결수로 온 뒤에도 군사재판 당시, 최종진술을 하지 않은 것을 잘했다고 생각했습니다.

사실 군사재판 과정에서 처음의 공포 분위기는 군 검찰 측 증인들의 엉터리 진술에 대한 피고들의 반박으로 조금씩 느슨해졌습니다. 그때 재판 진행 과정에서 몇 사람의 극형 예상은 빗나가게 되었습니다. 다만 김대중 씨의 경우 집중적으로 빨갱이 사냥으로 몰리고 있었습니다. 그의 탁월한 논리 전개와 주장에도 불구하고, 내란음모의 '수괴'로 몰거나 특히 일본에서의 정치 활동을 북의 지지를 얻어서 전개한 것으로 조작해서 부각시키는 것이 재판부의 장군이나 검찰 장교들의 의도였습니다. 그들은 당연히 전두환의 지령을 수행함으로써 김대중의 완전 제거를 목표로 삼고 있었습니다.

그러므로 내란음모죄가 적용되어 육군교도소에 수감된 5명과 서대문교도소에 수감된 20여 명은 전두환 신군부 정권 탄생의 합법적 근거로 조작되었습니다. 몇 개월 뒤 감형된 것은 독일, 일본, 미국 등 세계 각처의 구명 운동에 큰 빚을 졌습니다.

나 자신은 일반 형법의 내란음모죄를 적용받고 계엄법 위반, 계엄교사에 적용되어 세 가지 법 저촉의 대상이 되었습니다. '계엄교사'는 당시 서울대 복학생이던 전 국무총리 이해찬이 나로부터 영향을 받아 내란음모 일당에 가담한 것으로 된 내용입니다. 또한 내가 후배 작가에게 김대중으로부터 받은 돈을 주어서 서울역 대학생 시위에서 있었던 민주주의 장례 시위의 비용으로 충당했다는 조작을 만들어내기도 했습니다. 내가 아이에게 과자나 사주라고 오천 원을 준 것이 오십만 원으로 불어났고, 그 돈이 김대중의 돈이라는 것, 김대중의 돈은 북괴의 돈이라는 것으로 조작한 것이지요.

나는 군사정권 및 군사재판을 부정한다는 뜻으로 최후진술을 거부했습니다. 그곳에서 항변 자체에 대한 내 문학적 회의가 엄습했기 때문입니다. 세계 각국의 구명 운동에 힘입어 2년 반 뒤 나왔으나 세상은 또 하나의 넓은 감옥이었습니다.

와다 하루키: 민주화와 병행한 통일 문제가 있겠습니다.

고은: 1980년대에는 '광주'가 하나의 정신이자 사상이었습니다. 그리고 광주는 전두환 군부에 의해 단정된 '폭도의 도시'로부터 서서히 '민주주의의 성지'로, '민족의 도시'로 발전했습니다.
그것이 80년대 후반에 이르면 온갖 탄압과 방해 공작에도 불구하고 총구멍 앞에 움츠렸던 시대정신이 일어서기 시작하지요. 각 분야에서 70년대의 정치적 순정과는 또 다른 이념의 첨단 현상들이 나타남으로써, 모든 행동에는 그 행동을 낳는 논리가 무성했습니다. 거기에 대학생들의 반미와 민족 자주, 그리고 민중 계급의 전투성들이 충돌하기도 했습니다.
그러는 한편 택시를 타도 '통일'을 말하지요. 북괴 간첩이라고 신고하던 운전사의 입에서도 먼저 '통일'이라는 말이 나오는 사회 분위기로 바뀌게 되었습니다. 그래서 각계의 서로 다른 노선에도 불구하고 중산층이나 세칭 화이트칼라 계층까지도 지겨운 박정희 군부, 전두환 신군부의 군사독재에 대한 시민적 저항으로 응결될 수 있었습니다. 여기에 서울대 박종철 군의 고문 사망, 연세대 이한렬 군의 시위 중 피격 사망 사건이 사회전체의 공분으로 극대화되는 것에서 80년대 후반의 '국민운동'이 탄생합니다. 6월항쟁이 그것이지요. 나도 당시 국민운동본부 상임공동대표의 일원으로 참가함으로써 서울역전 시위, 명동 입구 시위, 동대문 시위에 여러 시민들과 함께하게 됩니다.
그것으로 노태우의 선언이 나오고 미국 망명에서 돌아온 김대중의 정치 참여도 가능하게 됨으로써, 6월항쟁의 전 국민적 민주화 운동은 절반의 성공을 이루게 됩니다. 이후 김대중, 김영삼이 서로 갈라져서 군부 노태우의 집권이 있게 되고, 그것이 김영삼 세력의 여당행으로 이어집니다. 아무튼 1987년 6월 서울시청 앞 일백만 이상의 인파 속에서 나는 하나의 절정을 체험했습니다.

와다 하루키: 그다음을 말씀해주시지요.

고은: 누군가가 시인론에서 김수영은 겁이 많은데 고은은 겁이 없다고 했습니다. 김수영은 이를테면 현실 참여 문인으로는 선배인데 60년대 말 세상을 떠났습니다. 이승만 자유당 독재를 체험하고 4월혁명의 영광과 좌절도 겪어낸 시인이었지요. 그런데 그는 눈이 크고 나는 눈이 작습니다. 이 차이 말고는 나 역시 겁이 많습니다. 누구를 똑바로 쳐다보지도 못했습니다. 그래서 70년대 민주화 운동에서 친숙해진 언론계 지도자 천관우로부터 누구를 똑바로 보라는 충고까지 받은 적이 있지요. 나는 강연 연사가 되어 연단에 올라갔다가 바로 내려와 도망친 일도 있었습니다. 그러므로 1971년 1월 박정희의 영구 집권에 반대하는 개헌 청원에 서명한 뒤 처음으로 중앙정보부에 연행되어 갔을 때 나 자신은 예술 지상주의자일뿐 현실 참여는 걸맞지 않다고 실토한 적도 있습니다. 실지로 정보부는 60년대, 70년대 사회에서는 아무도 그곳을 의식하지 않고는 살 수 없었습니다. 다방도 술집도 늘 쉬쉬하는 분위기였습니다.

그럼에도 불구하고 나에게는 선적禪的이랄까, 무엇에 투신하는 충동이 있었습니다. 냉철한 인식 논리를 토대로 한 행위가 아니라 거의 저돌적인 투신 행위가 나오기 십상이어서 산문적이기보다 시적이었습니다. 그뿐더러 나는 점점 하나의 격류가 되었습니다. 불교 유식唯識 세계에서의 '격류', 그것인지도 모릅니다.

운동이란 벼랑을 낮추는 일이고 끝내는 그 벼랑을 없애는 일이기도 할 것입니다. 그래서 탄압의 실체와 부딪칠 때의 공포조차도 낯익은 일상으로 변화되기까지 합니다. 잡혀가서 일정한 고문을 받고 자술을 하는 동안 그 조사자와 조사받는 자의 이상야릇한 동질감이 생겨나지요. 그래서 중앙정보부 1개월 내지 2개월, 그리고 교도소 넘어가는 과정의 한 시기만 넘기면 된다는 안정감이 생겨납니다. 사실 70년대 후반에 이르러서 나는 중앙정보부 단골손님이고 그쪽에서도 너 또 왔구나 하는 식의 단골 대우를 했습니다. 나는 그들의 직무적 수요에 공급품이 된 셈이지요. 70년대 후반의 정보부는 일종의 후기 증상이라 할 그런 기계적인 작동을 보이고 있었습니다. 나는 연행, 유폐, 투옥을 나의 생존 조건이라고 믿기까지 했습니다. 그러나 감옥은 인간을 단련시키기도 하지만 끝내 인간을 파괴하는 곳입니다.

와다 하루키: 통일 문제에 대해서 말씀해주시지요.

고은: 70년대 후반 문익환, 백기완 등과의 잦은 만남은 '민족통일'이라는 열창熱唱에 가까운 담론 없이는 가능하지 않았습

니다. 이미 나는 1960년대 시 「남한에서」에서 우리가 북한에 갈 수 없으므로 콜레라균으로 가서 그곳 사람에게 감염하여 함께 죽어 흙이 되자, 그 흙에서 새로운 생활 즉 통일 사회의 생활이 시작될 것이라는 꿈을 노래한 적이 있었습니다. 그런 뒤 70년대 초기에 통일을 강의 하류에 이르는 길고 긴 흐름으로 노래한 적도 있었지요.

이런 시기가 지난 뒤 80년대에는 민주화 운동이 민족통일 노선의 자주와 평화라는 실천 개념을 비켜갈 수 없는 상황이 되었지요. 나 자신도 세 번째 투옥인 내란음모 사건 이후 세상에 나와서, 70년대까지 지속된 자유실천문인협의회를 재편성해 새로운 운동을 전망하게 한 재창립 대회 기조연설에서 그동안 가슴속에서 길러온 남북작가회담을 제안했습니다.

이런 제안을 공식 표명하는 것은 그 당시 신군부 정권에서는 도저히 용납할 수 없는 이적 행위이자 북에 공조하는 역적 행위로 규정됩니다. 나는 그 공식 제안으로 안전기획부로부터 극심한 위협을 지속적으로 받기도 했습니다. 지금으로서는 동화 같은 얘기지만, 그 당시 정권 측에서는 나를 국가보안법으로 바로 투옥시키려 했으나 이미 감옥살이를 했기 때문에 일단 두고 보자는 속셈이었을 것입니다. 그뿐더러 문단 동료나 민주화 운동의 인사들도 내 제안에 이렇다 할 호응도 없는 멀뚱멀뚱한 실정이었습니다.

이런 내 제안을 표면적으로나 이면적으로 지지해준 친구가 백낙청입니다. 그래서 남북작가회담 준비위원회를 함께 만들었습니다. 마침 그 무렵 일본 이와나미 서점에서 백낙청과 나를 초청했습니다. 그런데 나는 여권이 없었습니다. 일회용 여권도 내준다 내준다 하다가 출발을 앞두고 내주지 않게 되어 백낙청만 혼자 갔고, 그때 나는 일본에 가서 발표할 강의 원고만 보낼 수밖에 없었습니다. 그런데 그 뒤 이번에는 오차노미즈 서점 명의의 초청장이 와서, 정부의 여러 기구를 움직여 일회용 임시 여권을 받을 수 있었지요. 그래서 1989년 일본에 갔지요. 그때 재일 작가 이회성과 주오대학 이토 나리히코 교수가 나리타에 나와 나를 시내로 데려갔습니다. 호텔에서의 환영 만찬에는 일본의 진보적 지식인들과 야당 지도자들이 성황을 이루어 나를 맞아주었습니다. 와다 선생과의 해후도 그때였지요. 나는 그곳에서 힘을 얻었습니다. 물론 이와나미 서점의 사장 야스에 료스케의 후의와 오차노미즈에서의 내 작품 간행 문제 말고도, 사회당 대표와의 철야 회동을 통한 진지한 대화는 하나의 축제였습니다. 그때 와다 선생은 내가 서사시 『백두산』을 쓰는 도중에 큰 격려가 된 백두산 뜬돌 한 덩이를 선물로 주셨지요. 나는 그 돌을 원고지 앞에 두고 한밤중에 마구 운 적이 있지요. 그 돌이 불러일으키는 상상에 의해 서서히 『백두산』 집필은 한층 더 신명을 내게 했습니다. 전 7권으로 마쳤지요.
이와나미의 야스에 씨는 작가 오에 겐자부로도 나를 만나게 했습니다. 그때 내가 대화 중에 남북작가회담 구상을 말했더니 그도 적극 찬동했고, 회담 장소가 서울과 평양이 불가능하면 베이징이나 도쿄도 무방하다고 내가 말하니까 오에는 오키나와 같은 곳에서 하는 것도 뜻이 있겠다고 했지요. 나는 이 작가회담 문제를 한국 내에서 추진하는 데는 국가보안법상의 통신·회담의 문제도 있으므로 한반도의 남북분단 문제에 깊은 관심을 가진 일본의 지식인이나 정치 지도자의지지 기반도 절실한 것이라고 믿었습니다. 야스에 씨한테 평양 쪽에 권유를 해달라고 부탁했더니 그분이 기꺼이 그렇게 하겠노라고 했습니다. 실지로 그분이 평양에 편지를 보냈던 것을 알고 있습니다. 그분은 내 한국어 원판 『백두산』 몇 권도 사장실 서가에 꽂아놓고 있었습니다. 70년대 내 강연 녹취한 것을 『세카이世界』 지에 게재한 것도 뒤늦게 원고료를 받고 알 수 있었습니다. 그 밖에도 일본 지식인들과 작가들이 앞으로 한국 민주주의와 민족통일을 열렬히 지지하겠노라는 뜨거운 우정을 베풀어주어서 감격했습니다.

지금도 기억에 남는 것은 내가 야스에 사장께 회담을 성사시켜달라고 할 때 던진 말에 대한 그분의 반응이었습니다. "선생이 이 일을 맡아주시지 않는다면 동북아시아의 가치 하나를 상실합니다."라고 하자 그분은 대답했습니다. "그런 말을 듣기 전에 이미 내가 나설 결심을 했소. 나는 무슨 일이든지 쉽게 반응하는 사람은 아니나 선생이 하는 일은 한국에 대한 지울 수 없는 부채를 가진 일본의 양심과도 일치하는 것이라 생각하오."

나는 그때 울었습니다. 그래서 뒷날 짐작으로는 야스에 사장이 김일성 주석에게 직접 편지를 보낸 것입니다. 내가 귀국한 뒤 북쪽의 작가동맹 중앙위원회로부터 남측 제안에 호응한다는 편지가 비공식 통로를 통해 도착했습니다.

와다 하루키: 남북작가회담에 대해 자세히 말씀해주시지요.

고은: 1989년입니다. 몇 번의 서신 왕복으로 판문점에서 양

측 대표 각 5명이 참석하기로 했습니다. 남측은 준비위원장인 나와 신경림, 백낙청, 현기영, 김진경 등이고 북측은 작가동맹 중앙위원장 김병훈, 오영재, 남대현 등 5명이었습니다. 그런데 판문점은 정전 협정 장소이고 사실상 휴전선 이남 구역은 미군 작전지역입니다. 그래서 한국 정부의 국방부뿐 아니라 미 8군사령부의 허가가 있어야 출입하고 체류할 수 있습니다. 그래서 나는 안기부를 넘어 청와대까지 연결시켜서 이 문제를 해결하고자 했습니다. 회담 시일 이전까지는 상당한 가능성이 있었습니다. 나는 이 문제에 실무적으로 지원해줄 정부 당국자와 사전 축배까지 들었습니다. 그런데 전날 밤 청와대에서의 최종 불허 방침을 알려왔지요. 나는 분개했습니다. 처음부터 불허가 되었다면 우리는 제3의 장소에서 만날 수 있었을 것입니다. 그래서 배신감도 맛보았지요.

그러나 우리 일행은 작가회담에 임하는 성명서를 발표하고 대절 버스를 탔습니다. 가는 도중 경찰의 협박을 누차 받았습니다. 국가보안법 위반이라는 것이었지요. 우리는 헌법상의 기본권을 행사할 뿐이다, 인간에게 보장된 이동의 자유를 행사한다고 항변했습니다. 각계의 지지도 있었습니다. 그러나 판문점을 앞둔 노상에서 우리는 강제 연행되고 버스는 되돌려졌습니다. 바로 경찰서에 유치되어버렸지요. 그곳에서 일주일 동안 5명은 구류되었지요. 일단 석방된 뒤 나는 집에 돌아와서 다음날 대공對共부실로 연행되어 구속수사를 받다가 안전기획부 대북 간첩 담당 분야로 넘어갔습니다. 거기서 국가보안법 적용으로 감옥에 넘어갔지요. 77년 긴급조치 9호 위반, 79년 국가보위법 위반, 80년 내란음모죄, 그리고 네 번째의 감옥이었습니다.

그러자 국제 PEN 본부나 국내 여러 재야 단체의 석방 운동이 거세었지요. PEN은 그 당시 호메이니로부터 사형선고를 받은 작가 살만 루슈디와 나의 문제를 집중적으로 문제 삼았지요. 그래서 몇 달 구속으로 풀려나서 불구속으로 재판을 받았습니다. 이에 대한 형 집행이 정지되고 사면된 것은 1992년 김영삼 정부가 들어선 이후입니다. 그때에야 나는 여권을 가질 수 있었고 여권이 나오자마자 수요 공급의 원리이기라도 한 것처럼 세계 각 지역의 국제 문학 회의와 축제의 초청이 거듭됨으로써 나는 한국 안의 한 시인으로부터 세계의 창문을 열고 내다보는 국제 시인이 된 것입니다.

와다 하루키: 남북정상회담에 참여하셨지요.

고은: 사실은 2000년 6월 남북정상회담 특별수행원으로 김대중 대통령과 동행하기 전 1998년 한국과 중국의 수교가 점차 무르익을 무렵 베이징 경유로 북한에 간 적이 있습니다. 중앙일보 북한 문화 답사 계획에 내가 참가하게 된 것이지요. 그 당시는 남북 관계 발전은 상상도 하지 못하던 시기였습니다. 그때 15일간 북한의 2개 도를 제외한 모든 지역을 다닐 수 있었습니다. 금강산 며칠, 묘향산, 구월산, 개성 일대, 함경남도 일대, 그리고 평양에서 소형 비행기로 백두산에 갔습니다. 와다 선생이 가신 길을 내가 간 것이지요. 장군봉에 올라 즉흥시를 써서 읽었습니다. 그 광경이 중앙일보 제1면 머리기사로 실리기도 했습니다. 또한 내 방문기를 KBS TV의 계획으로 녹화해

서 「민족시인 고은, 금강산을 가다」, 「민족시인 고은, 북한을 가다」라는 2편의 다큐로 이틀 연달아 방영했지요. 물론 중앙일보에 연재한 것을 책으로 내기도 했습니다. 그런 뒤 미국 하버드대와 버클리대에도 초빙되어 그곳에서 시론 강의를 마치고 나서 귀국한 상태였는데 바로 남북정상회담 동참의 제의를 받았습니다.

베이징이나 그 밖의 도시를 경유하지 않고 서울에서 평양으로 직행하는 비행기 창으로 내려다본 내 조국의 산하에 대해서 나는 이제 죽어도 여한이 없다고까지 뜨거운 감회에 사로잡혀 있었습니다.

평양에서의 대규모 환영 속에서 하루를 보냈습니다. 놀라운 것은 그곳 김영남 등의 지도자들과 만난 공식 석상에서 "대한민국 귀빈 선생들을 충심으로 환영한다."는 말을 들었을 때 양측이 각각 서울과 평양으로 부르자는 합의가 무색할 정도였지요. 그날 밤 나는 초대소의 커다란 숙소에 비치해놓은 북의 각종 술 30여 가지를 이것저것 맛보기 시작했지요. 새벽 1시가 되어도 잠이 오지 않았습니다. 그래서 취중에 시 「대동강 기슭에서」를 썼습니다. 나는 이백에 못 미치는 것이 있는데 그는 취중에 걸작이 나오고 나는 취중에 타작이 나온다는 사실입니다. 그런데 그날 평양의 밤에는 취중인데도 제법 마음에 드는 것이 나왔지요.

본래 그 시는 돌아와서 서울의 주류 신문 전면에 실리기로 하고 청탁받은 것이었습니다. 그런데 새벽 5시쯤 내 숙소에 전화가 걸려왔습니다. 뜻밖에도 동행한 친구 강만길이었습니다. 그는 시인은 아니지만 역사학자로서 역사적인 현장에 와 있다는 사실 자체 때문에 그의 분단극복사관의 한 현장이기도 한 평양의 밤을 뜬눈으로 새웠습니다. 그러다가 나를 깨운 것이지요. 둘은 즉각 초대소 밖의 대동강 기슭으로 산책했지요. 안개가 피어올라 있었지요. 거기서 우리 두 사람은 어린아이처럼 서로 껴안았습니다. 우리는 함께 민족통일을 위해 몸을 바치자고 새삼 결의하기로 했습니다. 그때 나는 내가 쓴 시를 호주머니 깊이 넣어둔 것을 꺼내어 그에게 들려주었습니다. 좋아했습니다.

그런데 바로 그날 하루 내내 남북공동선언 합의가 이루어지지 않고 서로의 주장으로 예민해졌지요. 그런 상태로 남북정상과 수행원, 관련 인사 수백 명의 만찬장에 들어갔습니다. 낮의 합의가 마쳐진 상태가 아니라 자구를 가지고 긴장이 계속되다가, 만찬이 한층 무르익었을 때 실무자들이 달려와 합의된 것을 발표했습니다. 그러자 장내는 축제 분위기의 절정을 이루었지요. 내 테이블에는 이종혁 등 북한 인사가 합석해서 술을 주거니 받거니 하고 있었는데, 그때 옆 테이블의 강만길이 내 시를 떠올려 낭독하면 좋겠다고 생각해서 우리 측에 알렸습니다. 대통령은 좋다 했으나 북측의 국방위원장이 어쩔지 모르겠다 하고 그쪽에 말하자 김정일 위원장도 좋다 한 것이지요.

그래서 나도 모르는 사이에 통일부 장관의 긴급 제안으로 불려나가 취중에 시를 꺼내 읽었습니다. 물론 장내는 모두 일어나서 환호했습니다. 김 위원장은 감동했다며 나더러 혼자 한번 평양에 오라는 초청도 했습니다. 남측 인사 몇은 그 초청 발언을 듣고 내 방문 때 자기도 꼭 데려와달라는 당부까지 했습니다. 그런데 이 만찬 광경 전체와 내 시 낭독 전체가 TV 화면으로 남북에 모두 생중계되었습니다. 그래서 나는 북에서도 꽤 알려지게 되었습니다. 다음날 김정일 위원장의 고별 오찬장에서 나는 김 위원장과 포도주를 몇 잔 함께 마셨습니다. 대통령께서는 술을 못하시니 시인과 마십시다 하고 그가 말해서 웃음꽃도 피었지요. 그 백화원 오찬에서 남북이 함께 통일의 노래를 합창한 것은 잊을 수 없습니다.

와다 하루키: 북한의 실상에 대한 소감을 말씀해주십시오.

고은: 1998년 북한에 있을 때 내가 접촉한 사람들은 대체로 당성이 강한 직무 수행자들이었습니다. 15일을 안내한 북한 인사는 숫제 남쪽 사람을 만나는 것 자체가 오염이다, 전염이다라고 뼈 있는 농담을 하기도 했습니다. 그만큼 그들은 국가 이데올로기로 무장된 광석 같은 인상이었습니다. 물론 상업 체험이 없고 소유욕을 제대로 발휘하지 못하는 체제에 익숙하므로 인간의 성품 자체는 20년대, 30년대의 농민적 순박성 그대로였습니다.
그러나 일단 주체사상 운운 화제가 바뀌면 충격적입니다. 바로 전사적 주장을 그칠 줄 모릅니다. 조선민족이라는 말보다 김일성민족 또는 인민학습당의 표어처럼 김 주석이 김정일을 말하면서 김정일민족이라고 하는 말들이 훨씬 힘차게 들리기도 했습니다. 그래서 연호도 김일성 탄생을 원년으로 해서 '주체 몇 년'이 되는 것이지요.
나는 이런 북한 체제를 80년대 후반 이래 농성籠城 체제라고 말합니다. 마치 와다 선생이 일찍이 북한을 유격대 국가라고 명명한 것과도 상통하겠지요. 그런데 여기서 한 가지 지적하고 넘어갈 것이 있습니다. 특히 외세에 의해 주권을 상실한 한반도의 근대 명제는 최우선적으로 '독립'입니다. 이는 숱한 독립운동을 통한 민족 정체성과 대의를 확립하는 근본 개념입니다. 반외세, 반봉건, 그리고 반독재의 3대 실천 강령이 한국 근현대사의 주체라 할 수 있지요. 이것이 '독립'이라는 것으로 귀결됩니다. 그런데 이 '독립'이 '독립'으로 고착될 경우 그것은 '고립'이 되고 맙니다. 바로 북의 민족 정통성, 주체사상, 유일사상의 독립성은 세계사 관계망 안에서는 하나의 고립이고 농성 체제일 것입니다. 70년대 북은 일제와 싸운 정당성이 있었으나 남은 일본군의 모범 장교가 대통령이 됨으로써 상대적으로 늘 남북의 긴장 관계에서 방어적이었습니다. 하지만 정통성이란 정치 군사적 차원만이 아니라, 인민 국민을 먹여 살리는 생존과 복지 즉 경제 발전에 의해서 쌓아가는 실용 정통성도 결코 부차적일 수 없지요. 그뿐 아니라 남쪽의 미국 및 서방과의 개방이 시간을 경과함에 따라, '독립'의 의미는 '관계'의 의미 없이는 죽어버리거나 '독립' 자체의 폐쇄 본능이 된다는 냉엄한 국내외적 정황에 따라 그것의 전근대성으로부터 뛰어나와야 합니다. 이 점에서 북의 철저한 자주 의식의 집착은 세계사 진행 과정에서 특이한 한 고독일 수밖에 없지 않은가 하는 지적이 있겠습니다. 이 점이 북이 중국의 개혁 개방을 쉽사리 모범 사례로 삼지 못하는 폐쇄성이기도 하지요. 문을 열면 망한다는 위기의 절대 상황 앞에서 어떻게 문을 열어야 하는가가 북의 미래학적 고민이 될 것입니다. 물론 100년 안에 북은 지금의 북이 아닐 것입니다. 북 체제도 영구불변이 아니라 또 다른 새로운 사회를 탄생시킬 것입니다. 지금의 북도 1950년대 북이 아닌 것처럼 말입니다. 무엇보다도 북의 문학이 변화해야 합니다. 정치의 자주에 속한 것이 아닌 문학의 자주가 실현되어야 합니다.

와다 하루키: 더 할 말이 있습니까.

고은: 재판 피고의 그것은 아니지만 이 대화의 최후진술이기도 합니다. 내가 이제까지 말한 것들도 바로 이 말을 하고 싶은 전야로서의 진술이었습니다.
바로 통일에 관한 담론입니다. 한국에서 박정희 정권 당시 명목상의 정부 기구의 하나로 통일 사무를 관장하도록 만든 '국토통일부'가 오늘날 통일부의 기원입니다. 그 당시는 한국 헌법상의 국가영토는 한반도 전역과 부속 섬들로 이루어진다라는 그런 개념으로써 북한지역도 남한의 일부로 규정했고, 이때 '국토통일'이라는 것은 이승만 북진통일 노선의 연장선상에 놓인 것이기도 했지요. 이런 주장은 노태우 정권에도 존속되던 것입니다.
이런 국토 장악으로서의 통일 다른 쪽에서 민주통일이라는 통일의 인간화, 민족화를 의도하는 것이 남북 양쪽의 외형상의 지향입니다. 가령 장준하 씨의 통일 노선은 통일은 무조건 좋다라는 통일 지상주의 염원을 간절하게 반영하는 것이지만 그것은 그만의 주장이 아니라 모든 사람들이 자연발생적으로 통일을 말할 때의 그런 소박한 민족통일 정서이기도 했습니다.
그것은 차츰 구체화되어 흔히 민족을 정의할 때의 영토냐 전통이냐 언어냐 뭐냐에서 살아 있는 실체를 통한 생존적 정의가 강조됩니다.

이 민족통일의 방법이 다른 사례를 반면교사로 참작하면서, 베트남의 통일, 예멘의 통일, 독일의 통일 등에서 나타난 무력이나 흡수나 밀실 타협의 그것이 아니라, 한반도 현실과 체제 극복에 가장 적합하고 타당한 평화통일이 누구에게나 자연스러운 것이 되었습니다. 이승만의 선거 상대 후보라는 이유로 증오를 산 진보당 조봉암이 무력통일이 아닌 평화통일을 말하다가 북에 충성을 바친다는 간첩죄로 조작 처형된 시대로부터 통일 논의는 조심스레 발전한 게 사실입니다. 어느 쪽이 어느 쪽을 전쟁으로든 경제력으로든 무엇으로든 흡수해버리는 통일이 아니라 그런 일방적인 정복 행위가 적용되지 않는 상생·공존의 평화통일이야말로 우리가 달성할 한반도 역사의 최고 가치이겠습니다.

그런데 나는 통일이 위대한 역사 행위일수록 그것은 역사만의 것이 아니라 하나의 자연 행위이기를 바라는 것이지요. 그래서 통일은 하나의 드라마가 아니라, 하나의 사건이 아니라, 하나의 점이 아니라, 하루하루가 계절을 이루고 세월을 이루어가는 그런 일상 지속으로서의 긴 과정이기를 바라는 것입니다. 통일은 점이 아니라 선이다! 하고 외치고 싶습니다. 베를린 장벽 이후의 독일 20년이 과연 통일인가, 새로운 분단이 아닌가 하는 질문을 통일이라는 긴 시간 속에 담고 있어야 합니다. 그래서 통일은 하루아침에 피는 나팔꽃이 아니라 100년 사업이고, 그리고 그 통일이 진정한 사회 융합과 문화적 조화에 이르기까지는 200년 이상의 사업인지도 모릅니다. 그렇다면 비록 분단 고착 체제일망정 이것도 긴 통일 과정의 한 시기라는 낙관론을 낳게 되지요. 그래서 1950년대 한국전쟁 따위로는 통일이 불가능합니다. 한국전쟁의 교훈은 그런 전쟁의 야심으로는 어느 쪽도 승자가 될 수 없다는 사실이고, 그런 무력 정복으로서의 통일은 야만이라는 교훈일 것입니다. 통일이란 무한 프로젝트입니다. 마치 온전한 세계가 한 번으로 완성되지 않는 영원한 미완인 것처럼, 통일 역시 레닌 식으로 2보 전진을 위한 1보 후퇴를 거듭하면서 변증법적이기보다 시행착오의 숱한 경험들을 통한 지혜의 실천을 통해 실현되어야 합니다.

나는 한국사에서의 통일시대는 이제까지 출현하지 않았다고 생각됩니다. 고대의 신라 통일은 통일이라고 할 수 없다는 이의 제기를 감수해야 합니다. 어떤 의미에서 역사 완성으로서의 통일이란 세계 어느 나라에도 없었습니다. 중국 5000년사도 단순론으로는 역대 역성혁명의 수직적인 계통사인 듯하지만 이합 집단으로 된 혼돈과 질서를 반복한 것에 지나지 않아요. 일본의 통일이라는 것도 도요토미의 군림과 에도 막부의 지역 통제를 이어 근대 일본 군국주의가 비로소 통일을 추구한 것으로 보입니다. 화산 활동 같은 유럽 각 지역의 명멸도 그렇지요. 한반도 역시 고대 삼국 통일이란 북위 39도선 이남의 흡수통일이고 그 이북에선 고구려 대행의 발해가 일어섭니다. 그래서 한국 고대 후기의 이 시대를 남북조시대라 합니다. 남북조란 바로 고대적 분단 체제이겠지요.

그 당시 당나라가 해외 유학생을 주위 여러 나라에서 불러들였는데 빈공과 과거에서 북의 발해 학생이 거듭 장원을 차지하자 남의 신라 본국은 늘 북에의 열등감 때문에 의기소침했지요. 그러다가 신라 말기 최치원이 장원을 하자 발해를 이겼다 해서 본국에서 크게 고무된 적이 있습니다. 오늘날로 치면 미국 가서 1등 하는 것으로 흥분하는 꼴이지요. 그러므로 임시적인 체제 통합이라는 통일은 남과 북의 오랜 분열과 폐쇄로 인해서 온전한 사회 통합의 가능성을 담보하지 못합니다. 그 뒤 고려시대가 요즘 시각으로 보면 처음으로 민족국가라 할 통일적 타협망을 가동했지요. 고려라는 이름에서 옛 고구려 북방 세계의 능동성을 계승한다는 의미를 보이면서도 신라, 백제의 여러 갈등 요인을 무마하는 정책을 쓰게 됩니다. 이런 중세 뒤의 근세 조선이란 처음부터 고대정신의 북방 복원 노선을 폐기하고 중국에의 사대 노선으로 국가권력을 쟁취합니다. 그래서 고대의 왕족인 왕씨는 다 제거합니다. 거기서 살아남은 자는 '王' 자 위에 '人'을 씌워 '全'씨도 되고 점을 찍어 '玉'씨도 되고 아예 다른 성씨를 쓰기도 하지요. 이런 이씨 왕조에 대한 오랜 민중의 역사의식에는 고대정신이 스며 있어서, 무당의 신으로도 이성계가 죽인 북벌 노선의 최영 장군을 모시고 그 신에게 바치는 제물인 돼지 대가리를 이성계의 이름을 써서 성계육이라 했습니다. 이성계 정권 후기에 오면 자신의 정통성을 중국 명나라에 두고 중국의 성리학을 한층 더 심화시키게 됩니다. 그래서 근대 초기 진보적 역사가 신채호는 조선에 불교가 오면 불교의 조선이 되고 조선에 유교가 오면 유교의 조선이 되고 조선에 기독교가 오면 기독교의 조선이 된다고 지탄합니다.

조선 영토라는 근대 지리의 경계 의식에 있어서도 조선 후기까지 중국의 보편주의 영역 안에서 중화에 대한 작은 중화로 자처함으로써 긍지로 삼았습니다. 이런 정치적 굴종의 세월인데도 한국의 문화적 소화 능력, 문화적 창조 능력이 한국적 자아를 견지하게 된 것은 경이로운 일이지요. 조선 초기 세종 당시에야 국경의 안정이 가능했습니다. 북방 6진을 개척하고 토문강과 압록강 흐름으로 자연 경계를 확보한 것이, 조선말기 청과 일본의 밀약에 의해 북간도가 떨어져 나가게 된 것이지요. 그래서 지금의 두만강, 압록강으로 축소된 것이지요. 국토 통일이라는 관점에서 보아도 어렴풋이 통일은 늘 불안한 상태인 미완의 것이었지요.

동북아시아에서 중국은 이제 중국 사상 가장 방대한 신중국으로 통일천하를 이루었고 일본 역시 조선, 대만 등의 식민지 야욕에서 떠나 본토로 확정되었으나 한반도는 그나마 기존의 통일 상태마저 파괴된 채 분단 60년이 넘었습니다. 미국이 필리핀을, 일본이 조선을 접수한다는 가쓰라·태프트의 음모 이래, 제2차 세계대전 말기 미소의 장교가 가장 편리한 분할선인 북위 38선을 그어서 분단시킨 이래, 우리는 그것의 통일을 향한 긴 과정을 살고 있는 것입니다. 하지만 나는 이런 한반도 민족통일을 재통일이 아니라 신통일이라고 강조합니다. 통일은 지난날로 돌아가 북에서 내려온 사람이 북의 고향에 가 어린 시절을 추억하는 향수로서의 통일 즉 재통일이 아니라, 역사상 유례없는 새로운 역사 운동으로서의 멋진 통일, 세계사에서 가장 아름다운 통일의 보석을 한반도에서 빛나게 하는 일이지요. 그리고 이런 통일은 민족 내부의 제1차적 역사 행위로 달성하는 것뿐 아니라 세계사, 특히 동북아시아의 전적인 축복의 역사 속에서 실현해야 하는 국제적 과제이기도 합니다.

또한 통일은 이 같은 민족사적, 지역사적, 세계사적 사업인 동시에 인간 실존의 내면 사업이기도 합니다. 그간 조선 초기 주자학 체제의 고식적인 폐쇄주의와 식민지시대 및 분단시대의 가공할 적대주의는 인간정신의 상당한 파손을 초래했습니다. 우선 근대화의 압축 산업 사회는 인간을 성장의 소도구로 만들고, 인간 하나하나의 내면 풍경을 사회적 양심이나 공동체적 윤리로부터 동떨어진 경쟁과 이익 추구로 다져질 수밖에 없는 약육강식의 상태로 만들었습니다.

통일은 바로 이 같은 인간 회복과 인간의 품위를 높이는 정신 개벽의 행위일 것입니다. 만약 통일 이후에도 통일 이전의 사회가 그대로 이행되는 것이라면 그런 통일에 무엇 때문에 삶의 고행을 바치며, 기존의 분단 체제 일상에 길들여진 상태가 그대로 답습되는 것이라면 무엇 때문에 통일할 까닭이 있겠습니까. 그리고 통일은 일체의 인간 소외를 소멸하는 시대라야 합니다. 이 문제는 실존의 문제이자 계급의 문제이기도 합니다. 서독 주도에 의한 통일로 말미암은 동독의 소외, 하노이 체제의 통일로 인한 사이공 체제의 지하를 담당했던 베트콩의 소외, 통일 이전의 한쪽 예멘이 다른 한쪽 예멘에 가하는 상당한 배제, 이들이 새로운 사회 갈등으로 드러날 때 한반도 통일에서 그런 갈등이 극대화될 우려도 없지 않습니다. 요컨대 통일의 세포인 한국인 하나하나가 새로 태어나는 새 세계의 생명체가 될 때 통일의 의미를 창조적으로 충족시킬 수 있습니다.

2000년 남북정상회담에 대한 전 지구적인 절대 지지, 심지어 한반도 분단 문제와는 별 상관도 없는 가톨릭 교황조차도 평양에 가고 싶다든가, 한반도 통일을 간절히 기원한다든가 하는 공식 발언을 합니다. 한반도 통일을 가장 싫어하는 일본 집권 세력이나 우익 진영조차도 겉으로는 이웃 나라 남북문제에 친화적이었습니다. 남북의 자체적 관계 발전에 제동을 걸어온 미국도 결국은 국무장관을 평양에 보내기에 이르렀지요. 남과 북의 이 긴밀하게 제도화되어가는 관계는 부시의 등장으로 중단되어야 했습니다. 한반도를 에워싼 소위 4강에 선의를 기대하는 일이 어리석을 수 있음에도 불구하고, 바로 이 4강이 이해 초월의 합의를 도출하는 일에 한민족의 비군사적이며 개방적인 역량을 발휘해야 합니다. 통일은 누가 주는 떡이 아니므로 자신이 떡쌀로 떡을 만들어야 합니다. 만일 1945년 8월의 해방이 한민족의 해방 투쟁에 의해서만 도래했다면 분단은 필요 없었을 것입니다. 그것이 제2차 세계대전의 일본 패전에 의해서, 미군의 승전에 의해서 도둑처럼 갑자기 온 공짜 떡이기에 그 떡값의 비싼 대가를 치르고 있습니다. 물론 김구의 임시정부, 김일성의 오랜 항일 유격전, 국내외 각계 저항 운동 등 놀라운 민족 운동이 없었던 것은 아니지만, 그것들이 일거에 헛걸음이 되는 듯한 해방이기도 했습니다. 그래서 중국에서 본국 탈환 작전을 진행시켰던 김구가 해방 소식을 듣자 손에서 젓가락을 떨어뜨리는 허탈감을 느낀 것이지요.

한반도 통일 방안은 그간 북쪽의 연방제에 대해 남이 적대적인 반응이었다가, 그것에 맞서는 연합제를 신군부 말기부터 내놓기 시작했습니다. 박정희, 김일성이 체결한 7.4 공동선언의 자주 노선이나 그 뒤의 남북합의서 각론 합의에 이어 김대중, 김정일이 연방제 연합제 갈등 해소에까지 나아간 것은 퍽이나 다행이었지요. 그러나 김정일도 사석에서는 아버지 시대의 연방제만을 답습하지 않는 태도를 보였습니다. 즉 연방제는 탁상공론일 수도 있다는 것이었습니다. 그렇다면 남북 관계의 발전은 상호 이익을 증진시키기 위해서라도 연방제만을 고수하는 것이 아니라 남쪽의 연합제건 어떤 느슨한 공동 체제이건 그것을 단계적으로 작동하는 통일 첫 단계의 사업이 있어야 합니다.

우선 유라시아 대륙을 관통하는 수송망에 참여하기 위해서라도 동북아시아·일본열도·한반도가 이어져서 만주 경유 시베리아로 직통될 수 있을 때, 이런 필요조건이 장차 이 지역 내의 정치, 군사적 전환을 가져오기에 충분합니다. 바로 이런 관점에서도 한국 휴전선의 준전시 체제는 평화 체제로 바뀌어야 합니다. 이런 통일 앞 단계의 성숙한 관계가 통일 방안을 자발적으로 만들어낸다면 얼마나 좋겠습니까. 통일은 통일 명제의 깃발만 내세우지 않고도 이런 통일 지향의 체험을 쌓는 동안 태어나는 지혜의 산물입니다. 지혜란 태초에 하늘에서 내려온 것이 아니라 오랜 우매와 후회의 열매입니다.

굳이 나에게 통일 방안을 말하라 하면 나는 다연방제 통일을 말하겠습니다. 이미 말레이시아연방, 스위스연방은 다연방제 국가입니다. 미합중국도 독일연방도 일정한 일국 지상주의이기보다 국내적으로는 연방 사회일 것입니다. 한반도에서는 각 지방이 도로 관리되고 있습니다. 이런 도 단위 내지 새로운 지역 편성을 통한 지역 단위에 독립성은 부여함으로써 그 지방 정부들을 국가 개념으로 높이고, 각 지방의 자체적 선출에 의한 정치 수반이 한반도 전체 회의에 참여하여 연방 수반을 추대하는데 그 추대는 반드시 선출이 아닌 윤번제 추대로 할 것을 주장합니다. 그러므로 연방은 대외적으로 국가를 대표하여 국방 외교만을 담당합니다. 아마도 이런 연방제 사회가 폭넓게 확장되는 것이 지구 미래적인 지역 공동체 내지 세계 연방의 가능성에까지 닿아 있겠습니다. 몇십 년 전 그토록 서로 물어뜯던 독일과 프랑스가 유럽 경제 개방을 주도한 EEC를 탄생시켰고 마침내 오늘의 유로화폐, 유럽연합의 헌법, 유럽 대통령까지로 나아간 것입니다. 이런 일이 언젠가는 동북아시아, 동아시아, 아시아 권역에서 생기지 말라는 법이 없습니다.

언젠가 아시아 화폐를 만들자는 내 제안도 있습니다. 아니 100년 이내에 동부아시아 공동 사업의 화폐 통일이 가능하다고 믿습니다. 화폐란 물물교환을 진화시킨 경제 수단만이 아니라 거기에는 그 지역의 정신이 표상됩니다. 중국 화폐에는 마오의 얼굴이 있고 일본의 화폐에는 나쓰메의 얼굴이 있을 것입니다. 한국 화폐에는 세종대왕이 있습니다. 이런 정신의 징표와 화폐를 통일한다는 것은, 인류의 지역 공동체 역사의 커다란 전환에 새로운 삶의 원리가 있다는 뜻이겠지요.

한반도 통일이란 반드시 근대 국민국가 확립이라는 숙원을 이루어주는 일입니다. 하지만 그 통일은 장차 더 커다란 연대, 연합, 연방의 원초적 기반이 되어 마땅합니다. 그래서 만약 내일 한반도가 통일국가를 세계에 선포한다면 그다음 날부터 나는 민족이라는 단어를 내 용어에서 뺄 것입니다. 언젠가 외국 기자와의 인터뷰에서 통일이 되면 나는 저 북아프리카 앞바다의 카나리아에나 가서 세상을 살겠다고 한 적이 있습니다. 그러므로 나의 통일론은 통일에만 목적이 있지 않고 통일 이후의 역사인 동아시아 연대의 아름다운 자화상이 목적입니다.

동북아시아는 한자권이라고 말하지만 그런 공통된 전통적 배경보다는 근대를 통해 서로 각축하는 이질성이 더 강하게 작용하고 있습니다. 그러므로 이들의 만남에 의해 새삼 공통성의 당위가 한층 역력해지기도 합니다.
통일은 궁극적으로 연대의 단위입니다.

와다 하루키: 오랜 시간 감사합니다.

고은: 그리고 덧붙일 말씀이 있습니다. 하나는 한국에서 민주화를 달성했다고 하더라도 그 민주화는 끊임없이 위기에 직면한다는 것입니다. 그뿐만 아니라 민주화가 천민화를 극복하는 일이 지속되어야 합니다. 또한 민주화 사회의 이면을 잠행하는 독재 발생의 가능성이 상존합니다. 독재는 이전보다 훨씬 복합적인 전략을 가지고 작동하고 있습니다. 그런 점에서 민주화 운동은 그것의 영구적인 추구에 방심하지 말아야 합니다. 민주화는 한 시기로 끝나는 것이 아닙니다.
다른 하나는 민주화라고 하는 것이 그것에 대한 질적인 성찰 없이 무조건적으로 절대화해서는 안 된다는 것입니다. 왜냐하면 민주주의의 비속성과 물량성이 있습니다. 이 두 가지는 늘 경계해야 됩니다. 플라톤과 칸트와 니체가 민주주의를 부정하는 사실을 새겨볼 까닭이 있습니다. 민주주의는 그러므로 완성된 가치가 아니라 미완의 가치로서, 우리 삶에서 그때그때마다 부딪히는 가장 긴밀한 문제입니다. 민주화가 전체주의를 부를 수도 있는 상투적 대중주의를 방어하는 역량을 길러야 됩니다.

와다 하루키: 수고 많으셨습니다.

고은: 이런 국제적 석학 앞에서 두서없이 소년 같은 얘기를 했습니다. 나는 시냇물도 호수도 아니었습니다. 나는 폭포 다음쯤의 격류였습니다. 지난날을 떠올리며 나 자신을 이렇게 격류로 표현한 사실은, 사실인즉 불교 유식학에서의 생명과 세계 존속의 근원을 격류로 표현한 바와 다른 것이 아닐 것입니다.

_ 2008년 11월, 일본의 학자 와다 하루키와의 대담

정박하지 않는 시정신, 고은 문학 50년

비가 내리는 중간중간, 흐릿하게 햇빛이 났다. 흐린 햇빛 사이로 생각났다는 듯 새들이 날아다녔다. 서교동 세교연구소에서 고은 선생을 만난 날의 날씨가 그랬다. 나는 세계적으로 명성을 얻은 한국의 대표 시인이 아니라, 문청 시절의 한 페이지를 장식했던 내 마음의 시인을 만나러 갔다. 날씨 탓이었을까. 흥분이나 설렘보다는, 오래 낯익었으되 언제나 낯설었던 그의 시들과 그 시들의 50년이 아스라하게 느껴지던 오후였다. 50년이라니. 그것은 어떤 세월이었을까. 전쟁과 허무와 민주주의를 거쳐오면서, 그의 50년은 이미 개인사적 회상의 대상이자 동시에 우리 근대 문학의 한 장이 되어 있지 않은가.

먼발치에서는 뵈었으되, 직접 대면한 것은 처음이었다. 선생은 자리에 앉자마자 커피 대신 소주를 청했다. 어쩐지 반가웠다. 나는 시력詩歷 50년을 기념하고 회고하는 대담 자리가 아니라, 아마도 사적인 술자리에서 시인의 말씀을 듣고 싶었던 것인지도 모르겠다.

이장욱: 장마철이라 습하기도 하고 비도 자주 오는데, 요즘 건강은 어떠십니까?

고은: 타고난 대로 살고 있는데, 특별히 건강을 위해서 하는 건 없습니다. 집에 있을 때는 저녁밥 먹은 다음에 아내와 함께 논길을 30분쯤 거닐지요. 여느 사람처럼 밤에 자고 아침에 일어나고 일하고 놀고…….

이장욱: 어느 대담을 보니까 먼 길을 이동해도 시차를 별로 안 느낀다고 하셨더군요. 건강 체질이시라 다행입니다.

고은: 새들의 이동에 좀 더 가까이 가려는 운명인가 봐요. 대체로 새는 남북으로 왔다 갔다 하지만 별 시차 없이 현지의 시간에 맞춰서 바로 적응하잖아요. 서쪽으로 갔을 때보다 서쪽에서 돌아왔을 때 더 시차의 긴장을 느끼게 되지요.

이장욱: 최근에 『시와시학』에 신작시 36편을 실으셨지요. 맨 앞의 「인도양」이라는 시가 인상적이었습니다. "운다//이 멸망 같은 적도 인도양 복판 벗어나며/지난 50년을 운다"로 시작하는데, 여기서 50년이라는 게 선생님께서 등단한 1958년 이후 지금까지를 의미하는 게 아닌가 싶었는데요. 시의 말미에 보니까 "어느새/시뻘건 일몰/어서어서 캄캄하거라"라고 쓰셨더군요. 어떤 비감 같은 것도 느껴지고, 또 어떻게 보면 어둠에 대해 초연해진 목소리 같다는 느낌도 들더군요.

고은: 그 시는 형이 지적한 대로 나 자신의 50년이기도 하고, 또 굳이 그걸 나라고 하는 것 바깥에 의미를 부여하면 한국의 원양어업이 아마 그런 정도의 세월을 지니고 있지 않았나 싶

고, 그런 것도 염두에 둘 수 있겠습니다. 그래서 나는 인도양이라는 내 상상 체계가 사실은 현실의 여러 일들과 동떨어지지 않았다는 생각을 부여하고 싶었는지도 몰라요. 그래서 원양어업의 50년을 돌아보는 것과 나의 50년을 기록하는 것, 두 가지를 접점으로 삼았다고 할 수 있습니다.

사실 50년이나 100년이란 것은 어떤 우주의 짐승이 눈을 감았다 뜨는 것일 수 있겠고, 그런데 그것이 사람인 바에 시간이라는 걸 만들어서 의미를 부여하니까 새삼스럽게 50년이다 또 100년이다, 이런 것에 우리가 구애받는지 모릅니다. 나는 나 자신 전생의 연보라는 걸 설정했습니다. 1933년부터 시작하는 내 현생의 삶이 왠지 제한적이어서 과거로 연장해보았습니다. 거기서는 지금의 시인 노릇 50년보다 훨씬 더 많은 생의 의미를 가지고 있다고 하게 됩니다. 그럼에도 엄연한 현실은 나에게 주어진 현재의 50년이고, 그럴 때 그것을 돌아보는 행위가 있을 텐데, 공교롭게도 이 50년은 내가 있게 된 한국 근대시 100년과 만나는 것이다, 그래서 한국 근대 시 절반을 내가 살아왔다, 그런 의미를 확인하고 싶어지기도 합니다. 그렇다고 이전의 50년이 나의 것이 아니라는 말도 아닙니다. 왜냐하면 실제로 나는 「해에게서 소년에게」의 시인 최남선을 만나 그와 차도 마셨고, 또 내 또래의 친구 김관식이라는 사람은 심지어 육당六堂의 수제자로 자처하고, 또 홍은동 산꼭대기에 집을 지었을 때 육당을 추모하는 집이라 해서 육모정六慕亭이라 이름붙이기도 했습니다. 그러니까 근대 시인 1세대와 50년대의 우리가 같은 비구름 속에서 살아왔습니다. 그리고 실제로 그때 이광수는 납치되어서 만날 길이 없었지만 그 부인과는 자주 왕래가 있었어요. 효자동 산부인과에 가면 이광수가 『원효대사』를 쓰던 방을 기념으로 텅 비워놓고 있었습니다. 그러니까 100년과 50년의 시적 시차 같은 게 거의 없이 한통속으로 살아왔지요. 그리고 그 후에 김소월, 정지용 같은 사람들도 요절이나 전란으로 못 만난 것에 불과합니다. 하나의 동시대 삶이었지요. 사실 내 50년은 요절 시인이 많은 근대 한국 시사로 보면 두 번 이상의 요절이 가능한 세월이기도 합니다.

이장욱: 두 번 이상의 요절이 가능한 세월이라고 하시니 또 새롭습니다. 지금 말씀하신 것처럼 선생님의 시력 50년은 우리 근대문학사와 겹쳐지는 시간이었을 텐데요. 최근에는 해외에도 많이 다녀오시고…….

고은: 해외에서 초청을 받기 시작한 게 10년 안팎입니다. 10년 전쯤에 처음 나갔을 때는 가슴이 두근댔어요. '아, 저 사람이 활자를 통해 본 그 사람이구나' 싶고. 서구 시를 풍문으로 듣다가 시의 실체를 만나니까 마치 독자가 작자를 만났을 때의 고전적인 설렘 같은 것이 끼어든 셈이에요. 그런 낯선 단계가 10년 안에 다 닳아서, 오히려 그들이 나에게 더 호기심과 관심을 갖고 다가옵니다. 그렇게 바뀌었습니다.(웃음)

이장욱: 긴즈버그나 스나이더 같은 시인들과 친분이 있으셨던 걸로 알고 있는데, 한국과 동아시아를 대표하는 시인으로서 이 서양 시인들과 동질감이라든가 또 차이 같은 것도 느끼셨을 것 같은데요.

고은: 나를 동아시아 운운으로 얘기하셨는데, 분에 넘칩니다. 그렇지만 한국 시가 예컨대 일본 근대 시보다 늦게 시작하고, 어떤 의미에서는 일본의 근대 시를 받아들인 일종의 2차 이식이라고 할 텐데요. 그럼에도 불구하고 내가 단언할 수 있는 것은, 시는 동아시아에서 일본보다 한국입니다. 그리고 유구한 고대 이후에 명시를 많이 가진 중국의 현대 시조차 오늘의 한국 시보다 결코 월등할 수 없다는 국제적인 긍지를 경험하고 있습니다. 곽말약과 최남선의 신시 비교는 이제 벗어났습니다. 내가 최초로 만나기 시작한 서양 시인은 미국 시인들이었습니다. 긴즈버그가 한국에 왔을 때 당시 한국은 신군부 정권의 강박된 사회였는데, 그것을 직감한 그가 이게 아니다 하고 다른 쪽을 찾아보았지요. 창비 주최로 그와 내가 합동 시 낭독회를 가졌어요. 그렇게 해서 이 사람이 나에 대한 인상을 갖고 돌아간 후에, 스나이더와 전화하면서 한국에 가면 고 아무개가 있으니 만나봐라 했더랍니다. 긴즈버그는 뉴욕에 살고 스나이더는 서쪽 캘리포니아에 살고 있었어요. 그래서 스나이더도 만나기 전부터 나를 짐작하고 있었습니다. 내 시집이 미국에서 최초로 나왔을 때 긴즈버그가 격찬했고 그는 얼마 후에 타계했습니다. 내가 그때 미 8군 방송을 틀어보다가 긴즈버그가 죽었다는 걸 알고 술을 많이 마셨지요.
그러고 나서 버클리대 초청으로 미국에 가서 스나이더와 함께 시를 읽었는데, 그때 "긴즈버그가 나더러 뉴욕에 오면 그냥 가지 말고 서쪽에 가서 스나이더를 만나고 가라고 했는데 이제야 만났습니다." 했더니 스나이더도 "나에게도 긴즈버그가 당신을 만나보라고 했는데 이제야 만났다." 하더군요. 그때 나는

'죽은 한 시인이 살아 있는 두 시인과 함께 있다'는 시를 쓴 적도 있습니다.

이장욱: 긴즈버그도 불교와 연관이 있지만, 스나이더는 가까운 일본에서 불교에 깊이 몸담았던 걸로 알고 있습니다. 아무래도 친연성을 느끼셨겠습니다.

고은: 긴즈버그는 티베트불교입니다. 그리고 스나이더는 일본의 임제종臨濟宗이고요. 임제종이지만 그의 세계는 결코 종파주의로 떨어지지 않습니다. 그가 나더러 지구 저쪽의 형제 시인이라고 하고, 또 최근 시집에는 나에게 주는 헌시도 있고, 또 나를 노래하는 시도 따로 있을 만큼 막역한 사이입니다.

— 오늘 쓰는 시가 가장 축복받은 시

고은 시인은 천생 북방계다. 생김새가 아니라 영혼의 구조가 그렇다는 뜻이다. 그에게는 정주보다 유목의 삶이 어울린다. 이 유목적 삶은 그러나 현대 사회의 특성으로 지목되는 소위 '탈근대적' 유목이 아니라 고대적 기상을 간직한 떠돎의 유목에 가깝다. 그러니 시시콜콜한 세부 묘사보다는 초원의 포효가, 도시의 뒷골목보다는 유장한 산과 폭포의 풍경이 그에게 더 어울린다고 해야 할 것이다. 근대적 시민의 영혼보다는 고대적 영매의 영혼에 가깝다고도 할 수 있겠다. 그 호방함 이면에 존재하는 섬세한 감각이야말로 그의 힘일 것이지만 말이다. 그런 의미에서 나는 그의 시적인 '고향'이 궁금했다. 아니, 어쩌면 떠나는 것 자체를 고향으로 삼은 시인의 내면, 혹은 고향을 끊임없이 창안해온 시인의 본능이 궁금했던 것인지도 모르겠다.

이장욱: 최근에 발표하신 시로 다시 돌아가서요. 「눈 내리는 날」이라는 시에 보면, "소월 형/지용 형/당신네들 어렴풋이 알았을 거요/인류 맨 처음의 언어가/아아/였던 것//블레이크 형/횔덜린 형/당신네들 어렴풋이 알고 있었을 거요/인류 맨 마지막의 언어가/아아/이리라는 것"이라고 쓰셨습니다. 아마 '아아'라는 건 언어 이전의 언어, 의미 이전의 언어일 것 같고 좀더 근원적인, 고향 같은 것이기도 할 텐데요.

고은: 우리 언어는 인류 사회의 시간으로 보면 극히 최근의 행위입니다. 그런데 마치 이것으로부터 시작했다는 듯이 우리는 언어에 주박당하고 있고, 또 언어 속에서 도저히 떠날 수 없이 살고 있고, 또 다른 삶의 체계와는 전혀 달리 언어 내의 독특한 자기만의 존재 자체를 살아간다는, 인문적인 허상 속에 있지 않은가 생각합니다. 그런데 사실 인류사에서 언어생활은 아주 짧은 기간일 뿐이지 우리 이전에 생명계를 이끌어온 모든 생명체들은 언어 없이 존재해오지 않았습니까? 그 엄청난, 무한한 언어 부재의 시기를 지나 거기서 가까스로 태어난 것이 '아'라든지 '어'라든지 감탄, 공포, 아픔, 이런 것을 통해서

나온 소리기호일 텐데요. 그런 것들에서 우리 시의 비언어적 선사先史를 이어왔다는 그 까마득한 시의 고향, 거기에 한번 닿아보자는 의미에서 소월 형, 또 저쪽의 횔덜린 형, 이런 분들에게 우리 언어의 시작과 끝을 상기시켜본 것이지요. 그리고 이 언어라는 것이 세계의 자기 한계와도 한통속인지, 결코 영구적이지 않습니다. 언어라는 것은 언젠가 다 없어집니다. 그처럼 엄연한 불안으로서의 공간을 언어로 채우고 있다는 것, 이런 점에서 시 또는 언어의 고향이 어디쯤인가, 그 끝이 어디쯤인가, 비언어도 언어도 아닌 '아','어' 이런 감탄사의 행방에 다 가가보았습니다.

이장욱: 언어의 한계랄까, 그런 걸 누구보다 예민하게 느끼되, 그럼에도 불구하고 언어를 통해 말할 수밖에 없는 모순적인 상황에 처한 존재가 시인이겠습니다. 선생님은 지금까지 150권 이상의 책을 펴내고, 2002년에는 각권 600면 안팎의 분량으로 38권짜리 전집을 내셨지요.

고은: 그것도 온전한 전집은 아닌 셈입니다. 누락된 것도 있고 못 찾은 것도 있고. 그런 것까지 전집에 넣는다면 40권쯤 될 겁니다. 2002년에 나왔으니까 장차 추가해야 될 분량도 있습니다. 당시 그 전집이 나왔을 때 러셀이 생각났어요. 얼마나 썼냐고 누가 물으니까 "나의 저서는 나의 키만큼이다."라고 말했다는데 실제로 내 전집도 내 키 173센티미터 정도는 됩니다. 어린아이처럼 "우리 집에 보리가 몇 가마니 있다, 쌀이 몇 가마니 있다." 하고 자랑하는 것 같은데, 술 마시고 일하고 놀고

하다 보니 그 자취입니다. 아마도 이 성과들은 근대 시 100년 전기의 선각 시인들이 기껏 시 몇 편 내서 시집 한 권쯤으로 생애를 마감해온 사례들에 대한 반동일 것입니다.

이장욱: 지금까지 내신 방대한 양의 시집들 중에서 그래도 가장 애착이 가는 것이 있나요? 일종의 시적인 고향 같은…….

고은: 나는 우선 내 작품을 기억하는 게 없습니다. 기껏해야 두 줄짜리 짧은 시……. 가만있어보세요. 그것도 지금 당장은 생각이 안 납니다. 내가 이상해요. 『만인보』의 세계나 다른 시 세계의 소재들은 기이할 정도로 기억이 아주 잘 나는데 정작 내 작품에 대해서는 아주 치매입니다.(웃음) 따라서 어떤 작품에 대한 애정 따위는 아예 성립이 안 됩니다. 그리고 내게는 오늘 쓰는 시가 제일 축복받은 시이고 제일 좋은 시입니다. 그리고 이것도 내일, 모레의 작품에 자리를 내주고 사라져버리지요. 그러니까 내 체질은 자기 작품에 대해 철저하게 무책임한 구조로 되어 있어요.(웃음)

이장욱: 어느 자리에서인가 선생님은 허무주의든, 민족이든, 선禪적인 세계든 스스로 터를 잡았던 어떤 것이든 그것들에서 끊임없이 벗어나고 그것을 극복하고 넘어서면서 지금까지 온 게 아닌가 하는 취지의 말씀을 하셨는데, 오늘 쓰는 시가 제일 축복받은 시라는 말씀도 아마 그런 맥락이겠네요. 시인에게는 모종의 율리시스 콤플렉스랄까, 그런 귀향 의식이 있는 것 같지만, 선생님께서는 고향을 바라보면서도 동시에 그걸 부인하면서 끊임없이 나아

가신 게 아닌가 싶습니다.

고은: 아까 여러 곡절을 겪고 여기까지 왔다고 했는데, 그것을 율리시스적인…… 어디 우리 현대사 속 시인의 길이 유독 나에게만 벅찬 역정이겠습니까. 하지만 율리시스의 행로에 내 세계가 반영되는 것을 좋아합니다. 그렇기는 하지만 여기에서 저기까지, 또 그다음 저기에서 다른 저기로 떠나는, 그 표류와 표착의 연속 과정이 나하고 맞지, 이타카로 귀향하는 율리시스와는 맞지 않아요. 그 점에서 나는 지금도 일정한 문학의 귀착점에 뿌리를 내리고 정착한다는 것을…… 우선 나 자신이 허용할 수가 없습니다. 나는 어느 한곳에서는 못 견딥니다. 또 어딘가로 가야 합니다. 그러니까 나는 끝나지 않는 율리시스의 길, 그 길의 문학이라고 할 수 있습니다.

이장욱: 어떻게 표현하면 유목적인 삶이라고도 할 수 있을 텐데요.

고은: 현대 담론 언어로서의 그 '유목'은 별로 좋아하지 않습니다.

이장욱: 자크 아탈리식의 탈근대적인 유목과는 다르겠습니다만.

고은: 유목이라는 것은 선사 또는 고대부터 있어오지 않았습니까? 그런데 그런 인류사적, 민족지적 유목이라는 개념보다 그냥 표류와 표착의 연속이라는 개념이 나에게 더 혈연화되고 있습니다. 우리 유행가에 「남자는 배 여자는 항구」 이런 노래

가 있죠? 어쨌든 하나의 항구에 닻을 내리고 있으면 다음 날부터 내 닻은 녹슬어버릴 것이고 배도 썩어버리고 배 안에 있는 선원도 떠도는 심장의 율동이 정지될 거예요. 그러니까 나는 어디로 떠나지 않으면 살 수 없습니다. 나에게는 집조차 길입니다. 이백의 말을 빌리자면 백대百代의 과객過客이지요.

— 1950년대, 전쟁과 허무의 기록

시인은 '유목'이라는 표현 대신 '표류와 표착의 연속'이라는 표현을 택했다. 당연한지도 모른다. 유목이라는 표현에는 어떤 여유로움이 배어 있지만, 선생의 지난 삶은 그런 여유로움을 허용하지 않았을 것이다. 표류와 표착, 이 어휘들에는 어떤 절박함이 배어 있다. 나는 그 절박함의 오랜 기원이 1950년대라고 생각했다. 그는 50년대가 저물어갈 무렵 등단했지만, 50년대는 오롯이 시인의 영혼에 화인火印을 남겼을 것이다. 그 시절은 전쟁과 참화의 시절인 것이다.

그 시절을 그는 현실에는 없는 '누이'의 안타까운 병과 더불어 견뎠다. 저 유명한 등단작 「폐결핵」에는 이런 구절이 나온다. "나의 시달리는 홑이불의 日曜日을/누님이 그렇게 보고 있다./언제나 오는 것은 없고 떠나는 것뿐/누님이 치마 끝을 매만지며/化粧얼굴의 땀을 닦아 내린다." 그 시달리는 홑이불의 일요일, 언제나 오는 것은 없고 떠나는 것뿐이었을 그 시절에 대해 질문했다.

이장욱: 선생님 시력 50년에서 몇몇 대목을 찬찬히 짚어가면서 얘기를 해보겠습니다. 선생님 산문 중 「식민지의 집시」라는 이상 평전과 함께 「1950년대」라는 에세이를 인상 깊게 읽었는데요. 풍부한 자료 조사에 아주 구체적인 소묘가 가미된 성찰적 글로 기억합니다. 선생님이 등단하신 게 1958년이니까 전쟁 시절의 문단…… 김동리식으로 비유하자면 '밀다원시대密茶苑時代'라는 걸 직접 겪지는 않으셨을 텐데, 아주 생생하게 묘사돼 있었습니다. 그 책에 적으셨듯이 1950년대라는 시대는 '전쟁'과 '허무'가 문학적인 키워드일 텐데, 이 시대가 선생님 초기 시에 미친 영향 같은 게 있었을 것 같습니다.

고은: 첫째로 50년대는 시에 아주 적합한 환경입니다. 무슨 말이냐면, 시는 당나라 시가 있고 그다음에 송나라 시가 있다, 가령 당나라 이백이 있은 다음에 송나라에 와서 소동파가 있었다, 이렇게 얘기하면 시는 죽어버립니다. 당나라가 없어도 소동파는 있어야 하는 것입니다. 그런 의미에서 시는 태초성太初性이 있습니다. 애비가 없는 것입니다, 에미도 없고. 우주의 고아로 떨어진 것이 시인이고 시입니다. 그에게 애비가 있고 과거의 유산이 있다면, 유산의 흔적으로 머물 수밖에 없겠습니다. 반영론으로서 시가 있다면 그 시를 뭐하러 씁니까? 시는 그런 점에서 아주 거센 발기의 혁명 행위죠.
그런데 왜 50년대냐면 50년대는 다 망해버린 시대이기 때문입니다. 집들이 다 무너졌고 명동 어디를 가도 풀밭이고 억새밭이었습니다. 겨우 서양에서 온 기독교 구교의 성당 하나를 미공군이 놔두어서 폭격당하지 않았을 뿐, 거의 폐허였거든요. 그

폐허가 곧 50년대의 제로zero 공간이었습니다. 거기에서 살아남은 폐허의 고아로 내가 시를 쓰기 시작한 것입니다. 나는 그 전후의 영점零點만치 시의 축복이 되는 장소가 없다고 보지요.
또 하나는 그런 현실로서의 폐허만이 아니라, 이미 내 마음도 폐허가 되어버린 것이지요. 이데올로기의 저질 노예가 되어 서로 죽고 죽이는 생존의 한계 상황에서 순박한 시골 농촌의 소년은 무지막지한, 감당할 수 없는 정신의 외상을 받은 거예요. 내 가슴속에 잿더미가 한 가마니쯤 들어 있었습니다. 그게 바로 허무예요. 굳이 얘기하면 서구 19세기 말의 니힐리즘에 가닿았을 리도 없고, 그렇다고 동양의 노장老莊세계라든지 불교의 무無사상이라든지 이런 것이 갑작스럽게 나에게 임박했던 것도 아니었습니다. 나는 거의 생득적으로 그런 폐허 의식, 허무 의식의 원점에서 시작한 셈입니다. 굳이 말한다면 그것이 초기 시의 허무라는 지적이었을 겁니다.

이장욱: 잿더미로서의 허무, 대단히 물질적인 허무라고 할 수 있겠네요. 이런 허무감이 선생님 초기 시에서는 혈연적으로 '누이'의 존재로 연결된 듯합니다. 많이 얘기되어온 것이긴 합니다만, 데뷔작 「폐결핵」도 그렇고 「요양소에서」나 「사치」 같은 시들에 누이 얘기가 많이 나와서, 평자들이 '누이 콤플렉스'라는 표현을 쓰기도 했지요. 뒤집어 말하면 누이 콤플렉스라는 것, 누이와 형수에 대한 사랑이라는 것은 또 아버지와 형이 부재하는 상황에 대한 것일 수도 있겠습니다. 그래서 김윤식 선생의 경우에는 아버지와 형의 부재상황을 메우기 위한 것이 그 후 생의 의지로 나타나고, 바로 이 생의 의지가 표출된 공간이 종로와 광화문이라는 (정치적

인) 공간이다, 이렇게 설명했는데요. 이렇게 보면 선생님의 60년대 시와 7, 80년대의 시를 나누어 단절적으로 보는 게 일반적이지만, 두 시기 사이의 내적인 필연성도 생각해볼 수 있지 않을까 싶습니다.

고은: 좋은 지적인데요. 하나의 진실에는 반드시 우연과 필연이 교차합니다. 초기 시와 중기 시를 단절적인 개념으로 얘기하는 경우를 알고 있습니다. 편의상으론 얼마든지 가능하겠지만 실제로 시인의 자기 확인에서는 그렇지 않을 때가 더 많을 것입니다. 어떻게 그렇게 단절적으로 파악해버릴 수 있겠습니까? 나는 초기 시와 중기 시라는 이름을 붙일 때 그 경계의 접점이 참 어려웠어요. 경험적인 얘기인데요. 나는 실제로 현실참여 행위로서는 거리 한복판에 있었는데, 내 문학은 과거의 변두리 어딘가에서 떨쳐나지 못한 북을 치고 있었어요. 그러다가 중반 이후에 이르러 당시의 내 문학 전환의 위상과 시의 행위가 일치되었습니다. 그러니까 딱 "이제부터는 뒤로 돌아서!" 하면서 군령에 의해서 움직이는 그런 보병의 동작이 아니었습니다.

이장욱: 이후 선생님의 세계와 연결되는 지점이기도 할 텐데, 전집 서문에 쓰셨듯이, 이 누이라는 존재 자체가 애초부터 세계의 병을 대신 앓고 있는 사람이기도 했지요.

고은: 누이에 대해서 몇 마디 하겠습니다. 나는 사실로서는 누나가 없습니다. 김춘수 같은 사람은 워낙 평면적이고 정직하

니까 "나에게는 누님이 없다, 누님이 있다면 얼마나 좋을까." 이렇게 노래했습니다. 그런데 나는 그렇게 노래해서는 성에 안 차요. 나에게는 누님이 없습니다. 내 마음속에는 없는 누님이 있는 누님으로 설정되었습니다. 나에게는 그 허구가 또 하나의 현실이 될 수 있었습니다. 실제로 어린 시절 집안에 여성이라고는 어머니밖에 없었습니다. 그래서 누님을 만든 거지.

이장욱: '은희'라는 이름도 붙이셨고요.

고은: 아주 미인이었습니다…….(웃음) 나와 반대되는 이미지로 누이를 만들었지요. 그리고 나는 폐결핵을 앓은 적이 없습니다. 나는 그런 허구와 함께 나에게 늘어붙어 있던 죽음에의 지향이 치열해집니다. 폐병으로 기침하다 죽는 것이 당시 나에게는 가장 이상적인 죽음의 이미지였어요. 자정까지 기침하다가 새벽쯤 되면 기침 소리가 없어지는 것. 그런 죽음 말입니다. 마산 가포리 요양소, 그 가포리에 가서 폐결핵 환자로 요양하다가 죽는 것, 그게 내 꿈이기도 했습니다. 가포리가 어디인지도 모르지. 어쨌거나 내가 폐결핵에 걸렸다, 그런데 그 누나가 나를 치료해주다가 그 병이 옮겨 가서 대신 죽습니다. 그러니까 일종의 박테리아로써의 근친상간이지. 그 누님의 주검을 화장해서 유골 상자를 가지고 떠도는 겁니다. 그러다가 서부 다도해의 배 위에서 뼛가루를 뿌리고 입산했다, 이렇게 되었습니다. 그런 뒤 나에게 누이 콤플렉스라는 말이 당장에 붙었습니다.

이장욱: 어느 글에 보니 선생님께서 건강검진을 받아보니까…….

고은: 1980년대에 내란음모로 잡혀 들어갔다 돌아와서 최초로 건강진단을 받았을 때 한쪽 폐가 아주 없어져서 시멘트화한 사실을 알았습니다. 하지만 나는 감기는 앓아봤어도 폐결핵은 앓아본 적이 없고 피를 쏟아본 적도 없습니다. 내가 「각혈」이라는 시도 써봤지만, 하얀 백지 위에다 검붉은 피를 토하는 색감의 황홀성, 이것의 허구를 만들기는 했어도 한 번도 내 신체가 그런 색감으로서의 피를 내지 못했는데, 어느새 앓을 만큼 다 앓아 3기를 끝낸 뒤 한쪽 폐만 살아남아 있게 되었어요. 지금도 한쪽짜리 폐입니다. 그래서 내가 강의를 할 때면 허구는 결국 사실 혹은 진실로 귀결된다는 말을 하게 됩니다. 허구와 진실의 차이는 끝내 없어진다, 그러므로 끊임없이 허구를 지향해라, 그것은 궁극적으로 현실의 예외가 아니다, 이렇게 말한 적이 있지요.

이장욱: 『해변의 운문집』에 보면 「내 안의 농업」이라는 시가 있습니다. 거기에 '내 만혼의 시절'이라는 구절이 있는데, 이 시집이 나온 게 60년대 중반이라 아직 결혼을 안 하셨을 때잖아요?(웃음) 보이지 않는 진실을 끌어내는 것으로서의 허구라고도 할 수 있겠네요.

고은: 그래서 나는 내 허구를 믿어요. 현실은 어쩌면 허구의 물질적 단계인지도 몰라요. 역사라는 것에도 사실의 영역보다 허구의 영역이 많이 차지하고 있을 것입니다. 그래서 역사도 시입니다.

이장욱: 초기 시 얘기가 나온 김에 질문을 하나 드리겠습니다. 『문의 마을에 가서』까지의 초기 시들을 모은 선집이 1974년에 나온 『부활』이라는 시집이지요. 제가 대학 시절에 닳도록 읽었던 시집이기도 한데요. 그 후 1983년에 민음사에서 두 권짜리 전집이 나왔고, 2002년에 방대한 전집을 내면서 그때마다 개작을 하셨습니다. 그래서 어떤 경우에는 시 한 편에 네 개의 판본이 있는 경우도 있고요……. 몇몇 연구자들에게 물어보니까 판본 확정이 어려워서 애를 먹는다고 하더라고요. 앞으로 선생님을 연구하고 공부할 후학들을 위해서 한 말씀 해주시지요.

고은: 내 시가 연구 대상이 되든 망각의 대상이 되든 개의치 않습니다. 인간의 문학은 유한한 행위입니다. 인생은 짧고 예술은 길다는 격언이 있는데, 이런 격려도 사실 유치합니다. 철부지 같은 소리이지요. 그래서 내 시가 어떤 텍스트이기를 바랄 까닭이 없습니다. 박사 논문, 석사 논문들이 있지만 그것에 구애받지 않으려 합니다.
그리고 개작 문제인데, 시사를 살펴보면 어떤 시인은 한 편을 수십 번 고친 사람도 있습니다. 시집 자체를 여러 번 손댄 사람들도 많이 있습니다. 가령 소설의 경우 내 옛 친구인 『광장』의 작가도 작품에 여러 번 손을 댔습니다. 내 개고 행위를 그런 실례에 비추어서 견강부회하는 것은 아니지만, 나에게 예술은 완성품이 아니라 예술의 미완성성, 거의 영원한 미완성성, 이게 무한한 매혹입니다. 모든 창조 행위 자체의 미완성은 완성에 대한 허상을 성찰하게 만들 것입니다. 왜냐하면 언어의 절대란 불가능한 탓입니다. 말라르메의 언어 결정체라 해도 거

기에 무수한 결격들이 드러날 터입니다. 우리 시 100년의 작품들이 모두 그런 곳에 자리 잡고 있습니다.
이를테면 "저 언덕을 향하여 가노라."라는 말이 반드시 옳은 서사가 아니잖습니까? "저 언덕 쪽에서 오리라."라고 할 수도 있는 거고, 또 도저히 갈 수 없다고 할 수도 있는 것이고. 이런 가변성들이 다 생략되고 그 한 구절만 남겨진 것이 시 아닙니까? 그러면 이것 자체가 세계를 지탱할 수 없게 고독하고 불안하고, 다른 단계를 예시하는 미완성인 것이지요. 그런 의미에서 모든 문학 행위는 미완성성, 다시 말하면 개고의 대상이라고 생각합니다. 이런 주장은 나의 주장 이상으로 본질적입니다.

이장욱: 그런데 예를 들어 첫 시집 『피안감성』에 보면 「시인의 마음」이라는 시가 있습니다. 이 시가 1974년의 시 선집과 2002년 전집에도 실려 있는데요. 제목은 같은데 본문은 아주 많이 다른 경우입니다. 그런데 전집에는 '『피안감성』 1960년'이라고 표기되어 있어서 독자들이 착각을 할 우려가 있지 않을까 하는 생각도 드는군요.

고은: 그렇게 서지적으로 얘기하면 내가 여기에 앉아 있을 수 없고 도망가고 싶습니다.(웃음) 아마 그때마다 어떤 당위가 생겨서 그렇게 했을 겁니다. 그러고는 다른 장난감으로 곧장 옮겨갑니다. 그러니까 나에게 책임 소재를 묻는 것은 의미가 없고, 애기한테 너 똥을 왜 여기다 안 싸고 저기에다 쌌냐고 묻는 것과 똑같습니다.(웃음)

시인의 개고는 이미 유명한 얘기다. 그는 끊임없이 자신의 작품을 새로운 작품으로 만든다. 60년대의 '시인의 마음'은 2002년의 '시인의 마음'으로 다시 태어난다. 선생은 "애기한테 너 똥을 왜 여기다 안 싸고 저기에다 쌌냐고 묻는 것과 똑같다."는 시인다운 현답으로 나의 우문을 간단히 일축했다. 그런 것이 '시인의 마음'일 것이다.
모두가 알다시피, 70년대와 80년대의 그는 뜨거웠다. 70년대를 낭만적 열정의 시대로, 80년대를 이념적 저항의 시대로 구분하는 편의적인 방법으로는 시인의 이 시대를 설명할 수 없다. 낭만적 열정과 이념적 저항이라는 두 항목은 시인의 몸과 시 안에서 구분되지 않고 하나가 된다. 시적인 차원에서 그것들은 '리얼리즘'이라는 논란 많은 어휘를 중심으로 선회할 수밖에 없었을 것이다. 나는 먼저 그의 '70년대'에 대해 질문했다.

— 아픈 누이에게서 죽은 노동자에게로

이장욱: 최근 『문학사상』에 연재하는 일기를 흥미롭게 읽고 있습니다. 1974년 3월 20일자로 시작됐는데, 저 같은 사람에게는 70년대 풍경이 흥미진진하더군요. 70년대라고 하면 정치적 자유나 문화적 자유가 공히 필요했던 시대가 아니었나 생각되는데요. 서양식으로 따지면 68세대라거나 히피세대와 차이도 있겠지만 또 비슷한 맥락이 있는 것 같습니다.

고은: 70년대는 나 자신에게도 운명적인 시대입니다. 그런 70년대가 나에게 베풀어주는 의식 심화의 은혜를 소중하게 간직하고 있습니다. 나는 그전에는 무교동이라는 데서 통금시대의 주란酒亂으로 자극을 늘 일상화하고 살았습니다. (탁자 위의 소주병을 가리키며) 이런 소주, 이런 것은 아주 우아하지 않습니까? 그때의 소주는 마시면 카아— 소리가 나와요……. 그리고 무교동 낙지도 거의 원시적인 미각의 충격 아닙니까. 그런 자기 학대의 나날이었습니다. 그때는 학대가 훈장이었으니까. 그런 상태가 악화될 때면 자살에 닿아 있게 됩니다.
그런데 그때는 통행금지가 있으니까 술집에서 잡니다. 술집 탁자 위에서 자는데, 그러면 그대로 자냐? 술 취했으니까 바닥에 떨어져서 자기도 하고. 이문구가 특히 나랑 그렇게 많이 잤어요. 문구는 턱 떨어지면 거기에서 그냥 자. 나는 그래도 깨는데. 나보다도 훨씬 둔탁해요.(웃음) 그렇게 떨어져서 자다 보면 신문 쪼가리가 있는데, 그런 걸 주워서 보니까 거기에 노동자의 분신자살에 관한 사설이나 사회면 기사도 나오고 그랬어요. 이게 뭔가. 내가 늘 죽음을 생각하고 있으니 죽음에 관한 것에는 유난히 관심이 깊었지요. 또 그 죽음과 내가 시도해온 죽음을 본능적으로 비교해보았겠지요. 그 죽음과 내가 아직 실행하지 못하고 있는 죽음, 그러면서도 늘 예감으로 쌓아온 죽음……. 그러다가 그 노동자의 죽음에 자장이 생겨 이끌려가서 그 죽음 뒤를 돌아보았더니 거기에 현실의 모순이 있어요. 민족도 있고, 분단도 있어요. 당시에는 나 같은 사람뿐 아니라 가령 법과대학을 다녔던 장기표나 조영래 같은 학생들도 시대를 각성하는 계기가 되었지요. 사회 각계의 당시 뜻있

는 '먹물들'이 다 그랬습니다. 그다음 유신이 오고, 지하芝河도 들어가고, 지식인들이 울었습니다. 김병익도 술집에서 엉엉 울었습니다. 이런 상황에서 내 정서 지층의 마그마도 막 열리기 시작했지요. 이를테면 내 정신의 화산의, 불덩어리가 치솟아 올라왔습니다. 그게 70년대 초입니다.

이장욱: 그 시대의 압도적인 현실 탓이었겠습니다만, 그 어름의 시 중에 "비유를 버려라"라는 구절이 자주 나오더군요. 『그믐밤』에 실린 「호남선」이라는 시에서도 그렇고, 88년에 나온 『네 눈동자』에서도 그렇고, 91년의 『내일의 노래』에서도 "비유 따위를 의심한 지 오래"라고 말씀을 하셨어요.

고은: 시인은 시학과 상관없이 비유의 신도입니다. 특히 은유, 환유 없이는 시인은 자기를 재현하는 과정에서 한순간도 견뎌낼 수 없지요. 그야말로 우리는 비유의 능력 그것밖에 없으니까. 바로 이 시의 질곡을 타파하고 싶었어요. 그래서 이제까지 거기에 종속되어온 시의 마당을 박차고 내달리는 비유에서의 해방을 갈망한 것입니다. 말하자면 내가 엄마 젖을 먹어야만 사는데 엄마 젖이 없어져버렸으면 좋겠어, 다른 구정물, 개울물을 먹고 살고 싶었지요.

이장욱: "비유를 버려라"라는 건 시인으로서는 아주 치열한 자기부정으로 이해할 수 있겠군요.

고은: 그렇지요. 자기부정인 것이지요. 비유가 가진 범죄성,

또 비유가 가진 진실에 대한 기만성이 있지 않습니까? 비유는 사실, 사물 자체의 본질을 지적하는 것이 아니고 본질을 우회하고 왜곡하고 해체하는 일도 합니다. 끝내는 본질로부터 멀리 떠내려가 다른 사실의 사생아가 되기도 합니다. 그런 점에서 비유의 신도이면서 비유를 역적으로 보아야 할 의무도 있습니다. 그런 것들이 비유를 버리자는 거의 맹목적인 강조에 이른 것 같습니다.

이장욱: 백낙청 선생이 「선시禪詩와 리얼리즘」이라는 글에서 선생님 시를 논의하면서 '비유를 의심하되 비유를 쓸 수밖에 없고, 심지어는 새로운 비유를 창안까지 하는 것이 시인의 운명'이라는 취지로 쓴 문장이 떠오릅니다. 아마도 비유를 떠날 수 없으되 그것을 끊임없이 버리고 의심해야 하는 모순적 상황에 대한 말씀과도 맞닿는-

고은: 그렇겠습니다. 「선시와 리얼리즘」은 미국 잡지에 발표한 영문 작품론입니다. 우리나라 말로 된 글도 발표됐지요. 사실 나는 선시의 가능성, 직관 자체를 고도의 리얼리즘 행위라고 봅니다. 무언가를 직관하는 것, 뭘 설명하고 분석하는 것이 아니라 그런 연역과 귀납을 다 제치고 곧바로 직관하는 것, 그것 자체가 리얼리즘의 한 생태라고 생각하지요. 그 점에서 선시와 리얼리즘의 접합을 이해하고 있습니다.

— 비유를 걷어내라, 그곳에 장대한 세계가 있다

특히 선시를 말할 때 고은 시인의 리얼리즘은, 도스토옙스키식으로 표현하자면 소위 '고차원적 리얼리즘'이라고 할 만한 어떤 것에 가까워 보인다. 하지만 그의 '고차원적 리얼리즘'에는 도스토옙스키식의 종교적 사유가 아니라 시적 직관의 힘이 강조된다. 이 직관이 한 단독자의 감정과 세계 인식을 넘어 공공의 영역으로 확장되는 순간, 그의 연작시와 장시들이 태어난다. 그것은 한반도의 시적 지리지地理誌로, 백두산의 역사적 드라마로 그리고 만인萬人의 삶에 대한 방대한 시적 보고서로 모습을 드러낸다.

이장욱: 선시 이후 2000년에 나온 시집이 『남과 북』입니다. 백두산에서 휴전선 그리고 광화문에서 제주도에 이르는, 어떻게 보면 한반도 전체를 아우르는 시적인 지리지라고도 할 수 있을 텐데요.

고은: 내가 UC 버클리에서 한국 시론을 강의할 때였어요. 학기가 끝나 졸업식을 보고 가야 하나 어쩌나 하다가 그냥 동부의 하바드로 가야 했습니다. 거기 가기 직전 숙소에서 자는데 꿈에 시가 나왔어요. 『남과 북』 같은 시였어요. 누가 나더러 이런 시를 써야 된다고 강권해요. 나도 그게 누군지는 몰라. 하여간 누군가가 그렇게 쓰라고 해요. 그래서 꿈속에서 내가 그러겠다고 맹세했어요. 아침에 아내하고 식당에 가서 밥을 먹는데 그 꿈이 새삼스레 떠올랐습니다. 하바드로 건너가 가을학

기 직전까지 30일 동안 쓴 것입니다. 나에게는 한恨 못지않게, 아니 한 이상으로 신명이 있는 듯합니다. 내 시는 바로 이 신명의 놀이이지요.

이장욱: 요즘도 펜으로 쓰시죠? 컴퓨터를 쓰는 세대도 글을 빨리 쓴다고들 하는데 선생님처럼은 안 될 것 같아요. 뭔가에 들린 듯한…….

고은: 나는 글 쓰지 않을 때는 폐인 같은 존재입니다. 신이 내리면 시가 나오고, 안 그러면 그냥…… 술꾼이야.(웃음)

이장욱: 이쯤에서 『만인보』 말씀도 들어봐야 할 것 같은데요. 완간을 앞두고 있는데, 1980년 남한산성 육군교도소에 수감되었을 적에 구상하고, 86년부터 쓰기 시작하신 걸로 알고 있습니다. 30권에 3500명이 목표였는데요.

고은: 굳이 편 수에 의미가 부여될 이유는 없으나 3500명은 넘었을 겁니다. 사실 분량으로 보면 초기에는 한 권에 110편 정도 나왔다면, 지금은 한 권에 그보다 많은 편수가 담기니까 초기 편 수대로 따지면 진작 30권이 훨씬 넘었을 것입니다. 올해 다 마칠 생각입니다. 초고는 다 되어 있습니다. 이번에는 80년 광주가 들어갑니다. 또 6월항쟁과 80년대 후기 무렵으로 마무리될 것입니다. 물론 그것뿐만 아니라 일정한 시기에 구애받지 않는 인물들이 함께 배열됩니다.

이장욱: 내년에는 완간되겠습니다.

고은: 아마 올가을에는 창비에 원고를 넘길 겁니다.

이장욱: 몇몇 해외 저널들을 보니 주로 『만인보』를 두고 얘기하더군요. "이미 불이 꺼진 세계가 빛을 얻었다."는 평도 있고 또 "방대한 프레스코화"라는 평도 있고요. 전반적으로 보면 『만인보』가 선생님의 대표작으로 여겨지는 분위기이더군요.

고은: 모르겠습니다. 뭐라고 낙인찍히면 대개 그것이 하나의 당위성으로 굳어지기 마련인데, 어찌 『만인보』만이 내가 쓴 것이겠습니까? 다른 허섭스레기들도 저마다 자기의 존엄성을 강렬하게 내재하고 있겠지요. 그래서 나는 무엇이 내 대표작이다 말하는 것을 시의 타자화라고 의심하게 됩니다.

이장욱: 그런데 해외에서는 『만인보』에만 주목을 하더군요.

고은: 그렇게 보는 것에 감지덕지해야 할지 모르겠습니다만,(웃음) 가령 『뉴욕 리뷰 오브 북스』 같은 데서는 "20세기 세계 문학의 최대기획이다."라고 칭찬도 해주고, 스웨덴 같은 데서는 2005년에 '올해의 책'으로 선정되기도 했습니다. 외국 번역본이 올해의 책에 선정된 건 처음이고, 더군다나 시가 그렇게 된 일은 이제까지 없었답니다. 그뿐 아니라 『만인보』에 이어서 『순간의 꽃』도 올해의 책이 되었고, 소설 『어린 나그네』도 2007년 올해의 책으로 선정되었더군요. 연속 3년이었습니다.

이장욱: 『만인보』가 굉장히 방대한 작품이잖습니까? 우리 문학사에서 20년대 말에 임화 같은 사람 시를 '단편 서사시'라고 얘기하기도 하고, 30년대로 오면 백석이나 이용악 같은 시인들의 시를 비슷하게 '이야기시' 같은 용어로 부르기도 하지만, 사실 『만인보』와는 성격이나 용량 자체가 전혀 다른 것 같습니다. 어떻게 보면 우리나라뿐만 아니라 세계적으로도 전례가 없는 경우가 아닌가 싶은데, 오히려 졸라의 루공·마카르 총서나 발자크의 『인간희극』 같은 산문적 기획의 시 버전으로 비유할 수도 있겠습니다.

고은: 최원식 교수가 "일찍이 발자크는 파리의 호적부와 경쟁하겠다고 했는데 『만인보』는 우리 민족의 호적부와 겨루는 것"이라고 얘기한 적이 있었습니다. 아마도 이 『만인보』가 완간된 다음 나의 시 세계는 하나의 마루턱을 넘어 다른 세계에 발 디뎌지지 않을까 하는 예감으로 차 있습니다. 『만인보』 이후라는 내 후기의 시들이 대기하고 있으니까요.

이장욱: 쓰신 기간이 오래 걸리기도 했고, 분량도 방대하다보니 『만인보』에 대해서 선생님 스스로 느끼시는 바도 차이가 있을 것 같은데요. 만족스러운 점도 있을 것 같고 불만족스러운 점도 있을 것 같습니다.

고은: 대개 속편은 실망의 대상이라는 말이 있습니다. 『만인보』에도 어찌 지적할 사항이 없겠습니까. 다만 한 가지, 『만인보』는 다채로운 눈을 가지고 있다는 것입니다. 오랜 시간이 담겨 있지요. 그때그때는 이 시를 시작하던 80년대의 눈이 아닙

니다. 그때의 인물을 지금 쓴다면 다르게 쓸 것 아닙니까? 그런 점에서 여러 시기와 시제時制의 다양성이 개입되어 있다는 것 하나는 자연스레 보장되었습니다. 하지만 너무 오랫동안 쓰다 보니 작업에 대한 집념 자체가 부도체가 되어버리는 것 같은 느낌도 없지 않았고, 또 이완되기도 했습니다. 그래서 어떤 것은 심지어 신문 기사처럼 구성된 것도 있을 겁니다. 뼈의 문체도 나타납니다. 내가 좋아하는 베케트식 문체의 레토릭 사상捨象 말입니다. 나는 그것이야말로 시의 실감을 응결시키고 있다고 생각합니다. 이런 모든 작품의 실재 가능성에도 불구하고 내 예술적 역량이 부족하거나 그전에 있었던 집중적인 애착이 지금 풀어졌거나 하는 점이 여실하게 드러나는 경우가 왜 없겠습니까? 그것은 또 내가 저승에 가서라도 내 시의 혼백이 개작의 본능을 발휘할지 모르지요.

이장욱: 『백두산』의 경우는 어떠신지요? 같은 제목을 가진 조기천의 『백두산』도 있습니다만.

고은: 예전에 죽은 채광석이 내가 『백두산』을 쓴다고 하니까 "선생님, 조기천은 이기셔야죠." 하고 다그친 적이 있지요. 그래 내가 "조기천을 이기면 혁명이 죽는다."고 대답한 적이 있어요.(웃음) 물론 조기천의 『백두산』과는 이름만 같지 전혀 다른 서사입니다. 소규모의 서사이지요. 다만 한국 시에서 그동안 달밤에 하소연하는 정서에만 노닐고 있었는데 그의 시 세계가 웅혼한 기상을 형상화했다는 것 자체는 최고의 문학 행위로 평가할 만합니다. 찬가讚歌라는 것과는 별도로 말입니다.

나의 『백두산』은 그런 게 아니고 민족 전체를 담보하는 서사 행위이지요. 민중의 이야기입니다. 특정 인물은 차경借景으로 들어가는 것뿐이지 화자 주체는 아니지 않습니까? 북한에서도 『백두산』이 처음 나왔을 때 호평이었어요.

이장욱: 선생님의 장시에 대해서는, 워낙 방대하니까 학문적으로나 비평적으로 조명이 아직 덜 되어 있는 것 같습니다만…….

고은: 조명 안 됐습니다. 그냥 창고에 쌓여 있습니다.(웃음)

이장욱: 선생님께서 처음 쓴 장시가 『니르바나』 맞지요?

고은: 네. 그게 제주도에 있을 때입니다.

이장욱: 그다음에 『사형』(『일식』)하고 『수미산』이 있는데…….

고은: 『수미산』은 80년대의 어느 날 갑자기 쓴 것입니다.

이장욱: 그런데 흥미롭게도 『니르바나』는 불교적인 구도의 해탈을 담고 있고, 또 『사형』은 복음서에 기초한 내러티브를 갖고 있어 종교적인 주제를 횡단하려는 의지 같은 게 전면에 나와 있습니다.

고은: 내가 제주도에 있을 때 스피노자적인 신이라는 걸 설정해봤습니다. 세상 사람들이 왜 아직 신을 떠나지 못하고 있는가? 어떤 천재가 아무리 신을 부정해도 여전히 신은 왜 있는

가? 이게 뭔가? 나도 그 단순한 집중에 한번 기울어보자 해서 예수의 마지막 며칠을 그려본 것이지요. 나중에는 신이 지쳤는지 내가 지쳤는지 모르지만 곧 그런 관심에서 떠났어요. 그때 제주도에서는 인간 일상보다 그런 종류의 형이상학적 발상이 나를 지탱하는 힘이 되었지요. 왜냐하면 바다는 절경으로서의 풍경 그다음으로는 온통 하루 내내 파도뿐이고 수평선에는 아무것도 없는 일종의 정신적인 적거謫居의 공간일 때, 관념의 파편으로 왔든지 혹은 이미지로 왔든지 혹은 내 의존 본능이 갈구해서 그랬는지는 모르지만 신이라는 것이 내게 잠시 다가왔었습니다. 그래서 그때 그것을 체현한 사람이 예수였으니까 이것의 결말을 그려보자 해서 그렇게 한번 해본 거예요.

그리고 내가 62년에 환속할 때 강화도 마니산에 올라가서 밤을 새웠어요. 여름이지만 추웠지요. 문학의 길이냐 아니면 종교의 길이냐를 선택해야 했지요. 당시의 나로서는 하나는 다른 하나를 버려야 했습니다. 이것이냐 저것이냐 그 양단의 경계에서, 나는 문학을 선택하고 난 다음 무턱대고 세상에 나와버리게 되었지요. 나는 내 문학이 종교로 다가가는 것이 아니라 종교라는 것이 내 문학의 한 질료에 불과하다고 생각했고 그것이 지금까지 내 예술적 자존심을 지켜왔습니다. 나는 문학을 위해서 저것들을 자료로 쓰는 거지 내가 거기에 귀의하고 거기의 뭐가 되고 이런 걸 용납할 수가 없습니다. 결코 문학이 모든 것이다, 토탈이다라고 우겨대는 것은 아니지만 문학은 모든 것을 담는 일체의 거처이다, 아니 문학 행위가 세계의 구원과 치유 그리고 위로의 능력을 낳고 있다, 그뿐 아니라 문학만이 인간의 자유를 박제하지 않는다고 믿게 되었지요. 그런 점에서 나는 문학을 통해서의 해방인입니다. 또한 시인은 특정 종교에의 결착에 따르는 단순한 전문화 현상을 경계해야 합니다. J. M. 머리가 일찍이 재미난 말을 했어요. 시를 신의 상위에 놓아야 한다고 말입니다. 사실 시인은 세계의 복합성이나 카오스 안으로 휘저어 들어가야지요. 그런 점에서 시는 텍스트가 아니라 삶 자체입니다.

이장욱: 종교조차 하나의 문학적 질료라는 말씀이 인상적입니다.

고은: 네. 나는 문학의 노예가 될지언정 종교의 적자가 되고 싶지는 않아요.

— 문학의 노예로서 문학의 경계를 넘다

문학의 노예는 될지언정 종교의 적자가 되고 싶지는 않다. 당연하게도 이 문장은 소위 '문학주의' 같은 것과는 질이 전혀 다른 것일 터이다. 문학이 현실 변화의 도구적 계기로만 이해될 수 없듯, 문학의 내적 가치에 대한 신성시 역시 근원에서 허구적인 것일 테니 말이다. 나는 그의 말을 이렇게 이해했다. 어떤 의미에서 문학을 한다는 것은 구원과 초월을 거부하는 일이기도 하다. 그것은 안간힘을 다해 이 세속 세계의 좌충우돌에 머무는 일이다. 그리스도의 신성이 그리스도의 인간성을 끝내 압도하지 못하는 지점, 그 인간성이 신성에 종속되지 않는 고통스러운 영혼의 위치, 문학은 그 세속의 십자가에 매달려서야 문학일 것이라고 말이다. 62년 마니산에서 선생이 스스로에게 던졌던 질문과 대답은 아마도 우리 근대 문학에는 다행스러운 장면이었을 것이다. 그 후 그가 각혈하듯 쏟아낸 창작물들은 시에서 장시로, 장시에서 소설로, 소설에서 평전과 평론과 연구에 이르기까지 말 그대로 전방위에 걸쳐 있다. 장르에 대한 질문에서 시작된 그의 이야기는 우리 근대 문학으로 뻗어나갔다.

이장욱: 장시라는 게 서사적인 얘기지 않습니까? 선생님의 어떤 대담을 보면 "내 허영은 서사에 있다"고 말씀하신 적이 있습니다. 이백한테도 콤플렉스가 없다고 하셨는데, 어떻게 보면 초기에 나왔던 누이 콤플렉스라는 것이 서정적인 뉘앙스를 풍긴다면, 호메로스 콤플렉스는 서사적인 것과 연관이 있을 것 같기도 하고요.

고은: 내게는 계보가 있습니다. 내 체질에 맞는 것들이 있어요. 우선 장자가 있고, 신라의 혜숙이 있지요. 원효, 그다음에 이백도 있고, 굴원이 있고. 그런데 굴원은 너무 계급적이에요. 굴원은 잡초와 난초를 너무 구별하는 사람이야. 그런 자기 차별성을 너무 드러내버리는 계급주의예요. 어쨌든 굴원이 있고, 그다음에 향가를 쓴 신라의 월명, 피리 부는 월명이 있습니다. 그다음에 페르시아의 오마르 카얌이 있고, 이탈리아의 캄파넬라가 있습니다. 『태양의 도시』의 캄파넬라. 그리고 명나라 말기의 이탁오, 그리고 허균이 나하고 참 맞아요. 근대에 와

서는 이데올로기적 편향과 상관없이 임화가 체질에 맞고, 물론 횔덜린의 말기의 경우도 내 성향과의 동질성이 있어요. 이런 것들이 내 시의 내력인지도 몰라요.

이장욱: 대부분 사상가나 시 쪽에 가까운 사람들인데, 소설가 쪽으로는 어떠신가요?

고은: 그런데 소설가는 따로 얘기할 기회가 있겠지만, 나는 위고가 시인이라는 이유 때문에 소설가로서도 좋아하지 소설가만으로 좋아하지 않습니다. 그리고 괴테도 위대한 시인이라는 것 때문에 『빌헬름 마이스터』 등도 따라서 좋아하는 것이지요. 소설의 극점 역시 시의 불가결성 없이 도달할 수 없습니다.

이장욱: 선생님께서도 시뿐만 아니라 소설도 쓰셨습니다만…….

고은: 이장욱 형도 보니까 시, 소설을 다 아우르고 있더군요. 그래서 한집안 식구로구나 하는 친연을 느꼈어요.(웃음) 나는 전방위 행위를 좋아합니다. 특히 지금 현대 문화의 경향이 미분화微分化되어서 그 영역에만 충실하고 있는데, 그것들 하나하나가 유기적으로 통하는 전일성이나 그 교향악적인 융합이 있어야 하거든요. 한 사람이 여러 분야, 여러 활동의 계곡에 자기를 부착시키고 있어야 한다고 생각합니다. 우리나라 개화기 문예 운동에 그런 가능성이 있었지요. 육당도 그런 사람이고 단재는 언론인에다 역사가에다 시인에다 소설가에다 평론가에다 저널리스트에다, 다 하지 않았습니까? 이런 전일성은 과

도기 이후의 평범한 시대에도 일정하게 갖춰져 있어야 한다고 생각합니다. 더구나 현대 사회의 전문성 이외에도 우리나라 문화 행태에 좀 폐쇄적인 결벽이 있어요. 오직 시인은 시만 써야 하고, 소설가는 소설만 써야 한다는 정조주의가 있는데, 이건 좋지 않습니다.

이장욱: 초입에 조금 말씀을 하시기는 하셨는데요, 선생님의 시력이 우리 근대 문학사의 중요한 부면을 통과해오지 않았습니까? 최근에 해외에 나가보시면서 바깥의 시선으로 우리 근대 문학을 볼 때 색다른 느낌도 있을 것 같아요.

고은: 어디서나 요즘 담론의 서론들이 보편성을 강조하고 있습니다. 문학에서도 예외가 아니지요. 나는 오히려 이 보편성 맹신이 큰 함정이라고 생각합니다. 자기 문학 행위는 특화될수록 생명력이 있다고 생각하고 그것의 특수성을 더 개발해야 한다고 생각하지요. 아니, 보편성 자체가 특수성에서 시작된 것입니다. 특수성이 많이 퍼져나가서 사람들에게 많이 알려지면 그게 보편성이 되고 맙니다. 보편성이 헤겔의 역사법칙처럼 이미 그 액자가 짜인 무류성無謬性이고 특수성은 그 보편성의 위대함에서 소외되는 것이 아니에요. 이 두 가지는 늘 만나야 합니다. 보편성도 특수성의 힘을 빌리지 않고는 살아날 수 없습니다. 그런 점에서 두 가지는 끊임없이 이율배반적 소통을 해야 하는 하나의 공명 관계라고 할 수 있어요. 우리는 보편성을 얘기할 때 서구적인 문학의 보편성을 받아들이는 것만 얘기합니다. 서구인들이 대개 기계적으로 한국에서 문학의 보편성이

앞으로 가능하다고 얘기하면 그게 칭찬인 것 같지만, 이처럼 바보 같은 언어에 속아 넘어가면 안됩니다. 이게 하나고요.
또 하나는 우리는 서구의 보편성을 자기의 방식으로 읽는 독법에 덜 익숙합니다. 우리 문학이 이제 근대 문학의 이식론은 극복했습니다. 이장욱 형의 시론을 보니까 우리도 바깥의 시나 바깥의 문학 행위를 눈치 안 보고 영위한다는 관점이 있어서 동감했습니다. 지난날에는 심지어 토속적인 시인의 경우에도 늘 바깥 콤플렉스를 가지고 있었습니다. 그런데 지금은 많이 당당하지 않습니까? 이것만 해도 우리 문학사의 주체가 공고해진 것입니다. 이제는 지난날처럼 엘리엇의 모더니즘에 무조건 경배하지 않잖습니까? 60년대만 해도 서구 시의 어떤 것들은 신적인 대상이었어요. 지금은 아니잖습니까? 다만 현재 우리는 스스로 만들어놓은 보편성이라는 데에 갇혀서 정말 경탄할 만한 새로운 보편성은 쉽지 않아 보입니다. 그 점에서 아직도 우리는 경계주의에 함몰되어 있지 않나 생각합니다. 앞으로 이 경계가 허물어져야겠지요.

— 촛불, 예술적으로 정치적인

보편과 특수에 관한 시인의 말은 이 둘의 이분법을 멀찌감치 넘어서 있었다. 보편과 특수는 서로 불화의 관계에 있으되, 그 불화 자체를 통해서 서로를 구성한다. 보편은 특수와의 불화를 조건으로 삼아 스스로를 이루는 것이며, 특수는 보편과의 갈등에 의지해서 자신의 존재를 정립한다. 이때의 특수란 일반화로 수렴되지 않는, 대체 불가능한 단독성에 가깝다고 해야겠다. 그의 말대로, 문학의 역사도 이런 긴장에 의지할 것이다. 촛불은 어떨까? 민주주의의 역사는 이 특수한 현상을 어떻게 수용할 것이며, 어떻게 스스로의 보편사를 재구성할 것인가? 시인은 이 질문에 대해 본능적인 대답을 갖고 있을 것 같았다. 저 치열했던 7, 80년대를 감옥과 거리에서 보낸 분이 아닌가. 나는 그의 '육감'이 궁금했다.

이장욱: 5월에 시작된 촛불집회가 계속 이어지고 있습니다. 뭔가 새로운 정치적 에너지가 나오는 것이 아니냐는 얘기들도 많이 하는데요.

고은: 책에서 보면 프랑스대혁명 때 태양왕이나 왕실 귀족들만이 황금 마차를 타고 다니던 거리를 평민과 노예들, 거지들이 한데 어울려 강강술래 같은 축제를 벌였지요. 민중들의 신명 나는 놀이판이 되었던 겁니다. 그런 것과도 또 다른 인류사적 미학이 이번 촛불 축제에서 한국적인 미학으로 구현되었습니다. 이제까지의 정치 지상주의가 이렇게 생활예술에 용해되어 그 어디에서도 정치의 허세가 허용되지 않는, 일차 시민의 다양성과 통합성이 함께 어우러졌습니다. 경이로운 일입니다. 한국의 촛불은 지구 상의 축복입니다. 나는 너무 황홀해서 촛불시 한 편도 쓸 수 없었습니다. 시인에게 절망의 행복이었습니다.

이장욱: 학생들을 비롯해서 시민들이 거리에서 놀면서 자기주장을 하는데, 해학적인 문구들, 또 촌철살인의 유머러스한 구호들을 외치잖습니까?

고은: 타자의 거리와 광장이 자아의 공간, 공동체의 뜨락이 되었지요. 지난 세기 80년대 시민 시위의 역량들이 한층 시민의 삶 속에 체화된 것 같습니다. 유모차라니 가족의 소풍이라니……. 참 근사한 풍경이었어요.

이장욱: 어떤 사람들은 촛불을 횃불로 과대평가하지 말라고도 하고, 조직화가 안 된다거나 직접민주주의의 요소들이 제도권 안으로 수렴되지 않는다거나 하는 한계를 지적하는 이야기도 있는데요.

고은: 나는 촛불 축제를 정치적 유효성만으로 축소해서 얘기하고 싶지는 않습니다. 오히려 그 자체, 어떤 결과론 없이 그 행위 자체로서 우리 사회가 이만큼 멋진 자화상을 가지고 있다는 것이 눈부십니다. 그런 다음에 우리 정치 현실은 이런 멋진 도달점을 도저히 따라갈 수 없다는 점도 이번에 실감했다는 것을 말하고 싶어요. 못 따라옵니다. 그런데도 이런 경지를 배반하고 왜곡하고 이것을 모독하는 행위를 앞으로 얼마나 계속할 것인가. 이제 삶의 직접성은 문화에 대한 야만성이나 비속성이 전혀 아닐 때가 왔는지 모릅니다. 지금 위정자들은 촛불의 현실에 귀의하고, 거기에 자기 위치를 설정해야 합니다. 그러지 않고 이전처럼 군사적 탄압으로 일관한다면 앞으로 더 무서운 정치 대중의 폭발을 초래할 것입니다.

이장욱: 정치가들에게 경고성 말씀을 해주신 것으로 들을 수 있을 것 같습니다.

고은: 정치인은 끊임없이 경고를 들어야 합니다. 정치인은 무엇이 답답하냐면, 경고에 둔하다는 사실입니다. 우선 하나의 정권이 세워지면 그 정권 이전의 과거에 대한 계승과 극복이라는 두 축의 정치행위가 있어야 하는데, 그것을 부정함으로써 아직 피어나지도 않은 꽃을 과시합니다. 민주주의 이행으로서의 정권은 혁명이 아닙니다. 잃어버린 10년이라니요. 그러면 이 사람들이 지나간 다음에 잃어버린 10년이 또 안 오겠습니까? 이런 바보 같은 계산법이 어디 있습니까? 이전에 있었던 것은 악이든 선이든 나의 부채입니다. 그걸 지고 가야지요.

이장욱: 게다가 최근에는 대북 관계도 안 좋은 면이 두드러지고 있습니다. 이런저런 안팎의 흐름들도 좋지 않고요. 2000년대 이후에는 통일의 방법은 물론 통일 이후를 부정적으로 보는 목소리도 커지고 있는 느낌입니다.

고은: 나는 집회에서도 늘 얘기합니다만, 우리의 통일은 점點이 아니라 선線이다, 베를린장벽이 무너지는 것 같은 하나의 사건, 극적인 사건으로 끝나는 것이 아니라, 통일은 그 어딘가에서부터 어딘가까지 가는 긴 시간의 과정이다, 그래서 진정한 통일은 언제 통일이 됐는지 모르는 통일일 것입니다. 백낙청 선생이 통일의 현재진행형을 주창했습니다. 통일은 어떤 단일한 귀결이 아닙니다. 지금의 이 분단시대의 변화 자체가 통일

의 어느 접점에 와 있는 것이지요. 여기에 고비가 있을 것 아닙니까? 그런 고빗길은 숨차서 올라가는 것이지요. 이 고비 고비에 어떤 장애도 없이 어떻게 통일이 되겠습니까? 그래서 나는 통일의 길고 긴 열망이야말로 생활화되어야 한다고 봅니다.

이장욱: 낙관적으로 보시는군요.

고은: 통일의 생명력이 그렇습니다. 우리는 아직도 할 일이 태산같이 많아요. 거대한 미래의 역사를 가지고 있어요. 죽은 화산이 아니라 살아 있는 화산의 역사이지요. 그런 점에서 우리는 완전히 새롭고 싱싱한 역사 공간에 살고 있습니다. 역설적으로 말하면 휴전선이 나의 청춘입니다.

이장욱: 그 미래를 위해서 나온 책 중의 하나입니다만, 얼마 전에 『통일문학』이라는, 남북이 합작해서 만든 잡지가 나왔습니다. 어떤 방식으로든, 언젠가는, 남과 북의 시인이나 작가들이 함께 글을 쓰고 섞여가게 될 텐데, 사실 한편으로는 상상이 잘 안되기도 합니다.

고은: 나는 1980년대 중반부터 남북의 작가들이 만나야 한다고 했습니다. 그때는 이런 말 한마디로도 엄청난 고초를 겪었지요. 80년대 후반에 와서 민족문학작가회의가 남북 작가의 만남을 추진했습니다. 이런 씨앗들이 나중에 싹터서 결국 2005년에 남북작가회의라는 대형 축제에 이른 것입니다. 백두산에 올라갔을 때 달이 아직 지지 않아 서천에 떠 있고 해가 올

라와서 동천에 떠 있고, 그렇게 일월이 상조하는 가운데 그 정상에서 시를 읽고 선언을 외쳐댔습니다. 아주 감격적인 시간이었습니다. 그때 하산하면서 많이 울었습니다. 『통일문학』이라는 책, 정부에서는 이것이 나온 것 자체를 금기의 대상으로 만들어 배포할 수도 없게 하고, 또 북에서는 거의 유치할 정도로 어떤 낱말 하나를 넣어야 한다며 고집을 피웠습니다. 하지만 처음엔 이렇게 못난 얼굴로 나옵니다. 다만 강조해둘 일은 남과 북 공동의 민족문학잡지 하나 만든 게 지금은 누가 알아주지도 않지만, 그것은 서지학을 넘어 역사적으로 큰 기점이 될 것입니다.

이장욱: 작품 차원에서 북의 시인이나 작가들이 쓴 작품들을 보면 어떤 느낌이 드십니까?

고은: 우선 이렇게 얘기할 수 있겠습니다. 분단문학사가 문학사적으로 세계의 어느 현대 문학사보다 찬란하다는 것, 만약 남북이 통일이 돼서 해방 45년 이후 한반도가 하나로 살았다면, 지금 우리의 근대 문학사 양상과 별로 다를 바가 없을 것입니다. 그런데 분단이 되어서 전혀 이질적인 두 개의 문학이 있어오지 않았습니까? 바로 이 사실이 나중에 문학사가들에게 얼마나 풍부한 자료가 되겠습니까? 그것만으로도 우리 문학의 현 단계는 풍요롭습니다. 이것을 먼저 인정하고 얘기를 해야 할 것 같습니다. 당연히 북쪽에서는 지도이념을 관철하는 문학밖에 허용되지 않고 있습니다. 그런데 근래에 이르러 당의 문학 밖에서 생활의 문학이 이것저것 나오고 있습니다. 이

런 현상들이 나중에는 남북 문학의 총화 광장에서 다 만나게 되어 있습니다. 그래서 우리가 저 사람들의 문학의 실체를 인정하면 결국 우리 민족 전체 문학의 자양이 된다고 생각하고 있습니다.

—"나는 과거보다 미래가 풍부한 사람입니다"

많은 시민들에게 고은 시인은 노벨문학상 후보이자 2000년 6.15 남북정상회담 만찬장에서 시를 낭송한 시인으로 각인되어 있을 것이다. 그런 의미에서 그는 이미 공인公人이다. 나는 그 공인의 이면에 잠복해 있는 사사로운 생활이 궁금했지만, 그가 공적인 생활과 사적인 생활을 나누는 분이 아니라는 데 곧 생각이 미쳤다. 그저 단순하게, 근황과 앞으로의 계획을 질문했다.

이장욱: 선생님 근황을 여쭙는 것으로 대담을 마무리하는 게 좋겠습니다. 최근에는 어떻게 지내시는지요?

고은: 내 천직은 연중무휴입니다. 그리고 나의 일이 나의 놀이이지요. 나는 동물이에요. 손이 움직이고 눈이 움직이고 입이 움직이고 몸이 움직여야 나는 살 수 있습니다. 잠잘 때도 아마 움직일 겁니다.(웃음) 나는 쓰는 작업, 읽는 작업을 내 숙명

으로 삼고 있습니다. 아마 나처럼 신간을 많이 읽는 사람이 있을까 자만할 정도로 내 책 읽기의 눈은 탐욕적입니다. 이런 책 읽기 말고는, 신간 시집과 산문집이 나올 예정이고 가을에는 오랜 숙원인 서화 전시회도 열 계획입니다.

이장욱: 브리태니커 사전에도 인명 등재가 되었다고 들었는데요.

고은: 2007년 브리태니커 연감에 한국인으로는 셋이 나왔더라고. 이명박 대통령하고, 비하고, 나하고.(웃음) 그런데 지난 4월 독일 베를린 '세계문화의 집' 초청으로 일주일간의 행사를 마칠 때 한 인도 시인이 나에게 "너는 시인이 아니라 시다."라는 찬사를 했습니다. 이게 올해 내가 격려받은 한 사례이기도 하지요.

이장욱: 현 대통령과 선생님이 같이 등재된 걸 보니, 모든 면에서 상극이다 싶어 묘한 아이러니 같은 게 느껴지네요.

고은: 상극일 게 뭐 있어? 그 사람은 공적으로 술을 못하고 나는 공적으로 사적으로 술을 잘하는 차이가 있겠지.(웃음)

이장욱: 지난달에는 캐나다에 다녀오신 걸로 알고 있습니다. 시 분야에서는 세계적으로 큰 상으로 알려져 있는데, 그리핀상 평생 공로상을 받으셨습니다.

고은: 썩 괜찮은 상이었습니다. 나는 국내외의 상을 어느새

14개인가 받았습니다. 상 주는 사람들에게 감사해야 할 일이기도 하고 수혜자로서는 좀 염치가 결여되었습니다. 해외의 것으로는 하나는 노르웨이에서 훈장을 받고, 그 밖의 새로 제정된 것을 받았어요. 이번에 캐나다에서 받은 그 상 시상식은 토론토대학 대극장에서 거행되었는데 장엄했어요. 유료 입장객 800여 명이 만원을 이루었지요. 그리핀상 재단이사장은 아버지가 재벌이었는데 어릴 때 "너 시 하나 외워." 해서 외우면 용돈을 받곤 했답니다. 그래서 어렸을 때 용돈 받는 재미로 시를 좋아했던 사람이에요. 그러다가 아버지의 사업을 계승했는데 나더러 썰매 타고 북극여행에 동행하자는 권유도 했지요. 나는 10여 년 전 히말라야에 갔을 때 사경을 헤맨 적도 있어서 북극 모험은 몹시 겁나요.(웃음)

이장욱: 많은 상들 중에도 특별히 기억이 남는 게 있으실 것 같아요.

고은: 상은 틀림없이 기쁨을 누리게 하지요. 그러나 문학의 표면장력이라고 할까, 그런 긴장을 느슨하게 만듭니다. 상을 타면 쓸데없는 자만도 생기고 세상에 대한 안이한 시각도 만들어집니다. 그런 점에서 늘 스스로를 경계해야겠지요. 그리고 베푸는 자에 대해서 받는 자의 의무도 생기지요. 받는 걸로 끝나는 것이 아니라 반드시 그걸 다른 방식의 기여로 갚아야 한다는 것, 이건 절대로 무상이 아니라 유상이라는 것, 그런 무서운 사실을 인지해야 합니다. 미국 시인 로빈슨 제퍼스가 포크너와 헤밍웨이를 거명하며 상이 그들을 타락시켰다는 탄핵시를 쓴 적이 있습니다. 타산지석으로 삼아야지요.

이장욱: 지금 선생님 작품이 해외에 번역된 게 40여 종이 넘는 것으로 알고 있습니다. 나라로는 18개국이고요. 초기 작품들이 상대적으로 더 그렇습니다만, 선생님 작품들은 행간의 거리, 어휘와 어휘 사이의 거리, 정서와 정서 사이의 거리, 이런 차원에서 시적 비약이 극대화된 경우들이라고 생각되는데요. 외국어로 번역하는 게 쉽지 않은 한국 시의 하나가 아닌가 하는 생각이 듭니다만.

고은: 그런데 나는 번역시의 문맹자니까.(웃음) 하지만 나에게는 경험적으로 번역의 질을 짐작하는 직감이 있어요. 개의 후각 같은 것이 있어요. 1960년대부터 우리나라 작품이 번역되기 시작했는데 70년대까지는 대개 '떡잎 번역'입니다. 떡잎은 그다음을 위한 시도일 뿐이지요. 90년대 들어와서야 번역이 제자리를 잡기 시작합니다. 자연현상과 문화현상 또는 정치경제의 수준과 문화의 수준은 특이한 경우 외에는 일치되기 십상입니다.

이장욱: 그렇군요. 이제 마무리를 지을 시점인데, 앞으로의 작품 계획은 어떠신지요?

고은: 나는 과거보다 미래의 허영이 큰 사람입니다. 아직 말할 단계는 아니지만 『만인보』가 낼모레 끝난다고 하면, 그 후엔 『처녀』라는 장시를 쓰려고 합니다. 『처녀』는 형이상학 시가 될 것입니다. 심청인데요, 오랫동안 구상한 것입니다. 육지와 용궁 세계를 연관시키는 형이상학의 세계가 될 것입니다. 그다음은 『운명』을 쓸 것입니다. 그 시는 내 후기의 모든 역량

이 담길 꿈입니다. 동과 서의 사상, 관념, 그 밖의 모든 것이 들어갈 것 같아요.

이장욱: 『남과 북』이 공간적 차원에서 한반도를 아우르는 장시였고, 『만인보』가 이 공간에서 역사적으로 살아온 인간들의 이야기였지요. 앞으로 쓰실 작품들은 이런 시공간을 넘어서서, 어쩌면 형이상학적으로 종합하는 작업이 될지도 모르겠습니다.

고은: 그럴지 모르겠습니다. 그리고 한반도 구석구석을 다니고 싶습니다. 다니고 나면 마땅히 거둘 열매가 있겠지요. 그리고 러시아 대륙에 가고 싶어요. 모스크바 행사에 잠깐 다녀온 것 말고 젊은 날의 릴케가 그랬던 것처럼 나는 내 시의 후기에 그 광대한 대륙 체험을 담고 싶습니다. 어떤 텔레비전 방송에서 내가 시베리아 횡단열차를 타고 가는 프로를 만들자고 했는데 안 했어요. 마지막 여행 공간으로 남겨뒀어요. 한 여든쯤 됐을 때 해보고 싶습니다. 시베리아가 내 샤먼의 고향이기도 하지만, 나의 문학적 체질과도 맞아요. 나는 스무 살 무렵 어떤 별에서나 시베리아에서 죽고 싶었지요.

결국 소주는 두세 병이 비워졌다. 나는 이미 얼근했다. 선생은 대담이 끝나자마자 몇 병의 술을 더 비운 후, 총총히 다음 약속지로 떠났다. 나는 그의 뒷모습을 바라보았다. 여전히 디오니소스적 열정을 잃지 않은 시인의 뒷모습이 거기 있었다.
많은 사람들에게 그러하듯, 나에게 선생은 카오스를 시의 질서로 육화하는 데 탁월한 시인이다. 손에 닿는 것은 무엇이든 시가 될 수 있을 것 같은 매력이 그에게는 있다. 차이가 절대화된 악무한적惡無限的 혼돈을 경계해야 하듯이, 창조적 혼돈과 균열을 내장하지 않은 질서에 대해서도 우리는 경계해야 마땅하다. 그런 의미에서 그는 거의 본능적으로, 카오스를 횡단하여 모종의 시적 로고스에 이르는 시인이다. 질서라고 부를 수 없는 질서, 혼돈 자체를 통해 구성되는 질서, 그것이 시력 50년을 맞은 시인의 창조성인지도 모른다. '카오스 속으로 휘젓고' 들어가 '삶 자체'가 되는 것 말이다.

나는 시베리아 횡단열차를 타고 창밖을 응시하는 그의 모습을 상상했다. 시베리아만큼 그에게 잘 어울리는 공간도 없을 거라는 생각이 들었다. 샤먼의 고향, 샤먼으로서의 여로. 나는 그가 꼭 그 너른 땅을 횡단할 수 있기를 마음으로 기원했다. 그것은 지난 삶의 허무와 혼돈과 열정과 영광을 지나, 보이지 않는 고향을 확인하는 시인의 여로일지도 모른다.

_『창작과비평』 2008년 가을호

내 시의 본적지를 돌아보며

허리께까지 오는 대문은 손님을 기다렸다는 듯 한 뼘쯤 열려 있었다. 담벼락에 위태롭게 매달린 낡은 초인종이 두 번 울리자 고은 시인이 모습을 드러냈다. "가을 첫 손님이네." 지난달 28일, 경기도 안성의 고은 시인 자택으로 달려갔다. 그는 앞마당에 심어둔 밤나무가 소출이 좋았다며 삶은 햇밤을 손수 반으로 쪼개며 권했다. 이면지 9장에 걸쳐 손으로 쓴 인터뷰 답변지도 내놨다. 시인의 요청으로 미리 질문지를 보내둔 참이었다. 육필 원고를 눈으로 바삐 훑는데 "집에 가서 읽어봐."라며 함박웃음을 짓는다. 육필 원고와 시인과의 문답을 정리해 옮긴다.

고은 시인의 서재에는 글 쓰는 자리가 세 곳이다. 책으로 옹벽을 쌓은 앉은뱅이책상에서 『만인보』가 나왔다. 시인의 인생에서 만난 민초들의 삶을 지난 20년간 하나하나 시로 옮긴 역작. 올해 말이나 내년 초쯤 30권 완간될 예정이다.

— 문학 50년 고은 시인 인터뷰

— 등단 50년입니다. 50년 시 세계를 무어라 이야기할 수 있을까요.

고은: 과거란 광속입니다. 후딱 가버린 것이지요. 하지만 그 과거를 만들어가는 현재들은 벅찬 풍운을 담고 있습니다. 한국 현대 시 100년 속의 50년을 쉽사리 결산할 수 없는 이유도 거기에 있지 않을까요. 내 시인 생활 50년은 나만의 시간이 아니라 많은 시인들의 삶과 죽음에 닿아 있는 시간이기도 합니다. 그동안을 돌이켜볼 때 나는 시를 쓴 것이 아니라 시가 쓰인 것을 깨닫게 됩니다. 나는 나 혼자가 아니지요. 김소월, 윤동주를 합친 것이 50년이고 거기에 이상을 더하면 내 나이입니다.

— '고아의 시인'이며, '시의 고향은 폐허'라 하셨습니다.

고은: 내 운명 안에는 한국전쟁이라는 숙주宿主가 자리 잡고 있습니다. 전쟁의 수많은 죽음과 존재의 극한들은 살아남은 소년의 심상에 일찌감치 폐허를 만들어주었지요. 그 폐허가 곧 내 시의 본적지입니다. 폐허란 이전의 유산도 전통의 혈친도 끝난 곳이지요. 그래서 나는 시대의 고아였습니다. 실지로 내 문학은 이전의 문학이 개입되지 않는 절대 빈곤으로부터 자생되었습니다. 호메로스도, 도연명도 모르고 내 시는 태어났으니까요. 지금도 내 시적 내면의 오지에는 그 폐허가 남아 있습니다. 문학이란, 특히 시란 본질적으로 어떤 폐허의 영점,

어떤 암실의 백지에서 현상되는 것이지요.

— 선생님의 시 세계는 꾸준히 변화해왔습니다. 어느 시기에 가장 애정을 갖고 계신지요.

고은: 나는 복수複數로서의 시인입니다. 고은은 고은들입니다. 누구는 나의 60년대 시, 누구는 나의 70년대 90년대의 시를 편드는데, 나는 내 시에 관한 한 직무유기 상태입니다. 요컨대 나는 나를 규정할 수 없습니다. 또 누가 나를 설명하고 단정한다 해도 그것은 내 시의 부분적 체험일 뿐입니다. 허무시—참여시—화엄적 통섭의 시, 이런 단계론도 편법이 아닌가 합니다."

— 시를 어떻게 만나고 이해하는 것이 가장 시적일까요.

고은: 시의 언어는 고도의 추상 언어이기도 하고 산과 물과 바람 속의 언어이기도 합니다. 보르헤스 같은 사람은 그 도서관의 삶에도 불구하고 도서관 밖의 우주를 더 꿈꾸었지요. 시는 시를 쓰고 읽는 게 아니라 시를 살아야 합니다. 시를 산다는 것은 만인에게 부여된 천부적인 힘을 묻어두지 않는다는 뜻일 것입니다. 인간은 태어날 때 시로 태어나고 죽을 때 시로 마감합니다. 시의 해석에서 시의 삶으로!

— 그럼에도 시와는 동떨어져 살아가게 되는 게 현대인들의 일상입니다.

고은: 때로는 시를 잊어버리고 있어야 합니다. 20세기 초까지 시는 너무 오랜 황금기를 누렸습니다. 시가 세상의 변두리에 밀려나가 있을 때야말로 시가 성찰의 장소에 이르렀다는 의미일지 모르지요. 시는 소수자의 것이기도 하고 만인 만국의 것이기도 합니다. 현대의 속도주의, 기계주의, 편의주의는 인간에게 근원 상실을 초래합니다. 시는 바로 그 근원의 물질이지요. 시는 활자나 낭독의 형식을 떠나 사람들 가슴속의 씨줄 날줄로 교차되고 있는 것입니다.

— 시는 문학의 하위 장르가 아니라고 하셨는데요.

고은: 시는 인류가 언어를 사용하기 이전부터 있어온 자기표현의 행위입니다. 그리고 언어와 함께 시가 모든 문학 형식을 다 아울러 감당해왔습니다. 근대 이후 시는 자신의 장르에 스스로 편입되었습니다. 이제 시의 새로운 출발은 시 이외의 문학 장르와 병렬되기보다 그것들을 초월하기를 나는 바랍니다. 시는 예술만이 아닌 예술이고 문학만이 아닌 문학입니다. 내가 니체를 좋아하는 것은 그가 시와 철학의 경계 따위를 본능적으로 벗어났다는 사실 때문입니다. 시는 종교가 아닌 종교의 선사先史이기도 합니다. 시는 한 형식 한 장르로 사육될 수 없습니다.

— 요즘 젊은 시인들이 다른 언어로 번역됐을 때에도 통하는, 보편성을 갖는 시 쓰기에 대해 고민을 많이 합니다.

고은: 시는 '누가 좋아할 것이다, 좋아하지 않을 것이다.'를 전제한 작위를 거부합니다. 너는 너의 시를 쓰고 나는 나의 시를 쓰면 됩니다. 보편성이 먼저 있고 시가 거기에 속하는 것이 아니라 시가 먼저 있고 거기서 보편성도 특수성도 엉겨납니다. 이게 보편성의 자연이지요. 서구 보편성에 대한 회의 없이 주어진 보편성에만 내 문학이 볼모가 되어서는 안 될 것입니다. 나는 최근 새로운 보편성을 지향하자고 몇 나라에 가서 강조하기 일쑤입니다. 보편성으로서의 제국주의라는 것도, 그것의 타율성이라는 것도 한 번쯤 고려해야 합니다.

— 시를 쓰는 게 아니라 '시가 온다'고 하셨습니다.

고은: 비둘기 같이, 빛의 광선처럼 시가 와요. 신명처럼 시가 오고 꿈에도 시가 나옵니다. 긴 건 잘 잊어버리고 짧은 건 꿈 깬 뒤 씁니다. 어떨 땐 꿈에서 깨면 잊겠지 싶어 밤에 적기도 합니다. 그런데 요즘엔 시가 아니라 그림이 자꾸 와요. 저리 가라고, 저리 가라고, 이러다가 시가 안 나오겠구나 싶어 나중엔 떠오르는 걸 거부했습니다. 내 천직은 시인입니다.

— 화가의 꿈 58년만에 이뤄

— 그림전은 어떻게 준비하셨는지요.

고은: 6년 전인가 프랑스 외무성 초청으로 파리에 갔을 때 말라르메와 발레리의 드로잉 특별전을 본 적이 있는데 그때 시인과 신인상파 화가들의 밀착, 시인 자신의 회화 재능, 그리고 시의 음악성 못지 않은 시의 회화성에 대한 강한 인상을 받은 적이 있습니다. 나는 어린 시절 외삼촌의 책을 통해 반 고흐를 너무 일찍 알게 되었습니다. 그래서 "고흐 아니면 무無다."라는 글씨를 책상 위에 붙여놓은 화가 지망 소년이 되었지요. 중학교 미술부에 들어가 교내전 1등상도 받았습니다. 그러나 전쟁 발발로 화가의 꿈은 사라졌습니다. 1950년 6월 어느 날 이래 58년 만에 화필을 들어본 것이 이번 전시 작업입니다. 다만 나는 무엇이나 연습 따위가 질색입니다. 바로 붓을 들어 시가 나오고 그림이 나옵니다. 나는 후천성만을 믿지 않습니다.

폭염이 쏟아지던 올여름, 고은 시인은 경기도 평택에 있는 조각가 구성호의 작업장에서 그림을 그렸다. 폭염과 인근 비행장의 전투기와 폭격기 소음이 되려 맹렬한 붓질을 재촉했단다.

—『문학사상』에 연재중인 일기「바람의 기록」을 보니 천경자 화백과 절친한 사이셨더군요. 혹 그림 그리시는 데 영향을 받으셨나요.

고은: 아닙니다. 나는 누구의 영향을 싫어합니다. 저녁 낙조와 아침 이슬, 그리고 태풍을 내 스승으로 삼고 있기는 하나 나는 근본적으로 무사승舞師僧입니다. 그동안 박고석론, 변종화론, 천경자론을 쓴 적이 있고 이중섭 평전을 썼습니다. 천경자 화백과 박경리 여사와는 50년대 말 자주 만났지요. 내가 천경자의 그림 모델이 된 적도 있어요.

— 일기가 재미있습니다. 돈 1200원 꾸고 일만 원 빌려주고 하는 소상한 일상에, 성욕까지도 언급됩니다. 일기를 쓰실 때에도 후에 공개될 걸 염두에 두신 건 아닐까 싶기도 합니다.

고은: 1970년대부터 시작해 지금도 계속 일기를 쓰고 있습니다. 그 이전에 쓴 것은 없어졌고 감옥에 갔을 때 말고는 거의 하루도 거르는 일이 없습니다. 일기는 누구를 보여주기 위해서도, 누구 몰래인 것도 아닙니다. 삶의 자동 서술일 뿐입니다. 언젠가 토마스 만이 자신의 일기를 몇십 년 뒤가 아니면 공개하지 말라는 유언을 했는데 나는 그런 유언을 유치하다고 생각합니다. 역사에도 거시적인 정치사 중심의 서술이 있고 아날 학파의 미시사 생활사 서술도 있습니다. 나에게서 일기란 소걸음과 말달리기의 소묘일 뿐입니다. 70년대 풍경을 좀 세상에 보여주고 싶은 의미였는데 잡지사에서는 무기한 연재를 원합니다.

— 나의 스승은 낙조 · 이슬 · 태풍

— 부인 이상화 교수와는 시 인생의 절반인 25년을 함께하셨습니다.

고은: 내 아내는 신령스럽습니다. 아내는 영문학에서의 유토피아 전공입니다. 유토피아 문학론 저서들도 냈습니다. 그런데 내 유토피아야말로 아내입니다. 아직껏 내가 세속적이지 않다면 그것도 아내라는 헌법 때문이지요. 내 혼의 동행이 곧 아내 이상화입니다. 지금 자신의 학문을 포기하다시피 하며 내 시의 영어 공역자이자 내 국제 관련 업무를 도맡아 하고 있습니다.

— 『창작과비평』 가을호에 실린 이장욱 시인과의 대담에서 "2007년 브리태니커 연감에 한국인으로는 셋이 나왔더라고. 이명박 대통령하고, 비하고, 나하고."란 부분을 읽으며 한바탕 웃었습니다. 대중문화도 평소 눈여겨보시는지요.

고은: 21세기가 20세기와 다른 것은 지식인만의 시대가 아니라는 엄연한 사실이겠지요. 지난 시기 어느 정부에서 '신지식인'이란 사회 모범을 만들어내고자 한 적이 있는데, 그것도 20세기적인 사고 잔재에 지나지 않습니다. 현 세기는 그런 시대가 아닙니다. 지식인보다 더 사회적 우월성을 행사하는 것이 대중문화로서의 스포츠와 연예 활동가입니다. 다만 이런 대중과 시장으로 치달리는 맹목주의의 인간 군상은 장차 문화의

커다란 공동으로 될 것입니다. 대중과 시장, 이것처럼 무서운 괴수는 없습니다. 욕망의 무한 확대가 거기서 자행되니까요.

— 그 대담에서 이명박 대통령과는 "그 사람은 공적으로 술을 못하고 나는 공적으로 사적으로 술을 잘하는 차이가 있겠지."라 하셨습니다. 술을 못하는 사람은 시도 못 쓸까요?

고은: 내가 술꾼인 것은 사실입니다. 그러나 모든 사람에게 술을 마시라고 강요할 까닭은 없습니다. 술 없이도 취할 수 있는 경지가 있다면 얼마나 좋겠습니까. 그동안 세계 시사, 동양 시사에서 시와 술은 전통적인 상호텍스트였습니다. 그렇다고 현대 시인 모두에게 '너 술 없이 시 없다'고 위협하는 것은 시의 새로운 존재 형식에도 맞지 않습니다. 사실인즉 술 한 방울 없는 시의 진공, 시의 순백 그것이야말로 시가 술이 아니라 이슬이라는 것을 일깨웁니다. 그러나 이백과 정철의 권주시! 참 후련하지요.

— 촛불이 한국 사회에 큰 파문을 던져준 듯합니다. '촛불'을 어떻게 평가하시는지요.

고은: 촛불은 세 가지로 의미부여할 수 있습니다. 첫째는 왜 촛불인가의 사회문화적 원인이 파묻혀버렸는데 그것을 확인해야 합니다. 생활민주주의 축제의 주체는 이데올로기나 남성 정치학이 아니라 여중생과 유모차 또는 핵가족의 시민적 자화상인 것입니다. 그리고 둘째로 이번 촛불이야말로 프랑스대혁

명의 파리보다 더 고조된 예술적 경지입니다. 이것이 당장의 정치 변동에의 효과를 떠나 그 자체로 한국의 명예로운 풍경이었습니다. 셋째로 촛불을 죽이는 정치는 정치 자체의 죽음을 불러올 것을 알 필요가 있습니다. 앞으로 촛불과 정치, 촛불과 문학이 하나의 창조적 상호 가치를 낳기 바랍니다. 촛불은 꺼진 게 아닙니다. 촛불의 백만 눈동자는 빛나고 있습니다.

— 이명박 정부에 하고픈 말씀이 있다면.

고은: 나는 이 정부의 선진이라는 정치 구호를 수상하게 여깁니다. 선진은 문화의 품성에서 찾아야 하는 것이지 시장근본주의와 개발본위주의론 실현할 수 없는 것입니다. 지금 선진국 사회는 도리어 그 이전 단계의 지역 사회보다 훨씬 암담합니다. 미국은 밤중에 걸어갈 수 있는 곳은 몇 군데 안 되는 거의 다 통금시대일 뿐입니다. 영국도 미국의 총 대신 칼의 도시입니다. 선진은 하나의 문명 종말이기도 하지요.

— 노벨상? 난 평상심 있어

— 올 초로 예정됐던 『만인보』 완간이 늦어지고 있습니다. 완간되면 시로 4000여 명의 삶을 노래하시는 셈인데요.

고은: 신작 시집을 먼저 내고 싶어서 『만인보』 원고 정리를 미루었습니다. 전시회 뒤 바로 정리 작업에 들어갈 것입니다. 연말이나 내년 초에는 『만인보』 쓰기의 막이 내려집니다. 20년이 넘는 세월입니다.

— 저술이 방대합니다. 위고나 괴테에 견줄 만하지 않을까요.

고은: 외국 시인이나 비평가들의 덕담에 내가 파리에 가면 너는 한국의 위고다, 내가 라틴아메리카에 가면 너는 한국의 네루다다, 내가 독일에 가면 너는 괴테와 방불하다 따위의 덕담을 듣고 있습니다. 나는 편지로는 그들을 도저히 따라갈 수 없습니다. 나에게는 서간 전집이 없습니다.

— 노벨문학상 후보로 벌써 몇 년째 거론되어왔습니다. 마냥 마음을 비울 수는 없을 듯합니다.

고은: 나에게는 어느 만큼 평상심이 있습니다.

— 현생에선 언제까지 시를 쓰실지, 내생에선 또 어떠실지를 마지

막으로 여쭙고 싶습니다.

고은: 나의 언어는 모국어이자 우주어입니다. 그리고 내 언어는 집이 아니고 세계이고 길입니다. 하이데거를 거스르는 것이 내 언어입니다. 생애의 끝에 이제까지 없었던 시가 있을 것입니다.

_『중앙일보』 2008년 9월 2일자

당신은 누구인가

정예영: 선생님은 누구인가요?

고은: 나 말인가요?(웃음) 나는 내가 누구인지 모릅니다. 어떻게 내가 나를 알겠습니까. 53년 전 내가 한 선사禪師를 찾아갔을 때 그가 나에게 처음 물어본 말도 "너는 누구냐?"였습니다. 그때 나는 "배가 고프다."라고 말했습니다. 먼 길을 걷는 동안 하루 내내 굶주렸기 때문이지요. "어서 밥이나 먹어라."라는 선사의 말로 그와 나의 관계가 시작되었습니다.

나의 작은 시 한 편이 떠오릅니다. "저문 산더러/너는 뭐냐?/너는 뭐냐, 너는 뭐냐, 뭐냐……" 이것은 화자가 산에 올라 다른 산들을 향해 너는 뭐냐라고 큰 소리로 외쳐 물었을 때 아무런 대답도 없이 메아리만이 "너는 뭐냐, 뭐냐, 뭐냐"라고 울리며 작아지다가 끝내 사라지는 것을 노래한 것입니다. 질문은 어떤 대답도 얻지 못한 채 소멸된 것이지요. 내가 누구냐라는 오늘의 질문도 이 메아리의 행방에 해당될지 모릅니다.

하지만 나는 여기서 세속 신분의 액자 안에서 조금도 벗어날 수 없습니다. 우선 나는 한국 국적을 가진 한 사람이고 한국어를 모국어로 삼고 있는 시인의 한 사람입니다. 한국과 한국어는 내가 선택하기 전에 이미 나에게 주어진 우연이었습니다. 그런데 그 우연이 지금은 필연의 의미로 변화되어가고 있습니다. 우연은 시간 속에서 운명이 되는지 모릅니다.
나 역시 내가 누구냐 뭐냐라고 스스로 물어볼 때가 있어요. 하지만 여기에는 어리석은 대답밖에는 없을 것입니다. 바람에는, 그리고 아침 햇빛과 어둠에는 어떤 질문도 대답도 태어나지 않습니다.

정예영: 선생님의 시는 어떻게 출발했습니까?

고은: 내 지난날의 몇몇 풍경을 말하겠습니다. 나는 1940년대 후반 4킬로미터의 길을 통학하는 중학생이었습니다. 어느 날 방과 후 미술반에서 그림을 그리다가 집으로 돌아오는 길에 날이 저물었어요. 길가에 무엇인가가 떨어져 있었어요. 그것은 한 줄기 빛을 뿜어댔어요. 가까이 갔더니 책이었어요. 더 가까이 갔어요. 시집이었어요. 누군가가 분실한, 새로 산 것이 틀림없는 시집이었어요.
나병에 걸려 전국의 여기저기와 수용소를 떠도는 시인 한하운의 시집이었습니다. 그것은 마치 나에게 읽히기 위해 그곳에 놓여 있는 것처럼 여겨졌습니다. 시가 나를 기다리고 있었던 것이지요. 나는 그것을 주저 없이 집어 들고 집으로 갔습니다. 한밤중까지 읽고 또 읽었습니다. 벅찬 감동으로 사무쳤습니다. 울었습니다. 실컷 울고 난 뒤는 새벽이었습니다. 나는 두 가지를 나에게 맹세했습니다. 첫째는 나도 나병에 걸려서 발가락 하나하나가 썩어 떨어져 나가며 산야를 떠돌면서 자신의 저주

받은 생을 견디다가 아무 데서나 쓰러져 죽겠다는 것이었고 둘째는 나도 한하운처럼 떠돌며 시를 쓰겠다는 것이었습니다.

1년 뒤 한국전쟁이 일어났습니다. 내가 자라난 오래된 자연부락은 식민지시대의 철저한 동원 체제에도 불구하고 공동체의 흔적이 아직 남아 있었지만 전쟁을 전후한 이데올로기로 말미암아 원시적인 적대 관계만이 삶의 구석구석을 지배하게 되었습니다. 적과 적이 되어 서로를 학살했습니다. 이와 함께 전쟁 3년은 몇백만 명의 죽음을 초래했고 전 국토는 폐허가 되어버렸습니다. 이런 폐허가 여기저기 방치된 50년대 10년을 나는 산중의 승려 생활로 보내게 되었습니다. 그 승려시절 말기에 나는 어느덧 시를 쓰고 있었습니다.

그러므로 내 문학의 고향은 폐허입니다. 부서진 벽돌 조각 더미에 돋아난 잡초에서 풀벌레 소리가 날 때 나의 시도 태어난 것입니다. 지난날의 약 50년이 내 시의 시간이었습니다. 앞으로 후기의 시가 또 기다리고 있습니다. 나는 시의 종신수終身囚입니다.

정예영: 승려시대 얘기를 더 들려주십시오.

고은: 1952년 나는 고향에서 세 번째로 뛰쳐나오는 데 성공했어요. 전쟁 중인 미 육군 항만사령부의 운수과에서 부두 체커를 잠시 했고 또 중학교 국어 교사로 특채되어 잠시 교사 생활을 하다가 방랑의 길에 올랐을 때 우연히 한 승려를 만나 그를 따라간 것이 승려 생활의 시작이었습니다. 그 당시 나는 고향의 좌우익 간의 보복 학살이 이어지는 와중에서 정신 상태

가 극도로 착란된 채 살아남았었지요. 10대 후반에 이미 인간의 의미나 그 존재 이유 따위를 부정하게 되었습니다. 허무만이, 그리고 죽음만이 나에게 일찍 찾아온 내적 동반자였습니다. 자살 미수가 시작되었습니다.

이런 내 정신적 외상은 산중의 선원禪院에 들어가서야 어느 정도 치유될 수 있었습니다. 나는 은사인 효봉 선사로부터 언어와 문자를 버리는 선禪을 지도받았습니다. 그리고 그런 선의 기간 뒤 얼마 동안은 전쟁으로 피폐해진 산야를 떠도는 자가 되었습니다. 그런 뒤 불교신문을 새로 창간하기 위해서 산중에서 서울로 왔을 때 나는 종교의 길과 예술의 길의 기로에 서 있는 나 자신을 발견했습니다. 나는 강화도의 마니산에 올라가 하룻밤을 지새우며 하나의 길을 받아들였습니다. 승려시대가 가고 시인의 시대가 아무런 대책 없이 와버렸지요.

승려시대의 내 선의 주제는 '무無'였습니다. 이것 하나를 한 생각으로 집중하고 다른 모든 생각들을 없애는 힘든 정진이었어요. 어느 때는 온돌 방바닥의 돌들을 뜯어내어 마당에 던져버리기도 했어요. 그러나 이런 내 '불'은 '물'에 의해 꺼져야 했지요. 한국전쟁의 잿더미 위에서 산에 들어갔고 1960년대 초 4월혁명 뒤 나는 사회로 돌아왔습니다. 나는 시대의 산물입니다.

정예영: 선생님은 문학사에서 유례없이 많은 작품을 생산한 작가이십니다. 이에 대해 말씀해주세요.

고은: 한국 근대 문학사의 한 현상은 시집 한 권 미만의 시인들이 많다는 것입니다. 특히 식민지시대와 한국전쟁 전후의

시기가 그렇습니다. 내 문학의 본능은 바로 이런 현상을 거절하고 있습니다. 언젠가 버트런드 러셀이 자신의 저작이 자신의 신장身長과 같다고 말한 적이 있습니다. 몇 년 전에 나온 내 전집 역시 내 몸 길이와 같고 지금은 그 길이를 넘어서고 있지요. 이것은 양에 대한 자랑이 아닙니다. 나는 토지를 많이 소유한 대지주의 오만을 가장 혐오합니다. 하지만 영혼의 사명으로서 또는 지적인 과제에 의한 문학의 양은 빅토르 위고의 예로도 정당화되고 남습니다.

나의 동시대同時代인 중일전쟁 시기의 후방 기지, 미일전쟁의 후방 기지, 그리고 한국전쟁의 현장, 4월혁명과 5월군사정변, 그리고 그 군사정권에의 저항과 광주항쟁을 지나 80년대 후기의 6월항쟁과 민주주의 정착에 이르는 동안 그 격렬한 시대를 살아오면서 내가 글쓰기를 놓치지 않았다는 감회는 나의 몫입니다.

나의 작업은 시와 소설, 에세이, 자서전, 평론 등 여러 장르에 걸쳐 있습니다. 시에는 서정시와 서사시, 그리고 장시가 포함되고 소설에도 단편, 중편, 장편이 있습니다. 다섯 개의 소설은 영화화되었지요. 아주 작은 시로는 2행, 5행의 것도 많아요. 그런가 하면 전 7권의 서사시도 있고, 『만인보』는 전 30권이 됩니다.

고대 중국의 이백의 시 양은 내 시 양의 먼 선배입니다. 나의 손은 은퇴하기를 거부합니다. 나의 종교는 백지白紙입니다. 이 백지에 내 정신의 독백과 대화는 계속될 것입니다. 그리고 내 문학의 후기後期야 말로 가장 뜨거운 문학의 시간이 될 것입니다.

정예영: 선생님의 시 세계를 흔히 세 시기로 구분하는데요. 초기 시에 대해 말씀해 주세요.

고은: 세 시기로 나누기도 하고 네 시기로 나누기도 합니다. 평론가들은 나의 초기를 허무의 시대라고 말하고 있습니다. 그것은 내 문학의 시작과 관련된 것입니다. 왜냐하면 전쟁이 지나간 폐허는 곧 허무의 출생지이기 때문이지요. 그리고 그 폐허는 전쟁의 광기와 야만 뒤의 인간 각자의 심상에도 해당됩니다. 인간 자체가 폐허로 된 것이지요. 거기에 동양의 오랜 '무無'와 '공空' 사상의 계보에도 닿아 있는 허무가 나를 에워싼 환경이었습니다.
나는 60년대 내내 죽음의 충동에서 헤어나지 못했습니다. 주도면밀한 자살을 4번이나 시도했는데 그때마다 기이하게 살아나서 지금의 내 삶이 가능하게 되었습니다.
하지만 이 시기의 시가 모두 허무의 노래는 아닙니다. 생은 여전히 나를 지탱시켜주는 불가결적인 힘으로 나를 일으켜 세웠습니다. 이런 허무와 생을 오고 가며 나 자신을 허구화했고 내 시 속의 화자나 나 자신을 동일시하는 낭만주의적 기질이 드러나기도 했습니다. 시와 시인을 분리시키는 시적 냉철함에 매혹되다가도 시인과 시를 결코 분리시킬 수 없는 그 무의식적 조우도 나를 가만두지 않았어요. "나는 창조보다는 소멸에 기여한다."라는 내 명제 안에도 시와 시인의 미분화未分化가 도사리고 있었는지 모릅니다.
또한 나는 허구로서의 나로부터 시작했습니다. 요컨대 나는 나의 현실을 만들었던 것이지요. 나는 내 빈곤한 정서 환경이

싫었습니다. 다른 사람에게 있는 누님도 나에게는 없었어요. 그래서 나는 없는 누님을 있는 누님으로 만들어냈습니다. 그리고 나는 내가 걸린 적도 없는 폐결핵에 걸렸다고 설정했습니다. 그래서 내 폐결핵 병석에서 나를 간호하던 누님이 내 병에 전염되어 죽고 나는 살아난 것으로 만들었어요, 누님의 시체를 화장한 뒤 그 유골 상자를 들고 떠돌다가 다도해의 바다에 띄워 보낸 뒤 나는 산으로 간 것으로 만들었습니다. 실지로 이 무렵 허구로서의 시 「폐결핵」을 썼는데 그것을 화가 친구가 전후에 처음으로 결성된 시인협회 기관지 창간호에 보내어 내 시인 생활이 시작되었습니다. 그런데 그로부터 30년 뒤 내가 감옥에서 나와 처음으로 건강진단을 해본 결과 내가 폐결핵을 3기까지 앓았고 폐 한쪽이 시멘트로 굳어져 한쪽 폐로만 숨 쉬고 있는 것을 알게 되었습니다. 그동안 나는 심한 기침을 한 적도 객혈을 한 적도 없었어요. 그런데 허구로서의 폐결핵에 대한 기억조차도 희미해졌을 때 내가 허구가 아닌 '사실로서의 폐결핵'에 걸렸던 사실이 확인된 것입니다. 그러므로 내 허구는 어이없이 내 진실에 귀결되었습니다. 어떤 것이 사실이고 어떤 것이 허구라는 구분은 나를 통해서 무효였습니다.

정예영: 70년대 이후 선생님의 시는 계속 큰 변화를 겪지요?

고은: 1970년 11월 한 노동자가 노동 착취의 열악한 공장 지대에서 분신자살한 사건 이후 그의 죽음과 내가 기도하는 자살을 견주게 되었고 그 끝에 노동자의 현실, 분단시대의 한국 현실, 그 모순과 독재 패권의 현실을 새삼 깨닫게 되었습니다.

그것은 늦은 각성이었습니다. 하지만 나는 그 뒤로 곧장 민주화 운동, 표현의 자유 운동, 인권 운동, 통일 운동에 이어 폭발적인 문학 운동에 뛰어들었습니다. 이것이 내 시의 제2기를 연 것입니다. 그때부터 밀실이나 어느 동굴만이 시 쓰기의 장소가 아니라 광장이나 거리의 한 모퉁이, 최루탄 연기 속에서도 시가 돌연히 뿜어져 나왔습니다. 한동안 시는 무기였고 '역사의 음악'이었습니다. 어느 때는 엄밀해야 할 문법을 버리기도 했지요.

이런 현실 참여의 문학이 80년대를 관통했습니다. 행동이 시의 기지基地였지요. 또한 젊은 날의 선禪 생활에서 멀리해야 했던 책을 다른 의미로 등지기도 했습니다. 책의 비민중성과 고답성을 밀어내고자 했습니다. 시는 부르주아문학으로서의 소설과 달리 행동이나 프락시스의 최전방에 있는 시대의 민중의 기호이지 않으면 안 되었습니다, 그래서 내 시의 원칙은 자주 '반대'만이 진정한 언어라는 노자의 말을 자주 자기화했습니다. "반대야말로 창조다."라는 것이 내 선언이었어요. 이 무렵의 내 시들은 어느 정도 격앙되어 있었고 즉자적이었어요. 그런 한편 나는 유장한 강물의 유역과도 같은 서사 세계와 인간들의 수많은 얼굴들을 열거하는 전작全作을 이어가기도 했습니다. 이것이 대하시『백두산』과『만인보』의 시작이었습니다.

1990년대 이후 나의 제1기와 제2기의 세계가 부자연스럽게 만나기 시작하면서 자연스럽게 합치되었습니다. 내 문학은 대승불교의 화엄사상인 상즉相卽, 조화, 무한조응無限照應, 한 송이 꽃이 아닌 수많은 꽃들의 세계, 하나의 등불이 아닌 수많은 등불의 상호 조명의 세계 속에서 어떤 전체나 어떤 개체도 이분화되지 않는 종합의 바다에 이르는 문학을 지향하게 되었습니다. 이런 제3기의 시는 앞으로 내 후기 문학의 어떤 동기가 될지 모릅니다. 내 시가 어디로 갈지 모르는 그 미지에의 한없는 예감을 통해서 나는 살아 있습니다. 끝내 나 자신이 한 편의 시일 것입니다.

정예영: 『만인보』 집필 동기에 대해서 전설적인 이야기를 들었습니다.

고은: 1980년 하나의 군사정권이 끝나자 새로운 군사정권이 시작되었습니다. 저 처절한 광주학살과 함께였습니다. 그때 나는 정치인 김대중, 목사 문익환, 대학교수 이문영 등과 함께 내란음모죄, 계엄법 위반과 교사 등의 죄명으로 육군교도소에 처박혀졌습니다. 그곳 특별 감방은 창이 없는 밀실이었습니다. 40촉 전등이 꺼지면 사진 현상에 알맞은 암실이 되었습니다. 아주 작은 관과 같은 방이었어요. 아마도 그 당시 우리 몇을 죽이려 했던 것 같습니다. 나는 계엄사 수사본부 지하실에서의 몇 개월 동안 너무 고통스러운 나머지 자살을 계획하기도 했지요. 그런 다음 육군교도소로 송치된 후의 나날 시를 구상하는 일은 나에게 하루하루를 견디는 구원이 되었습니다. 그때 구상한 것 중 하나가 『만인보』였습니다. 내가 만약 살아나간다면 내가 이제껏 만난 이 땅의 사람들을 하나하나 노래하리라고 결심했지요. 국제 여론과 구명 운동에 의해 우리는 살아남았고 세상에 나왔습니다. 감옥에서 나온 뒤 나는 50세의 나이에 결혼을 했고 그 후 이 작품을 쓰기 시작했습니다. 일

단 30권을 목표로 지금도 쓰고 있습니다. 현재까지 삼천몇백 명을 썼습니다. 한 평론가는 그 작품을 두고 한국인의 호적부를 쓰고 있다고 말하기도 했습니다. 감옥에서 구상한 작품 중 『백두산』은 7권을 이미 90년대 중반에 출간했지요. 그때 구상한 작품이 또 하나 있습니다.

정예영: 지금까지 선생님의 시 번역은 어느 정도 이루어졌나요?

고은: 내 책의 번역은 90년대 이전에는 가능하지 않았습니다. 처음 번역서가 나온 것이 1992년 미국에서였지요. 최근 누가 조사해 발표한 것에 따르면 16개 국어로 25권이 출간되었다고 합니다. 영어판, 독일어판 등은 재판, 3판까지 간 것도 몇 권 됩니다.

정예영: 시 쓰는 일 이외에 무슨 일을 하시는지요?

고은: 나는 아무런 대비도 없이 한 텔레비전의 청탁에 의해 히말라야 6500미터 지점까지 올라간 적이 있습니다. 1997년이었어요. 그때 심한 고산병 증세로 10킬로그램의 체중이 당장 빠져버렸어요. 극도로 악화된 몸으로 귀국했는데 그 뒤로 글쓰기의 양이 현저하게 줄어들었습니다. 몇 해 뒤 어느 정도 회복되어서 지금은 내 서재에서 많은 작업 일정을 소화하고 있습니다. 내 서재에는 책상이 세 개 있는데 거실에 네 번째 책상을 갖게 되었습니다. 각 책상이 각각 다른 작업을 기다리고 있습니다.

최근 한국 현대사의 최대 비극인 분단이 60년을 넘긴 이래 처음으로 남과 북의 작가들이 만나 함께 문학 축전을 개최한 일이 있습니다. 이것은 내가 온갖 탄압을 무릅쓰고 80년대 중반부터 제창해오던 일이 실현된 보람이기도 합니다. 그리고 다른 한편 나는 한국 분단시대 이래 서로 갈라져버린 한국어를 하나의 커다란 사전에 결집하는, 약 오십만 단어 수록의 사전을 남과 북이 함께 편찬하는 작업을 이끌고 있습니다. 어느 민족에게나 언어야말로 그 정체성의 연원입니다. 언어의 소멸과 변질을 방어하는 일은 그것이 언어학자의 역할을 넘어 시인의 역할이기도 합니다. 푸시킨의 러시아어를 생각한다면 시인이야말로 모국어의 주체라는 것을 알 수 있지요,

남북이 공동편찬하는 이 사전의 일과 함께 나는 여러 나라의 문학행사에 초청받아 참석하고 있어요. 최근에는 북미에서 가장 큰 규모의 시 축제로 미국 뉴저지 북부에서 격년으로 열리는 도지 시 축제Dodge Poetry Festival에 다녀왔습니다. 그 축제는 이만 명의 청중이 4일 동안 2000석 혹은 200석, 400석을 가진 10여개의 텐트의 좌석을 꽉 채우는 열기 속에서 진행되었습니다. 나는 80세의 팔레스타인 원로 시인과 영국의 계관 시인과 함께 특별 손님으로 초청받아 시 낭독과 강연, 대화로 이루어진 다채로운 꿈의 며칠을 보냈습니다.

프랑스에서는 '시인의 집'인 몰리에르 극장과 '작가의 집'에서 몇 차례 시를 읽었는데 미셸 드기, 알랭 주프르아, 그리고 뮈사르가 내 시를 프랑스어로 읽어주었지요.

나는 한국의 역대 군사정권에 의해 여권이 발급되지 않았다가 1992년에야 처음으로 여권이 나왔는데 그때부터 마치 수문이

열리자마자 막혔던 물이 쏟아져 내리는 것처럼 세계 여러 곳에서 초청이 이어지고 있습니다. 모든 초청에 다 호응할 수 없어 선별적으로 다니고 있습니다.

정예영: 선생님에게 문학은 무엇인가요?

고은: 나는 이따금 문학이란 무엇인가라는 근본적인 질문 앞에 서 있을 때가 있습니다. 성찰 없이는 살 수 없기 때문입니다. 이런 질문과 상관없이 나는 시를 숨 쉬고 있습니다. 보르헤스가 자신은 시를 마신다고 말했는데 나는 시를 숨 쉬지 않으면 죽을 것 같습니다. 시는 내 존재 이유입니다.
다만 오늘날 여러 곳에서 시의 죽음 혹은 문학의 죽음을 말하고 있는데, 이 따위 소리는 1930년대 내가 태어날 무렵부터 들려왔습니다. 나는 지구의 종말 뒤에 남을 한 편의 시를 생각합니다.
시는 우주의 사투리입니다.

_ 프랑스어판 『만인보』 역자 정예영과의 대담

시를 숨쉬다

빈첸차 두르소: 세계에서도 드문 그 많은 저서를 가능케 한 시적 영감을 설명해주십시오

고은: 언젠가 들은 이야기인데, 버트런드 러셀이 이제껏 자기가 쓴 책의 길이와 자신의 몸 길이가 같다고 한 말이 떠오릅니다. 나 역시 전집은 내 신장과 비슷하고, 그동안 쓴 135권을 다 쌓아놓는다면 내 신장보다 훨씬 더 길 것입니다. 이 저서들은 시만이 아니라 소설, 산문, 평론 등을 전부 아우른 것입니다. 그런데 제대로 챙기지 못해 누락된 것도 적지 않을 듯합니다.
나는 빅토르 위고나 괴테의 다작을 알고 있습니다. 그러나 내 다작의 양을 그들의 것과 견주어본 적은 없습니다. 나는 다만 글을 쓰지 않으면 견딜 수 없어서 써왔습니다.
저녁 낙조의 그 시뻘건 하늘과 바다를 바라보고 있으면 그 자연의 어떤 마지막 축제에 엉엉 울었고 한밤중 달이 떠 있으면 그 풍부한 달빛 때문에 몇 시간을 계속 엉엉 울어야 했습니다. 사람들이 이런 나를 귀신 들렸다 해서 만나주지 않은 적도 있을 정도였지요. 아무튼 그런 울음 끝에는 반드시 시가 뭇 별처럼 쏟아졌습니다. 아직도 이런 충동은 남아 있습니다. 또 나는

꿈속에서도 시를 씁니다. 그런데 긴 시는 꿈을 깨면 잊어버리지만 10행 이내의 것은 꿈속의 것을 그대로 베껴놓습니다.
보르헤스는 자신이 시를 마신다고 말한 적이 있습니다. 내가 그 말을 읽기 훨씬 전에 한국의 평론가들은 "고은은 시를 숨쉰다."라고 말했지요. '시의 일상'이 나의 일상을 압도할 때가 많습니다만 60세 이후는 대체로 시를 업무 보듯이 아침저녁 일정한 시간 동안 쓰고 있습니다. 특히 대규모의 연작시 『만인보』나 그 밖의 서사시나 장시들이 이런 작업에 해당됩니다.
그리고 저녁에는 아내와 함께 술을 한 잔씩 마십니다. 그리고 신간 서적을 읽습니다. 나는 글을 쓰지 않을 때는 늘 책을 읽습니다. 책은 작자와 독자의 동시적 의무를 낳아줍니다.

빈첸차 두르소: 선생님은 누구이며 자신을 어떻게 표현하시겠습니까? 시인? 작가? 글의 노예?

고은: 몇몇 사람들이 나를 '운명으로의 시인'이라고 말했습니다. 나 역시 그렇게 생각합니다. 운명으로서의 시, 또는 운명으로서의 시인, 이것이 나의 이름이기를 나는 바랍니다.
나는 중학교 때 4킬로미터의 거리를 통학했습니다. 학교 미술반에 남아 그림을 그리다가 어두워질 무렵 걸어서 집으로 돌아갔는데 어느 날 길 가녘에 누군가가 떨어뜨려놓은 시집을 주웠습니다. 문둥병자 한하운의 시집이었습니다. 나는 그 시집을 밤새워 읽었습니다. 하루가 지나면 발가락 한 개가 떨어져 나가면서 멀고 먼 황톳길을 걸어가는 것을 노래하고 있었습니다. 나는 그 시집을 읽고 통곡했습니다. 그리고 두 가지를

결심하게 되었는데, 하나는 문둥병에 걸리는 것이었고 또 하나는 그런 문둥병에 걸려 떠돌며 시를 쓰는 것이었습니다.
그런 뒤 1950년부터 3년간 한국전쟁이 만들어낸 폐허 위에 살아남아서 시인이 된 것입니다. 나는 이 시인이라는 것 외에 어떤 다른 존재 이유에도 기울어진 적이 없습니다. 나는 시로서의 문둥병자이고 시의 무기수입니다.

빈첸차 두르소: 선생님과 언어의 관계는 무엇인가요? 언어의 사용, 특히 한국어의 사용과 관련해서.

고은: 나는 언어에 대한 무조건적인 확신은 없습니다. 언어에 대한 절망을 통해서 언어가 살아 있다는 경험을 역설적으로 믿고 있지요.
언어는 언어 이전의 세계로부터 태어납니다. 그것은 언어화 이전의 의미의 원천인 침묵, 언어 너머의 세계로 향하는 마음의 운동인 침묵의 산물이 되어야 합니다.
지금 세계는 언어의 홍수 속에 허우적대고 있습니다. 온갖 수사가 난무하고 있습니다. 이런 곳에서는 진정한 '대화'나 '화음'은 사라져갑니다.
각종 뉴스의 양산, 음악의 과잉, 광고의 폭주, 인터넷의 카오스, 그리고 문명의 소음과 욕망들이 자아내는 집단이나 개인의 자기 증명에 혈안이 되어 있는 이 강박 속에서 언어는 언어의 폭력 속에서 질식하고 있습니다.
아니, 인간의 근원적 행위로서의 언어가 그 문화유산의 힘을 잃고 멸종되어가고 있습니다. 이것은 생태계에서 진행되는 많은 종들의 급격한 멸종과 정비례하고 있습니다. 앞으로 지구상에는 지금의 세계 언어의 10퍼센트만이 살아남을 것이란 예측이 나오고 있고, 영어, 중국어, 아랍어, 스페인어만이 남겨질지도 모른다는 말도 나오고 있는 형편입니다. 그래서 세계 무역의 10위권 국가로서의 자랑과 함께 세계 10위권 언어를 사용하는 모국어를 가졌다는 자랑을 가진 한국어도 언제 어떻게 될지 모르는 미래의 위기를 예측하게 됩니다.

나는 불교의 선을 통해서 언어를 부정하는 세계를 젊은 날 체험했습니다. 마음과 마음의 직류는 어떤 언어적 형식도 필요 없습니다. 아니 그것은 장애물이었습니다. 나는 이런 과정을 통해서 다시 언어의 근원성과 만날 수 있었습니다.

언어는 인간의 내부와 사회를 연결시키는 생명체입니다. 지금 나는 분단 60년이 넘은 한반도의 남과 북의 국어를 하나의 사전으로 통합시키는 '겨레말큰사전 남북공동편찬위원회'의 상임위원장을 맡고 있습니다. 그리고 분단 60년이 넘도록 서로 다른 체제에서 문학을 영위해온 남북의 작가들이 최초로 만나 커다란 문학 축제를 개최하는 일에도 관여했습니다.

이런 일들은 모국어의 가장 아름다운 경지를 맡은 시에 대해 각성을 불러일으키고 그 시를 있게 하는 기초가 되는 것이라고 믿습니다. 언어는 시인에게든 아니든 인간의 존재 이유를 끊임없이 만들어내는 힘입니다. 시는 이러한 언어의 힘의 자기 증명입니다.

빈첸차 두르소: 선생님과 역사와의 관계는?

고은: 나는 한국의 70년대 80년대 반독재 공포정치와의 싸움을 통해서 문학과 역사는 동의어라고 생각하게 되었습니다. 이 생각이 이제 와서 완전히 바뀐 것은 아니지만 그 둘의 원시적 통합은 역사와 문학 양쪽을 애매하게 만든다는 생각도 듭니다. 다만 작가는 작가의 조건으로서의 역사와 현실, 그리고 그 현실을 넘어서는 상상으로서의 또 하나의 현실을 상호조응相互照應시키지 않으면 안 될 것입니다.
궁극적으로 상상은 체험의 핏줄이고 체험이야말로 상상의 근거지입니다. 왜냐하면 상상은 저 혼자 떠도는 고아의 유령이 아니라, 그것이 아무리 초현실적이라고 하더라도, 역사와 현실의 틈새에서 태어난 넋의 상황이기 때문입니다. 다만 역사가 모든 것을 하나의 체제로 단일화하는 근대의 모순을 넘어서야 합니다. 그래서 역사보다는 자유의 편입니다.

빈첸차 두르소: 글 쓰는데 영감의 원천이 있는지요? 가령 좋아하는 시인이나 작가가 있는지요?

고은: 나의 종교는 영감입니다. 그런데 이 영감은 나 자신에게서 일어나기도 하지만 타자로부터 건너오기도 합니다. 나란 타자 속의 진실에 다가가는 존재입니다. 그런 점에서 나는 내 아내의 충전된 영감을 내 안에 반영시킬 때도 있습니다. 요컨대 일상 그 자체가 영감의 축제이지요. 이미 이런 내 체질은 달밤에 혼자 신명이 나서 마당에 맨발로 뛰어나가 춤을 추던 어릴 적 아버지의 피를 이어받은 것도 같습니다. 어머니가 흙이라면 아버지는 별이었습니다.

빈첸차 두르소: 선생님의 눈으로 볼 때 현대 한국 문학에서의 선생님의 위치는 무엇인가요? 또 이탈리아 독자들에게 추천하고 싶은 한국 시인들은 누구인지요?

고은: 나는 문학의 어느 위상에 놓이는 걸 싫어합니다. 나는 내 시가 해방의 언어이기를 꿈꿉니다. 나는 문학사에 소속되는 것을 싫어합니다. 나는 그런 문학 행위의 질서 밖의 야생을 지향합니다. 그리고 나는 누구의 제자가 되거나 후계자가 되는 것을 거부합니다. 그런 점에서 나는 이탈리아의 캄파넬라를 무척 좋아하지요. 그는 태양에 가장 가까운 존재였습니다.

빈첸차 두르소: 현대에 오면 시 낭송이나 시 암기가 거의 잊혀가고 있는데 시 낭송은 시를 회복시키기 위한 방법이라는 걸 어떻게 생각하십니까? 기억이나 음악의 가치보다 더 큰 시 낭송의 중요성을 어떻게 보시는지요?

고은: 시가 문자나 활자와 만나서 작가와 독자와의 내밀한 관계를 이루고 시가 청각의 광장에서부터 시각의 밀실로 돌아간 것으로 시 인식이 보편화되었습니다. 하지만 본디 시는 시와 노래와 신체 표현으로 된 종합예술이었습니다. 그래서 고대 시학은 시론만이 아니라 문학론 전반의 의미를 가지고 있지요. 그러므로 시는 본디 문학 전반으로서의 표현 형식이었습니다. 이것이 활자로 시를 인쇄하면서 시는 그 예술적 영역의 대부분을 포기한 것입니다.
아마도 시가 세상으로부터 주변화될수록 시가 사람들에게 직

접 다가가는 행위로서의 시 읽기 운동은 시의 죽음을 막아줄 것입니다. 시란 한 시인의 그것이면서 동시에 수많은 시인의 동시성을 만들어내기 때문입니다. 다만 시 읽기의 음성에 의해 시가 과장되는 것을 시 자체의 충실성이 막아줘야 할 것입니다.

나는 90년대 이후 한국과 다른 나라에서 자주 시를 읽어왔습니다. 그 반응은 대규모의 것이든 실내적인 것이든 무척 고무적이었습니다. 시인은 수직의 정점에 있는 존재가 아니라 수평의 동열同列에 모든 것과 함께 존재합니다. 그래서 시인은 세계의 상처 받은 자의 친구이고 꿈의 동지입니다. 결코 교사가 아닙니다. 함께 울어야 합니다.

빈첸차 두르소: 글을 쓰는 행위는 선생님에게서 어떻게 발생하며 그것은 어떻게 발전하는지요?

고은: 나는 글을 쓸 때는 아이가 됩니다. 그래서 백지 앞에서는 오뇌 대신 아이가 백지를 보고 거기에 마구 작대기를 긋고 동그라미를 치는 것처럼 글을 쓰게 됩니다. 아이의 그것이 내 글쓰기의 척도라면 척도이겠습니다. 글쓰기는 내 의무이기보다 권리입니다. 그리고 글쓰기는 본능입니다.

나는 아직도 볼펜이나 만년필로 글을 씁니다. 그것도 누가 내 볼펜을 빼앗아가려 해서 내가 꼭 쥐어 빼앗아갈 수 없게 하려는 듯이 꼭 쥐고 씁니다.

글을 쓸 때 나는 비로소 세상에 대해 정당해집니다. 그리고 글을 쓰지 않을 때도 여전히 나는 마음속으로 글쓰기를 지속하고 있습니다. 그렇지 않으면 나는 폐인이 되어버릴 것입니다.

빈첸차 두르소: 선생님의 작품들이 많은 외국어로 번역되었는데 시의 번역을 어떻게 생각하시는지요?

고은: 내 시의 번역은 오랫동안 금지되었다가 90년대 이후에야 시작되었는데 지금까지 약 15개 국어로 번역되었습니다.
번역은 반역이라는 세간의 말의 유효성은 아직도 살아 있습니다. 그러나 나는 번역은 또 하나의 탄생이라고 생각합니다. 번역은 문이 열려버린 이 세계에서 도저히 막을 수 없는 소통의 행위입니다. 그것은 이제 식욕이나 성욕 같은 수준의 삶의 요소가 되었습니다. 이 세상에 시나 소설의 번역만이 아니라 어떤 영역이든 번역이 없다면 숨 막힐 것입니다.
본질적으로 어떤 창작 행위도 그것이 영혼과 우주의 기호를 번역하는 일이라고 생각합니다.

빈첸차 두르소: 시인은 무엇입니까? 오늘날에도 여전히 시의 자리는 있는지요?

고은: 시인은 무엇인가, 시인은 누구인가라는 질문은 나의 귀에도 너무 쟁쟁한 질문입니다. 그리고 그것은 시의 역사와 함께 몇천 년 동안 동행해온 오래된 질문이며 이제 막 건져 올린 고기의 퍼덕임처럼 새로운 질문이기도 할 것입니다.
그러나 이에 대한 대답은 아마 시를 죽일지 모릅니다. 그러므로 질문만이 있어야 하는 것이 시의 거처인지 모르지요.

나는 나의 시대, 시가 오늘날에도 여전히 있는가라는 위기에 대한 경고를 전제한 질문 앞에서 차라리 행복해합니다. 왜냐하면 시의 황금기보다 시의 폐허 위에서 시의 생존을 유지하는 한 시인으로서의 아픔의 축복 때문입니다.

나는 지난날 창조보다 소멸에 기여한다고 외친 적이 있습니다. 이제는 그 소멸을 인류의 종말에서나 만날 것입니다. 이 세계는 항구적으로 시의 본적지이자 현주소입니다. 그것은 인류가 직립인간으로 된 이래 시의 발생은 시의 존속과 함께 지속되고 있다는 의미와, 인류의 종말에 이르기까지 시는 살아남으리라는 의미를 아우르고 있습니다.

하지만 지금 세계화에 매몰되어가는 시대에 있어 자본의 논리가 인간 개체의 무의식에까지 작동할 때 시와 시인은 그것에 필사적으로 맞서지 않으면 안 됩니다.

나는 어떤 변방의 게토에서라도, 아니 낡은 책상 설합 속에 갇혀서라도 시의 종자를 보존하고 은밀히 배양해야 할 과제가 있는 한, 시인의 위상은 결코 지난 20세기 초의 황금기에 못지않게 강화되리라고 믿고 있습니다.

시인이란 본래 제왕이나 도둑이 아니라 거지입니다. 이 같은 본질적인 시인의 생태를 새삼 깨달을 이유가 있습니다. 시의 마그마는 언제나 솟아오를 것입니다.

_ 이탈리아의 시 전문지 『Poesia』 2006년 10월호에 실린
이탈리아어 역자 빈첸차 두르소와의 대담

나는 격류였다

펴낸곳 서울대학교출판문화원
펴낸이 오연천
지은이 고은

초판 1쇄 발행 2010년 11월 15일
초판 3쇄 발행 2011년 5월 30일
출판등록 제15-3호

주소 서울 관악구 관악로 599 우편번호 151-742
대표전화 02-880-5252 **팩스** 02-888-4148
마케팅팀(주문상담) 02-889-4424, 02-880-7995
이메일 snubook@snu.ac.kr
홈페이지 www.snupress.com
영문홈페이지 eng.snupress.com

ISBN 978-89-521-1149-4 03810